检察调研指导

2018年第2辑

2018年检察理论研究年会专辑

贵州省人民检察院/编

JIANCHA DIAOYAN ZHIDAO

中国检察出版社

《检察调研指导》编委会

主　　任　傅信平

副 主 任　何　冀

委　　员（以姓氏笔画为序）

　　　　　汤　敏　肖振猛　佘　诚　佘　敏
　　　　　杨承志

主　　编　杨承志

副 主 编　付文利

责任编辑　许德琴　樊京京　朱　刚　范思力
　　　　　李爱军　陈红伍

目 录

保护企业家合法权益

1. 贵州省医疗系统内商业贿赂现状调查报告……………………蒋　鹏 / 1
2. 私营企业产权刑事司法问题研究………………………………范思力 / 11
3. 基层检察机关保护企业家合法权益的思考
   ……………………………………………汪　迅　程晓英　彭　杰 / 21
4. 检察机关维护民营企业及企业家合法权益之路径分析…………宋勤学 / 28
5. 检察机关依法保护企业家合法权益的困境及应对
   ——以黔西南州检察机关保护企业家合法权益为视角
   ……………………………………………………周仕刚　邓毅林 / 38
6. 检察职能与营造依法保护企业家合法权益法治环境……………解娇颖 / 45
7. 浅谈检察机关办理刑事案件与依法保护企业家"众筹"创新权益与
   自主经营权……………………………………………………韩　琪 / 52
8. 检察机关开展保护企业合法权益工作实践价值与路径探索
   ——以黔东南州检察机关开展保护企业合法权益专项工作为视角
   ……………………………………………………陆昌兴　舒　贵 / 58
9. 刑事执行检察工作在保护涉案企业家合法权益中的工作路径
   和方法……………………………………………………………张　良 / 64

10. 浅谈刑法对民营企业家财产权的平等保护 …………… 徐福亮　张月发 / 70

11. 民营企业知识产权保护存在的问题及对策分析
　　——以贵州某酒业有限公司为视角 ………………………………… 李　斌 / 75

12. 民营企业家涉嫌非法吸收公众存款罪的罪与非罪探讨 ……… 唐本华 / 80

13. 新形势下基层检察院依法保护企业家财产权的路径 ………… 缪会荣 / 86

14. 浅议民事行政检察工作在保护企业家合法权益工作中的作用
　　………………………………………………………………… 王振英　何兴虎 / 91

15. 检察机关保护企业家合法权益情况分析
　　——以兴义市人民检察院2015—2017年工作情况为视角 …… 何志艳 / 96

16. 发挥检察职能营造依法保护企业家合法权益法治环境的路径探索
　　——以毕节检察机关司法实践为视角 ……………… 廖显东　廖国柳 / 100

17. 基层检察机关保护企业家合法权益的路径和方法探讨
　　………………………………………………………………… 陈毓瑞　吴　杰 / 105

18. 以非法占用农用地为例浅析如何保障砂石企业合法权益 …… 那志伟 / 111

19. 六盘水市检察机关办理非法集资案件基本情况及主要做法
　　…………………………………………………………………… 晏　旭　戴敏淑 / 117

20. 检察机关服务国有企业改革和发展的思考
　　——以乌当区院办理的国有企业人员职务犯罪案件为样本
　　………………………………………………………………………………… 王美静 / 123

21. 贵州检察机关着力服务和保障非公经济发展
　　——以碧江区检察院为视角 ………………………………………… 何旭东 / 128

22. 浅谈非法吸收公众存款罪与民间借贷的区分 ………………… 林　敏 / 135

23. 基层检察院如何依法保护企业家合法权益 …………………… 李兴加 / 140

24. "重商崇企"背景下如何正确发挥检察职能 ………………… 马贵明 / 144

扫黑除恶

1. 论从宽区别对待黑恶势力犯罪中不同诉讼阶段的认罪认罚
   ………………………………………………………… 刘伟琦 / 150
2. 论寻衅滋事罪在应用中存在的问题 …………… 任 维 冉 强 / 159
3. 当前黑恶势力犯罪的特征及防控对策分析 ……… 秦 晔 / 168
4. 扫黑除恶多方协作机制研究 …………………………… 苏 维 / 174
5. 浅析黑恶势力犯罪的证据标准与审查指引
   ——以"白龙会"涉黑案为例 ………………………… 彭 琴 / 182
6. 谨防"校园欺凌"演变为社会"恶势力"
   ——关于预防校园内未成年人犯罪的思考 …… 伍朝鹏 郭 杨 / 191
7. 检察机关扫除黑恶势力犯罪的对策探析 ……………… 杨 勇 / 196
8. 浅谈基层检察机关如何打击黑恶势力犯罪服务试验区同步小康
   ——以本院办理的案例为视角 ………………………… 李 威 / 202
9. 农村黑恶势力探究 …………………………………… 张廷波 / 209
10. 黑恶势力犯罪相关问题研究 …………………… 吴登凤 杨 芳 / 213

保护企业家合法权益

贵州省医疗系统内商业贿赂现状调查报告

蒋 鹏[*]

2017年12月,因涉嫌以"会务费"的形式向诸多医生行贿,中美某制药有限公司和某医药信息咨询(上海)有限公司先后收到上海市工商局开具的罚单。自2013年葛兰素史克行贿事件之后,医药企业商业贿赂问题再次引发大众关注。[①] 新组建的国家市场监管总局也针对医药行业商业贿赂现象开展了大规模整治行动。下面笔者重点分析我省基本药物集中采购制度[②]实行后,"以药腐医"的医药购销商业贿赂是否得到有效遏制?是否切断了医药公司与医疗系统之间利益链条?针对以上问题,笔者从我省近五年来查处的医疗系统职务犯罪案件数据入手,分析我省基本药物集中采购制度实施后,医疗系统内商业贿赂发案现状、特点及成因,并提出现阶段治理医药购销领域商业贿赂的几点对策,以期达到维护公平竞争市场秩序,保护守法医药企业合法权益之目的。

一、近五年贵州省医疗系统职务犯罪发案基本情况和主要特点

(一)基本情况

1. 从犯罪数量看,医疗领域职务犯罪出现拉锯和反复态势,形势依然严

---

[*] 作者单位:贵州省盘州市人民检察院。

[①] 《会务费变"贿赂费"某制药有限公司和某医药信息咨询(上海)有限公司被罚》,载http://news.163.com/17/1212/01/D5DUF4NP000187VI.html。

[②] 《贵州省建立国家基本药物制度实施方案》《贵州省政府办基层医疗卫生机构基本药物集中采购实施方案(试行)》《2015年度贵州省药品集中采购实施方案》等方案明确了我省卫生院、医院所需药品需统一从省医药采购平台采购制度。

峻。2012年至2017年9月，贵州省检察机关共查办医疗系统职务犯罪工作人员423人。其中2012年查办61人，2013年查办60人，同比下降1.6%，2014年查办77人，同比上升28.3%，2015年查办108人，同比上升40.3%，2016年查办54人，同比下降50%，2017年1至9月查办63人。如图一所示：

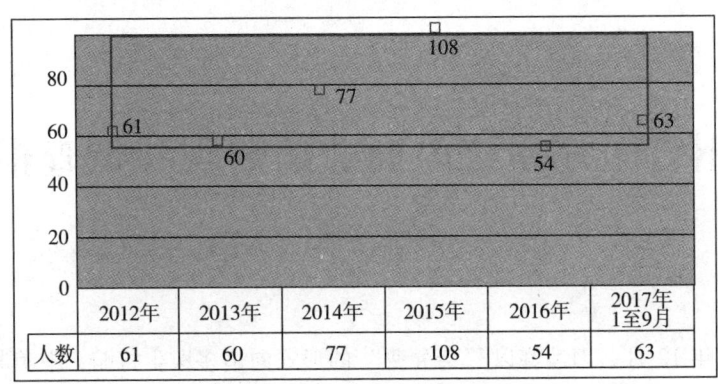

图一 2012年至2017年9月医疗系统职务犯罪每年发案图

2. 从犯罪罪名看，罪名集中，受贿类案件突出。在查办的案件中，罪名集中在受贿罪、贪污罪两个罪名上。423人中，犯受贿罪的318人，犯贪污罪的62人，涉嫌这两项犯罪的人数合计380人，占查办总数的89.8%。如图二所示：

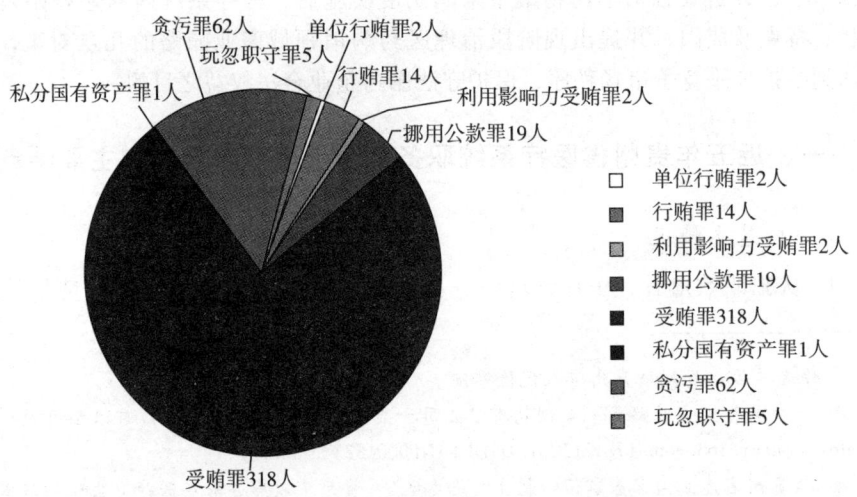

图二 2012年至2017年9月医疗系统职务犯罪罪名分布图

3. 从涉案金额看，2012年至2017年9月全省共查处医疗系统职务犯罪案件涉案金额合计1.58亿，涉案金额巨大。在查办的423人中，涉案金额3万至20万的有260人，占查办总人数的61.5%。20万300万的154人，占查办总人数的36.4%，3万元以下的3人，占0.7%，300万元以上的6人，占1.4%，如图三所示。行贿人能付出这么多的金钱行贿相关人员，那么其获得的利益应当比行贿的数额多，最终行贿人必然从患者身上将该利益"赚回来"，这必然会对医疗系统的健康发展造成重大影响，一定程度上也对守法医药企业的发展造成了阻碍。

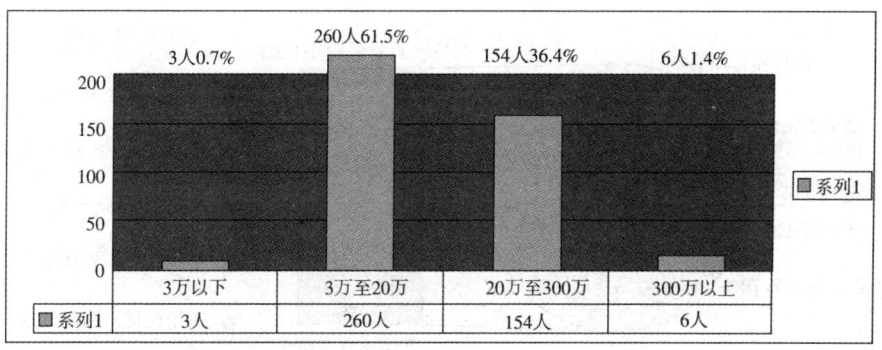

图三　2012年至2017年9月全省医疗系统查获案件涉案金额分布图

4. 从发案区域看，全省各市州均有发案，安顺地区发案量较少，而毕节、遵义两地区发案较多。5年来毕节、遵义两地的发案量占全省总发案量的43.7%。毕节地区发案最为突出，涉案人数高达112人，其中卫生院62人，县市级医院32人，医疗管理部门人员8人。如图四所示：

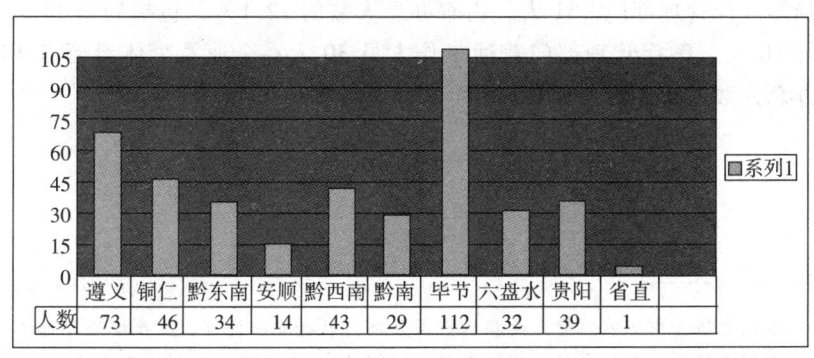

图四　2012年至2017年9月医疗系统查办职务犯罪案件区域分布图

5. 从犯罪环节看，医疗系统职务犯罪主要风险点集中在药品采购环节。查办的423人中，采购环节涉案324人，占查办总人数的77%，其中药品（含疫苗）采购环节291人，器械采购环节21人，医用耗材采购环节12人；财物管理环节34人，占查办总人数的8%；工程基建环节19人，占查办总人数的4%；医疗监管①环节5人，占查办总人数的1%；新型农村合作医疗报销②环节（以下简称新农合）37人，占查办总人数的9%；其他环节4人，占查办总人数的1%，如图五所示：

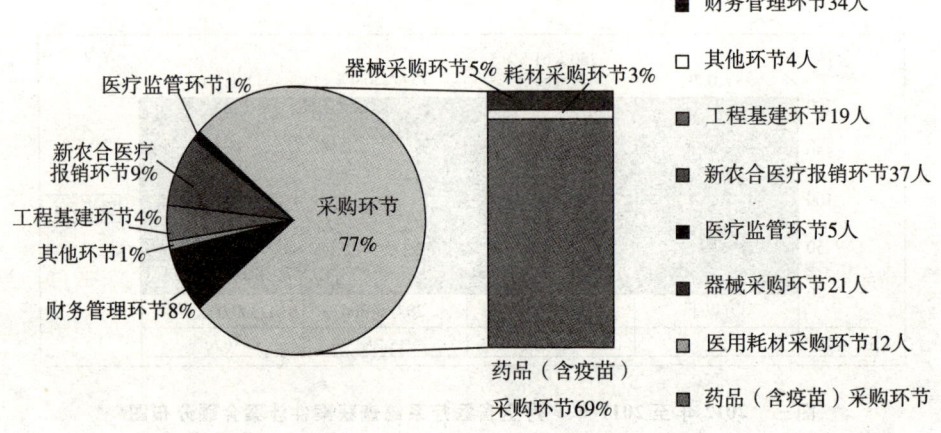

图五　医疗系统职务犯罪发案环节图

6. 从犯罪人员身份看，"院长"职务犯罪高位运行，医务人员职务犯罪形势严峻。查办的423人中，医院系统354人，占查办总人数的83.7%，包括院长（副院长）231人，部门及科室负责人75人，医生及普通管理人员48人；卫生局等医疗管理部门③51人，占查办总人数的12.1%，包括局长11人，中层领导10人，医疗管理部门普通工作人员30人；企业及个体经营者18人，占查办总人数的4.3%（如图六所示）。

---

① 本调查报告中医疗监管主要指医疗监管部门履行职业许可、生产批文等行政行为。
② 本调查报告中新型农村合作医疗报销环节的发案数仅统计了合作医疗管理办公室人员在新农合医疗报销环节实施的职务犯罪发案数量。
③ 本调查报告中卫生局及医疗管理部门指卫生局、新农村合作医疗管理中心。

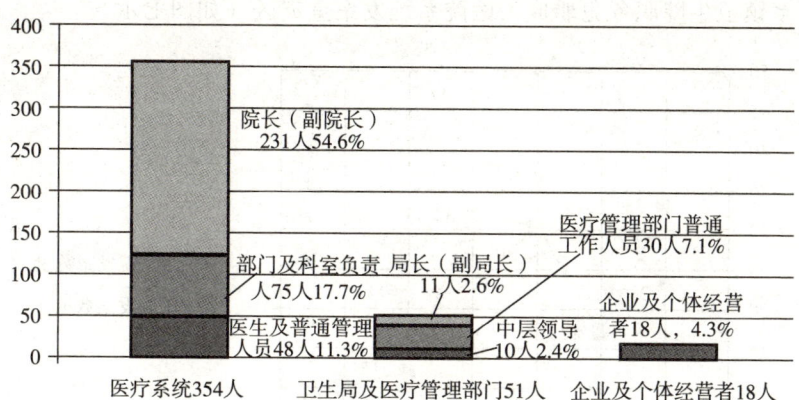

图六　犯罪主体身份示意图

7. 从医院系统内部来看，县市级医院及乡镇卫生院为医药企业商业贿赂的重灾区，疾控中心发案情况亦不容小觑。医院系统涉案的354人，县市级以上医院134人，占查办医院系统总人数的37.9%；疾控中心21人，占查办医院系统总人数的5.9%；乡镇卫生院及其他乡镇医疗单位199人，占查办医院系统总人数的56.2%，其中乡镇卫生院187人，计划生育服务中心10人，其他乡镇医疗单位2人。如图七所示：

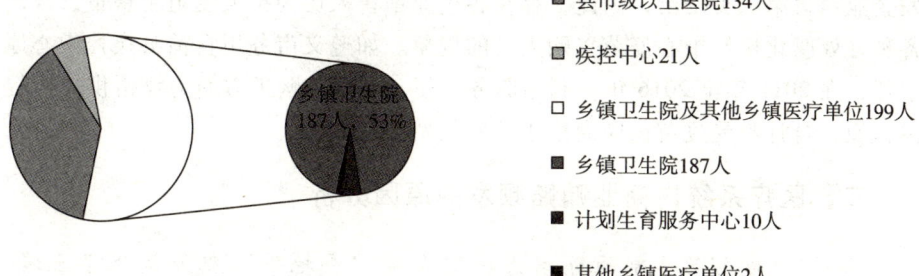

图七　医疗系统职务犯罪发案分布图

（二）主要特点

1. 乡镇卫生院被商业贿赂现象凸显，窝案串案多发。我省实施基本药物集中采购制度后，乡镇卫生院须从省医药集中采购平台采购药品，卫生院职务犯罪数量也逐年上涨。从近五年（2017年截至9月）查办的案件数量上看，乡镇卫生院职务犯罪发案数已经明显超过县市级医院的发案数（如图八所示）。乡镇卫生院职务犯罪成为医院系统发案重灾区（如图七示）。

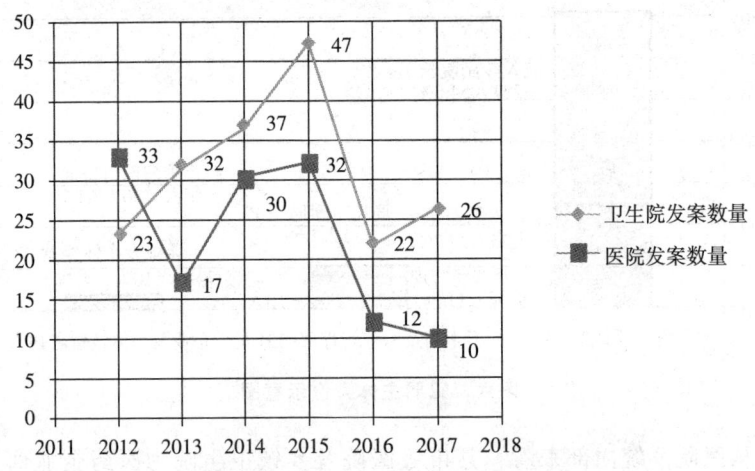

图八 近五年来卫生院发案数与医院发案数对比图

2. 疾控中心在采购二类疫苗时存在权力寻租空间，易成为医药企业商业贿赂的重点对象。在2016年4月23日《国务院关于修改〈疫苗流通和预防接种管理条例〉的决定》公布并施行前，全国的二类疫苗销售实行市场竞争机制，疫苗生产企业和批发企业都可以向疾病预防控制机构、接种单位和疫苗批发企业销售第二类疫苗，因此，存在各企业销售人员为扩大疫苗销售量，许诺各种好处腐化疾控中心疫苗采购人员的现象。如遵义市务川自治县疾控中心原主任，在2011年至2016年，利用职务之便，在疫苗购进方面为疫苗供应商提供方便，合计收受疫苗供应商给予的好处费30余万元。

二、医疗系统内商业贿赂频发的原因分析

（一）医院领导体制的弊端为医院系统"一把手"犯罪提供了土壤，导致"院长"犯罪在高位运行

现实中，我国公立医院实行的是院长负责制，医院院长拥有非常大的权力，既有经营权又有决策权，这为医药行业商业贿赂提供了滋生的温床。在我省查办的案件中很多"院长"也在悔过书中痛苦反省：因为自己脱离了民主监督，搞"一言堂"，最终才走上了犯罪道路。可以说，在医用耗材采购、器械采购、药品采购等环节及选择哪家医药公司签订药品购销合同等重大事项上，"院长"拥有绝对的话语权，民主决策程序成为"走过场"，"院长"的行为缺乏有效的民主监督是导致医院院长屡屡成为商业贿赂重点对象的主要

原因。

（二）基本药物集中采购制度未完全切断医疗系统与医药公司的利益链条，导致医疗系统职务犯罪案件高发、频发

在贵州省医药集中采购平台网 2017 年 9 月 30 日发布的"关于公示 2015 年度贵州省药品集中采购（公开招标）投标药品拟中标结果的通知①"中，我们可以发现两个现象：一是同一种药品有不同的医药公司中标（如葡萄糖注射液，50ml：5g 剂量的有四家医药公司中标，50ml：2.5g 剂量的有三家医药公司中标；注射用阿奇霉素，粉针剂 0.125g 剂量的有两家医药公司中标，0.25g 剂量的有三家医药公司中标）。二是不同药品（不同剂量、不同品牌）之间有很强的替代性。而从现行的药品集中采购政策来看，卫生院采购多少药品、何种药品由卫生院自行决定；② 医院采购多少药品、何种药品甚至选择与哪家药品生产企业签订药品采购合同也由医院决定。③ 在同种药品多家企业中标，药品之间能够相互替代的情况下，医院决定与哪家中标企业签订药品购买合同有选择空间，卫生院在向省药品集中采购服务中心申请购买何种品牌、多少数量的药品时亦有选择空间，因此权力寻租空间必然产生。医药公司为了将自己的药品更多地推销出去，就会对医院（卫生院）决策人进行"公关"。同时因为省医药集中采购平台上的药品能够相互替代，所以医药公司也会给予医生及各科室主任各种好处，使得医生多开自己公司的药品。正如学者指出的："药品购销中的不正之风表现在药品流通的各个环节，规范采购行为可以减少甚至杜绝购销环节的不正之风，但发生在药品使用环节中的问题，不可能通过规范采购行为来解决"。因此，虽然基本药物采购制度在我省已经实施了多年，但我省医疗系统领域内商业贿赂现象仍然频发。

（三）乡镇卫生院采购过程中决策机制不健全，是卫生院医药采购环节职务犯罪多发的根本原因

乡镇卫生院是我国农村医疗体系的重要机构，在我省的基数较大，随着乡

---

① 《2015 年度贵州省药品集中采购实施方案》（黔卫计发〔2016〕76 号）第 19 条规定："根据药品分类采购办法产生的拟入围产品，报领导小组办公室审核后公示，公示期不得少于 5 个工作日……。中标结果经公示后，由领导小组办公室向社会公布，并在采购平台挂网执行。"

② 《贵州省政府办基层医疗卫生机构基本药物采购管理办法》第 20 条规定："基层医疗卫生机构按照协议定期向省药品集中采购服务中心提出基本药物用药需求。"

③ 《2015 年度贵州省药品集中采购实施方案》第 22 条规定："医疗机构与中标企业签订药品采购合同时应当明确采购品种、数量……"

镇卫生院诊疗水平的逐渐提高，乡镇卫生院用药量必然大幅增加，其所用药品必须从省基本药物采购平台采购，① 但目前又无健全、有效的决策机制来明确乡镇卫生院在省基药平台选择何种药品、多少数量进行申报采购，卫生院院长把控着申报药品时的"绝对"话语权，"院长"必然成为医药公司的重点公关对象，故出现了乡镇卫生院职务犯罪发案数在近年持续升高，甚至超越了县市级医院发案数的现象。

三、针对医疗系统内商业贿赂呈现新特点的对策建议

（一）优化药品集中招标政策，收回医院与中标企业签订购销合同权力，从而断开医疗机构与医药公司的利益链条

第一，优化省级药品采购平台药品招标方式，杜绝同种药品不同企业中标的现象。正是因为省医药采购平台上，出现了同一种药品不同药厂同时中标的现象才导致医药公司"有缝可钻"，不同药品生产厂家才会利用非正常的"公关"手段进行竞争。建议省医药集中采购平台优化招标政策，② 在最后确定的招标名单上，严格执行一种基本药物的一种品规只中标一家生产企业，同时减少可替代的药品品牌中标数，进而减少商业贿赂的可能性。

第二，收回医院与中标的药品生产企业签订购销合同的权力，参照基层医疗机构在药品集中采购平台上采购药品的做法，③ 即由省药品集中采购服务中心与中标的企业签订购销合同，如此即可减少医院的权力寻租空间，从而减少医院职务犯罪发生。

（二）推动医院（卫生院）领导体制改革，消除"院长""一言堂"影响，在医药采购环节真正发挥民主决策作用

现行的医院（卫生院）领导体制中，医院院长既管理着医院的运营权，同时又对医院的人事任免、采购等重大决策有决定权，民主决策程序无法真正

---

① 《贵州省建立国家基本药物制度实施方案》（黔卫发〔2010〕19号）第1条规定："政府举办的基础医疗卫生机构全部配备和使用基本药物……"

② 《贵州省政府办基层医疗卫生机构基本药物集中采购实施方案（试行）》第9条规定："实行量价挂钩，承诺单一货源采购。原则上一种基本药物的一种品规在一个区域只中标一家生产企业……"但在实际的招标过程中已经出现"原则"范围之外的情况，且该条只是针对基层医疗机构的药品招标，对公立县市级医院的药品采购招标却无约束力。

③ 《贵州省政府办基层医疗卫生机构基本药物集中采购实施方案（试行）》第4条规定："基层医疗卫生机构与省药品集中采购服务中心签订授权或者委托协议，由省药品集中采购服务中心代表基层医疗卫生机构与药品中标企业签订药品购销合同。"

地发挥作用,因此建议推动推动医院(卫生院)领导体制改革,破除院长"集权",让院长只管理医院的运营,而在药品采购重大决策上,真正发挥医院内部药事监督委员会的作用,使医院的药品采购决策权和经营权分离开来,同时建立决策过程记录签字备案制度和责任追究制度,详细记录决策过程和专家意见,保证集体决策权发挥作用,形成一种权力制衡机制,使商业贿赂无法滋生。

(三)对医院医师进行监督管理,让其树立共同抵制商业贿赂的思想防线

首先,加强对医院医师所开处方的监督管理,加强对医师处方权、诊疗权的监督,保证医师依法、依诊疗规范行使自己的权利。其次,应加强对医师职业道德的培养,用职业道德对医生形成一种软约束力,让其坚定树立抵制商业贿赂的思想防线。同时也应将医生的职业道德评价与其职务晋升、奖金等挂钩,形成外部监督的硬约束力。最后,适时对医师开展职务犯罪警示教育,对商业贿赂行为依法保持法律的高压态势,警醒医师珍惜自己的职业生命。

(四)优化省疾控中心招标政策,压缩县疾控中心的权力寻租空间,有效避免疫苗采购环节中的腐败问题

继国务院颁布疫苗流通和预防条例后,我省于2017年3月14日制定并颁发了《贵州省第二类疫苗集中采购实施方案(试行)》,该方案细化并确定了我省的第二类疫苗将在贵州省医药集中采购平台进行采购,二类疫苗的配送由生产企业直接或委托配送企业向县级疾控单位配送。疫苗集中采购办法赋予了省级疾控机构组织招标的权力,县级疾控机构采购的权力,这意味着二者的话语权较之之前有了明显提升,寻租空间由此产生。同基本药物采购一样,如果省疾控中心无法避免中标名单中出现同一种疫苗两家以上生产企业同时中标的情况,那么县疾控中心与中标企业签订合同时就有权力寻租空间,该领域的职务犯罪现象仍然无法得到有效遏止。因此,建议省疾控中心在招标过程中,严格执行同一品规的疫苗只确定一家生产企业中标的原则,如此可压缩县疾控中心的权力寻租空间,有效避免疫苗采购环节中的腐败问题。

(五)对商业贿赂企业及医药公司实行重罚,保护守法医药企业合法权益

用重典根治医药企业商业贿赂顽疾,对涉嫌商业贿赂的医药企业给予重罚。如同一个医药公司的代理商向某市某县全县33个乡镇的卫生院院长行贿案中,目前处罚了行贿人,但医药公司已经获得的利益则远远大于其损失。因此,应当对涉嫌商业贿赂的医药企业及其法定代表人、相关利益者加大处罚力

度。新组建的国家市场监督管理总局发布《关于开展反不正当竞争执法重点行动的公告》，自 2018 年 5 月至 10 月，在全国范围内开展反不正当竞争执法重点行动。其中医药企业商业贿赂成为重点执法领域，目的也是对商业贿赂企业进行整治，对该项行动的结果我们拭目以待，期望能达到净化市场环境，维护公平竞争秩序的良好效果。

私营企业产权刑事司法问题研究

范思力[*]

私营企业作为非公有制经济主要组成部分,大体可分为私营独资企业、私营合伙企业、私营有限责任公司、私营股份有限公司。从私营企业产权的内容看,经济意义的私营企业产权则更多是从如何提高经济效率角度进行研究。如产权经济学认为,如果交易费用为零,只要产权清晰界定,那产权配置并不重要,无论配置给谁市场都会产生有效率的结果,清楚的权利界定就是私有产权。按马克思主义哲学的观点,经济基础决定上层建筑。产权的经济概念应先于产权的法律概念,产权的法律概念只是以规范的方式对私人财富予以确认。近年来,为贯彻落实中央平等保护企业产权的要求,司法机关相继出台刑事司法政策对涉及产权的个案裁量提出要求。如出台最高人民检察院《关于充分履行检察职能加强产权司法保护的意见》、最高人民法院《关于充分发挥审判职能作用切实加强产权司法保护的意见》等刑事司法政策文件。从近年贵州省涉及私营企业产权的刑事案件看,加强私营企业产权保护,一方面要正确区分生产经营纠纷与违法犯罪的界限,另一方面要注重加强对侵害私营企业产权犯罪的打击力度。本文拟分析现阶段私营企业产权纠纷中的刑事司法问题,探讨如何合理合法保护私营企业产权。

一、刑事案件中私营企业产权纠纷的类型

归属清晰、权责明确、保护严格、流转顺畅是现代产权制度的基本特征。相应,刑事案件中的产权纠纷也与四个基本特征有关。为更准确归纳现阶段刑事案件中私营企业产权纠纷类型,笔者以贵州省为范围,以2016年至2018年为区间,在中国裁判文书网、贵州省高级人民法院裁判文书公开网站选取50份以私营企业及相关人员为被告人,以私营企业产权为标的的生效刑事判决书。通过分析这些判决书中涉及私营企业产权的犯罪行为及法律争议要点,归

---

[*] 作者单位:贵州省人民检察院。

纳目前刑事司法领域私营企业产权纠纷的类型。

（一）私营企业的融资纠纷

相比国有企业，融资难、融资门槛高一直是私营企业的难题。为便于募集资金，提高资本流动性，部分私营企业之间会采取相互虚构交易的方式为融资创造条件，但这种融资的实际用途与约定用途不统一，容易变成私营企业非法套利的手段。如邱某等人犯骗取贷款、票据承兑罪，非法吸收公众存款罪一案，① 邱某等人及其所在公司为顺利融资，与其他企业虚构交易以便向金融机构申请承兑汇票业务，金融机构作为审核方难以通过合同等书面材料判断交易真伪，先后对该公司多笔承兑汇票进行延期，造成金融机构贴现的2900万敞口资金无法归还。在因虚构交易发生贷款关系后，金融机构为避免损失、私营企业为偿还贷款均会采取延伸融资关系的方式缓解资金压力，但有时反而会造成刑事责任追究范围更加难以确定。如洪某等人及其公司犯骗取贷款罪一案，② 金融机构在贷款到期后为避免损失，将债权转让给其他公司，被告人及其公司在贷款过程中将大部分股权转让给其他公司，财务被其他公司人员接管，两个行为导致金融机构损失和犯罪主体的界定出现困难。

（二）私营企业的经营权纠纷

经营权作为现代企业产权的重要组成部分，是企业得以作为独立市场主体的基础之一。虽然我国《物权法》规定，土地、森林、矿产等自然资源属于国家所有，但这并不排斥私营企业对自然资源进行开发利用。经国家允许，私营企业可享有自然资源使用权。如《城市房地产管理法》等法律规定，私营企业可依法取得土地使用权，获得的土地使用权可以出售、作价入股。但自然资源使用权的转让涉及国家经济体制和经济命脉，所以一般控制较为严格，不仅程序复杂、标准高而且审批周期较长。部分私营有限责任公司为追求效率，降低成本，有时会通过收购股权成为享有自然资源使用权公司的控股人，以此变相获得自然资源使用权。这种行为在刑事司法领域有时会涉及罪与非罪的争议。比如，张某某犯非法转让土地使用权罪一案中，③ 有限责任公司的实际控股人为转让土地使用权，出售该公司全部股份，该行为是否构成非法转让土地使用权罪。

---

① 邱某等人犯骗取贷款、票据承兑罪，非法吸收公众存款罪二审刑事判决书，〔2018〕黔02刑终57号。

② 洪某、王某、贵州某包装有限公司犯骗取贷款罪一审刑事判决书，〔2017〕黔0321刑初275号。

③ 张某某犯非法转让土地使用权罪一审刑事判决书，〔2017〕黔2701刑初49号。

（三）公司制私营企业的财务管理纠纷

从企业内部看，明晰产权实际是为了明晰企业内部人员的收益、债务等关系，将企业获得的剩余价值进行二次分配。当前，无论是合伙企业还是公司制企业，企业投资人的身份都会随着经营规模的扩大而变得复杂，产权结构相应也变得不够清晰。如王某犯挪用资金罪一案，① 王某与其他投资人共同投资成立公司，但由于没有清晰的股权协议，部分投资人的股权以公司债务的形式体现。后期王某在经营管理时将公司资金擅自拆借，出借资金同样以债务形式列入公司账目。在投资人以自己股权遭到侵害为由报案后，司法机关在查明各投资人股权比例时比较困难。

（四）基于政商关系的产权纠纷

《中共中央、国务院关于营造企业家健康成长环境弘扬优秀企业家精神更好发挥企业家作用的意见》中强调构建"亲""清"新型政商关系，畅通政企沟通渠道，规范政商交往关系。私营企业作为纯粹商事主体，正常化的政商关系能够促进公正和效率良性互动，降低产权保护的成本。非正常的政商关系则会导致权力寻租现象，容易形成不正当竞争，不利于产权的平等保护。从贵州省涉及私营企业产权的刑事案件看，除常见的私营企业通过行贿谋取各种不正当利益外，政府与私营企业合作开发的公共项目也容易引发产权纠纷。合作开发公共项目时，地方政府通常会将某些自然资源（大多为土地）的部分权能作为交易条件。若部分权能归属与私营企业投入力度出现变化，容易因产权流转引发纠纷。如詹某及其公司犯单位行贿罪一案，② 地方政府将土地的抵押权、土地一级开发权、土地出让金优先受偿权等权能作为交易条件，詹某及其公司负责投入资金、基础设施建设。但后期一方面出现政策变化，部分土地不能进行招、拍、挂，另一方面詹某及其公司后续资金投入无法跟上，导致原公共项目的产权关系无法按约定分配。这种不稳定性兼有市场因素和政治因素，其中的商业风险私营企业难以预测和防控。类似产权纠纷还反映在产权责任归属上，在贵州省近期判决的15件非法占用农用地案件中，私营企业获得土地使用权后，在开采、开发过程中对周边林地、田地造成破坏，相关企业和人员因此被追究刑事责任。

---

① 王某犯挪用资金罪二审刑事判决书，〔2016〕黔01刑终307号。
② 詹某、贵州某房地产开发有限公司犯单位行贿罪一审刑事判决书，〔2016〕黔01刑初106号。

二、在处理私营企业产权纠纷时出现的司法认识分歧

涉及企业产权的刑事案件往往都比较复杂也容易引起争议。从 50 份判决书中控辩双方争议的焦点看,刑事司法领域不同类型的私营企业产权纠纷不单涉及传统犯罪构成的问题,在事实判断、价值判断层面还反映出人们对于产权理解的分歧。通过归纳,在融资纠纷、经营权纠纷、财务管理纠纷、基于政商关系的产权纠纷中,司法认识分歧具体表现在以下几方面:

(一)公司制私营企业产权归属的认识分歧

在融资纠纷中,产权的合法性判断常先于产权的归属判断。如在宋某、温某犯非法吸收公众存款罪一案中,① 被告人宋某、温某坚持认为自己的非法吸收公众存款(融资)行为不属于个人行为,应当属于公司行为,最终法院认为非法吸收公众存款的行为没有体现单位意志,非法所得系个人支配使用,未归属于单位。最高人民法院《关于审理单位犯罪案件具体应用法律有关问题的解释》第 2 条也规定,个人为实施违法犯罪活动而设立公司实施犯罪的,不以单位犯罪论处。上述观点认为基于违法犯罪行为所获得的利益不属于公司产权。但从经济活动角度看,成立公司的目的就在于以公司独立的意志和人格参与市场活动能更好提高经济效率。在参与市场活动中,企业对剩余价值应具有索取权和控制权,其中索取权是对企业收入在扣除所有固定的合同支付的余额的要求权,控制权是契约中未特别指定的活动的决策权。② 市场利益作为一种剩余价值,无论是运用何种生产要素,都应先归于市场主体的产权范畴。对这种剩余价值的合法性判断不影响产权归属的判断。

(二)公司制私营企业经营权与所有权关系的认识分歧

在经营权纠纷中,对于企业经营权和所有权的关系也存在认识分歧。从经济视角看,公司制能成为现代企业制度的代表,关键在于实行有限责任制。有限责任能够明晰投资者与企业各自的产权,使企业的产权主体地位得以真正确立。③ 基于有限责任,经济学理论提出公司可实行"两权分离",即所有权和经营权的分离。党的十五大报告中也提出:"股份制是现代企业的一种资本组织形式,有利于所有权和经营权的分离,也有利于提高企业和资本的运作效

---

① 宋某、温某犯非法吸收公众存款罪二审刑事判决书,〔2017〕黔 27 刑终 88 号。
② 李恒年:《企业产权的性质》,南开大学 2011 年博士学位论文,第 102 页。
③ 参见周冰、李恒年:《有限责任:适应现代企业的产权制度》,载《西南大学学报》(社会科学版)2011 年第 4 期。

率,资本主义可以用,社会主义也可以用。"按经济学逻辑,以股权收购方式获得私营有限责任公司自然资源使用权应是一个伪命题。股权关系变动只说明投资者发生变化,并不代表公司产权发生变化。以土地使用权为例,土地使用权作为私营有限责任公司的生产资料,依然是公司资产。从刑法规定看,公司虽有独立责任地位,但有限公司的责任与投资人的责任并没有截然分开。如全国人大常委会《关于〈中华人民共和国刑法〉第三十条的解释》规定,公司实施刑法规定的危害社会的行为,刑法分则和其他法律未规定追究其刑事责任的,对组织、策划、实施该危害社会行为的人依法追究刑事责任。以张某某犯非法转让土地使用权罪一案为例,可认为有限公司股份的价值来源公司的资产价值,转让人出售全部股份实质等于出售公司拥有的资产,土地使用权作为公司最有价值的资产之一,已实质转让他人。①

(三) 私营企业产权与企业成员产权关系的认识分歧

与经济活动不同,刑事司法有时对区别企业产权与企业成员产权不够关注。比如,投资人与企业的关系和借款人与企业的关系,刑事司法实践中有时就没有加以区分。在陈某、滕某等人犯非法吸收存款罪一案中,②陈某、滕某作为公司员工既负责许以高利息吸收社会公众资金,又以招商投资的方式吸收其他企业和个人的资金,法院在认定时将投资人和借款人都作为非法吸收存款罪的被害人。但在上述王某犯挪用资金罪一案中,没有区分投资和借贷会使司法认识产生分歧。王某与其他人出资成立公司,后续出资人以公司借款的方式出资,公诉机关在认定王某使用公司资金行为时,认为王某作为出资方将各方投资资金以王某借款的方式打入其私人账户使用,侵占了其他投资人以公司借款方式体现的股权,构成职务侵占罪。后法院将王某借款行为与公司行为相剥离,认为王某作为公司管理人员擅自借出公司资金不归还,构成挪用资金罪。

(四) 合作开发项目中对私营企业产权责任的认识分歧

基于政商关系的合作开发产权纠纷实际是一个将公有产权部分权能私有化的过程。从法律规定上看,政府投入的公有产权主要是一些自然资源的所有权。按照《物权法》第39条规定,所有权的权能大体可分为占有、使用、收

---

① 类似看法在其他部门法也有所体现。如国土资源部办公厅《关于股权转让涉及土地使用权变更有关问题的批复》(国土资厅函〔2004〕224号):"太古可口可乐香港有限公司将其全资拥有的独资企业——太古饮品(东莞)有限公司全部转让给可口可乐(中国)投资有限公司,属于企业资产的整体出售,其中包含土地使用权的转移。因此,该行为属于土地使用权转让,应按土地使用权转让的规定办理变更登记。"

② 陈某、滕某等人犯非法吸收存款罪一审刑事判决书,〔2017〕黔0321刑初203号。

益、处分。但实践中政府与企业合作开发自然资源时，政府会自行设置权能转让或许可企业使用。如詹某及其公司犯单位行贿罪一案中涉及的出让金优先受偿权、优先参与竞买权、土地一级开发权、土地二级开发权等权能均是地方政府将国有土地所有权自行分解设置后产生的权能。权能划分不统一会导致该产权权能市场化后与产权责任的对应关系不够明晰，私营企业很难预测政府转让或许可企业使用的产权权能会给自己带来什么样的产权责任。这种对应关系不清晰反映在刑事司法实践中就会引发认识分歧。一般情况下，什么样的产权权能承担什么样的产权责任套用到刑法逻辑中就是尽可能地将一类行为对应到一类罪名，想象竞合和法条竞合只是一种例外适用技术。自然资源的产权权能、产权责任应与产权客体密切相关。矿产资源权能对应矿权责任，林木资源权能对应林权责任，耕地权能对应承包责任等。但有时产权权能不够标准会造成产权责任与刑事责任的关系很难理顺。如张某及其公司犯非法占用农用地罪一案中，① 张某及其公司超越矿区范围开采，造成周边林地严重污染，同时触犯非法占有农用地罪、非法采矿罪、污染环境罪。当中对张某及其公司的矿权责任如何转化为基于土地使用权的刑事责任，各方认识并不统一。辩护人就认为超越矿区开采系技术不到位造成，行为人没有主观故意，而且行为人已经在履行产权责任，如对林地所属农户进行了补偿，对破坏植被进行了修复。

三、产权纠纷中造成刑事司法认识分歧的客观因素

（一）融资监管套利与合法性判断之间存在矛盾

与其他金融领域一样，私营企业之间的融资也可能会滋生监管套利。所谓监管套利，大体认为是指市场主体利用制度间的差异性或制度内部的不一致性，为降低成本或获得利润而设计的一系列交易。② 监管套利本质上利用了信息不对称、契约本身的不完全性。③ 监管套利在法律上也有所体现，如信息不对称表现为委托—代理关系隐含的道德风险，契约的不完全性表现为合同关系隐含的市场波动风险。相应，当融资作为一种监管套利手段时，不光违反制度的行为会导致融资风险，依赖制度漏洞生存的投机行为也会导致融资风险。而

---

① 张某、贵州某矿业有限公司犯非法占用农用地罪一审刑事判决书，〔2016〕黔0181 刑初 245 号。

② Frank Partony. Financial Derivative and the Costs of Regulatory Arbitrage. The Journal of Corporation Laws. 1997，(4)．

③ 沈庆劼：《监管套利的动因、模式与法律效力研究》，载《江西财经大学学报》2011 年第 3 期。

后一种行为引发的风险会跳脱现行制度框架,总是先于合法性判断。刑法作为一种制度形式也不例外,在一些涉及融资的刑事案件中总是会出现一些定性较为困难、边界较为模糊的行为。另外,刑法本身的地位也会影响对融资监管套利的处理。按照刑法与相关部门法的一元化模式立场,刑法具有从属的、补充的、二次的、副次的、制裁的性质。① 融资是否具有正当性更多依赖价值判断,若其他部门没有对监管套利进行价值判断,那么刑法本持谦抑性就不应先进行价值判断。更何况现实中并不是所有融资风险造成的损失都由法律负责救济,一些融资风险最终是按风险自负原则处理。比如投资人自己承担证券投资的亏损,法律并不提供救济。

(二)私营企业产权结构的自我完善还需要时间

按现代企业制度的逻辑,企业内部应有完整的组织结构,如公司应该有股东会、董事会、监事会,企业内部应有分工明确的财务部门、决策部门、执行部门。刑法和其他部门法也是按此逻辑分类规范,如《刑法》第169条第2款规定,可将控股股东,公司董事、监事、高级管理人员作为犯罪主体。但实际情况是,我国私营企业99%为中小企业,90%为家族式企业,企业制度还停留在传统模式阶段,② 企业家族成员之间财产关系的模糊性与现代企业"产权明晰"的内在要求不相适应。③ 按现代企业制度分析私营企业的行为性质有时会与实际情况存在差距。另外,构建现代企业产权模式还要保证企业特别是企业法人能拥有独立意志,要能反映企业作为实体客观存在的经济理性,而不是单纯企业内部个体参与生产经营活动的动机。④ 当企业拥有成熟的独立意志,就能逐步在内部构建明晰的产权结构。但现实中大部分私营企业缺乏足够的成长经验和阅历,真正的"百年老店"只是极少数。以贵州省为例,经过抽样统计,2016年贵州省内私营企业的平均生命周期为3年,其中存活期最长的为12.66年,最短的仅为5天。类比自然人,私营企业大多在婴幼儿时期就已夭折。这就不难理解,有时规范视角和经济视角对如何保护投资人的利益和企业产权会有认识分歧。

---

① 袁彬:《刑法与相关部门法的关系模式及其反思》,载《中南大学学报》(社会科学版)2015年第1期。

② 李鸿忠:《支持非公有制经济健康发展》,载《求是》2016年第6期。

③ 孙凌宇、严维青:《青海省完善企业产权保护制度研究》,载《青海师范大学学报》(哲学社会科学版)2014年第3期。

④ 李恒年:《企业产权的性质》,南开大学2011年博士学位论文,第121页。

（三）目前有限责任公司内部治理结构难以在规范与效率之间取得平衡

规范意义上的有限责任公司的内部治理结构设计主要是为了防止公司成为少数人控制的企业，让公司的所有成员都可以参与公司管理过程，在其中形成相互制约机制，保障企业成员利益。企业产权和企业成员产权的分界也依赖于内部治理结构，董事、股东、生产人员的收益要根据公司内部结构进行分配，公司财产的归属依赖公司内部治理结构的确认和管理。但有限责任公司内部治理结构与产权效率的正向关系单靠建立制度框架远远不够，在成熟发达的市场环境中至少还需具备职业的经理人队伍、保证契约效力的高效法治手段、公司业务规模与内部分工的合理搭配、符合市场规律的竞争机制等条件。在这些条件都没有具备的情况下，靠规范框架设计的公司内部治理结构并不能产生提高经济效率的效果。这也就不难解释，在一些刑事案件中，涉及项目开发、征地拆迁、融资贷款、咨询服务等业务的有限责任公司，其内部治理结构大多只具有形式的完整性，按规范设计的公司内部治理结构基本没有起到防止公司违法犯罪、控制商业风险、市场化经营的作用。界定企业成员产权在挂名股东、挂名法定代表人、挂名董事等形式下也显得毫无意义。为规避风险，投资人只能将自己的投资权益转化为针对公司或个人的债权。

（四）私营企业对公有产权的权能与责任不匹配

完整的产权对应完全的产权责任。对公有产权而言，由于其主体是国家或集体，在行使权能时只能采取委托代理的方式进行，所以政府和村委会在公有产权中承担着代理人的角色。政府、村委会与私营企业合作开发公有产权时，无论政府和村委会转让何种产权权能，私营企业的参与都只是增加了产权责任的主体而不是将国家和集体的产权责任排除。这种理解也符合公有产权的价值定位，毕竟追逐利润是私营企业的天性，公有产权设立的初衷不完全基于经济发展，还有政治、社会方面的考量。但现实并非如此，私营企业在合作开发公有产权时实际是享有部分产权权能，承担完全产权责任。在非法占用农用地刑事案件中，一个常见的现象是，私营企业开发国有或集体土地用于矿产开采，由于地理环境限制，一块土地同时需要办理采矿许可和林地使用许可。如路某及其企业犯非法占用农用地罪一案中，[1] 该案中企业获得采矿许可后没有成功办理林地使用许可，在采矿许可期内如果不进行开采，企业就会蒙受巨大经济损失，在林地许可迟迟无法办理的情况下，企业开采矿石过程中造成破坏林木

---

[1] 路某、息烽县某石灰石厂犯非法占用农用地罪一审刑事判决书，〔2017〕黔0181刑初49号。

的后果，最终承担该地区的生态环境责任。企业、村集体、国家三方产权权能与责任匹配不到位、不科学，要么造成公有产权实质私有化，要么让私营企业背上过多的政策风险。

四、对私营企业产权纠纷的刑事司法立场

（一）合理评价私营企业民间融资链断裂后的责任主体和保护范围

对融资造成的不利后果，刑法若规制过严会限制民间融资的作用，若不予规制可能会变相鼓励私营企业利用融资套利。国家鼓励民间融资，最终是为服务实体经济而不是鼓励资本投机。党的十九大报告指出："深化金融体制改革，增强金融服务实体经济能力，提高直接融资比重，促进多层次资本市场健康发展。"面对我国金融市场开放力度加大的现实，办理相关案件时对私营企业的民间融资行为应立足于平等保护的立场，客观看待刑法规制私营企业民间融资风险的局限性，不单凭受损企业数量、经济损失多少来考量入罪问题，不要将市场竞争结果等同于危害后果。在锁定责任主体时，要结合融资私营企业的产权结构，合理评估某些私营企业在融资过程中是否具有明显的资本流动控制力、融资投机行为是否明显，生产经营是否已经虚拟化。对已构成犯罪的私营企业融资行为，在评价其责任轻重时，可适当考虑资本市场风险自负的规律，在投资人、集资人、生意伙伴中合理限缩刑事被害人范围。

（二）结合证据对企业管理经营情况作出合理判断

就具体个案而言，想穷尽所有与案件有关的事实及细节，并最终全部以证据形式反映，在客观见之于主观的侦查活动中几乎是不可能完成的任务。在收集证据过程中如何合理运用有限的司法资源，基于不同立场可以生成不同的行动策略。若以保护私营企业产权为导向，介于我国私营企业发展的历史阶段和现实状况，不能完全以规范视角审视私营企业产权结构，应合理回溯私营企业案发前的管理经营情况，在规范与事实之间取得平衡。涉及私营企业产权的案件，可不局限于依靠企业章程、股权说明书、原始账目等书证反映企业的组织结构和经营情况，将查明范围延伸至案发前。如查明私营企业的岗位职责、经营模式、资金来源、返利分配、债权债务等情况。综合全案证据，对事实上没有按现代企业制度管理的私营企业，应合理确定产权主体的范围，防止自然人以企业为幌子规避产权责任。对按现代企业制度管理的私营企业，应分清职业经理人、投资人、企业各自的产权关系，防止责任追究范围被不当扩大。

（三）查明公司实体经济业务的真实性

党的十九大报告提出："建设现代化经济体系，必须把发展经济的着力点

放在实体经济上。"当前和今后一个时期，从事实体经济的公司将面临资源成本、技术创新、发展路径等方面挑战，对这些公司的失败和错误，要客观看待，冷静分析。具体到个案中，判断公司是否为进行违法犯罪活动而设立，要结合公司的经营业务和实际经营状况分析。对真正从事实体经济业务的公司，不能仅根据其内部治理结构不完善、不规范否定公司行为，将个人产权与公司产权混同。如方某犯职务侵占罪一案中，① 水泥厂在改制过程中产权分配结构不够规范导致股权变动与资金实际投入情况不符，但水泥厂改制后，方某的产权与新成立公司的产权关系界定清晰，最终法院认定方某无罪。对没有真正从事实体经济业务的公司应注意查明其实体经济业务的虚假性，准确认定个人的产权责任。如在诈骗国家微型企业扶持资金、扶贫项目贷款贴息资金的刑事案件中，② 设立的公司大多将种植、养殖、商品销售等实体经济业务作为公司的主要业务，实际却完全没有开展上述业务，也没有从事任何生产经营活动。

（四）将恢复性司法理念融入合作开发公有产权纠纷处理

吸引私营企业参与公有产权开发是为了更好地盘活国家和社会资源，促进经济转型发展，并不是一种转移风险和责任的手段。私营企业因招商引资、新兴产业发展、扶贫开发等原因参与合作开发公有产权的，要注意保护其参与生产经营的积极性。在涉及公有产权损害、公有产权利益分配等纠纷的刑事案件办理过程中，应注重引入恢复性司法理念。合理考量公有产权责任的特殊性，引导建议政府和企业共同面对问题。对企业主动承担责任，采取恢复性、补救性措施的，检察机关应及时启动认罪认罚从宽程序，通过相对不起诉、提出宽缓量刑建议等方式合理减轻企业的产权责任。法院可采取判处缓刑、单处罚金、免予刑事处罚等方式合理减轻企业的产权责任。如刘某、范某、贵州某矿业有限公司犯非法占用农用地罪一案，③ 行为人非法占用林地用于修路、开矿，造成林木损毁，案发后行为人积极补植复绿，并缴纳50万元修复保证金，承诺限期恢复植被，并保证成活率不低于90%，后被刘某、范某被判处缓刑。

---

① 左某、方某犯职务侵占罪二审刑事判决书，〔2018〕黔02刑终86号。
② 李某犯诈骗罪二审刑事判决书，〔2017〕黔01刑终1378号；邓某犯诈骗罪一审刑事判决书，〔2018〕黔0622刑初14号。
③ 刘某、范某、贵州某矿业有限公司犯非法占用农用地罪一审刑事判决书，〔2016〕黔0181刑初144号。

基层检察机关保护企业家合法权益的思考

汪 迅 程晓英 彭 杰*

企业是经济活动的重要主体,保护企业家合法权益就是保护经济发展。2017年9月,中共中央、国务院下发《关于营造企业家健康成长环境弘扬优秀企业家精神更好发挥企业家作用的意见》,就着力营造依法保护企业家合法权益的法治环境、促进企业家公平竞争、诚信经营的市场环境、尊重和激励企业家干事创业的社会氛围,引导企业家爱国敬业、遵纪守法、创新创业、服务社会,调动广大企业家积极性、主动性、创造性,充分发挥企业家作用,提出了一系列明确要求。党的十九大报告又进一步强调要贯彻新发展理念,建设现代化经济体系,激发和保护企业家精神,鼓励更多社会主体投身创新创业。最高检于2017年12月下发《关于充分发挥职能作用营造保护企业家合法权益的法治环境支持企业家创新创业的通知》,对全国检察机关如何充分发挥职能作用营造保护企业家合法权益的法治环境支持企业家创新创业作出了全面部署,提出了明确的工作要求。本文以贵州省普定县企业、企业家及近年来的涉企刑事案件的数据为基础,主要从侦监、公诉在办案过程中的角度来分析如何充分利用检察职能,依法营造保护企业家合法权益的法治环境。

一、普定县涉企刑事案件的情况概要

由于招商引资、独特的地理优势等,普定县企业发展速度较快,企业逐渐增多。据相关部门统计,目前普定县有830余家企业,其中规模较大,相对发展得较好的有87家;同时涌现出一些优秀的企业家,其中有26人获得了国家级、省级、市县级的表彰。

经济发展的同时涉企刑事案件也随之而来。2015年1月至2018年6月,普定县人民检察院共办理涉企刑事案件27件42人,涉案金额达3572.3万元。其中诈骗罪6件12人,涉案金额339.5万元;行贿罪6件7人,涉案金额

---

* 作者单位:贵州省普定县人民检察院。

166.995万元；合同诈骗罪5件5人，涉案金额1244.061万元；职务侵占罪4件4人，涉案金额1529.2231万元；信用卡诈骗罪3件4人，涉案金额5.19万元；非法经营罪2件5人，涉案金额249.992万元；假冒注册商标罪1件4人，涉案金额31.9122万元；销售假冒注册商标的商品罪1件1人，涉案金额5.43万元。

二、对涉企刑事案件的情况分析

根据以上的数据，可以发现2015年1月至2018年6月在普定县发生的8个罪名的涉企刑事案件，根据特点可以分成四类案件：

（一）诈骗类涉企刑事案件

此类案件包含有合同诈骗罪、诈骗罪、信用卡诈骗罪三个罪名。从案件件数上看，占涉企刑事案件的51.85%；从涉案嫌疑人数上看，占涉企刑事案件人数的50%；从涉案金额上看，占涉企案件总涉案金额的44.47%。案件主要涉及以下领域：

1. 工程建设

本县涉及工程建设的涉企刑事案件有2件2人，涉案金额达654万元；案件涉及企业家人数10人。对这2件案件的问题进行分析：（1）建设方（乙）与开发方（甲）协商好由乙方负责该工程的实施，但是正式的施工手续（如图纸、规划等）还没有下来。此时乙方收取他人的保证金，预约将消防、水电等工程分包出去，后由于种种原因，工程未能实施，乙方收取的保证金无法退回。（2）行为人自己无施工的相关资质，知道有工程要发包，便先与开发商联系，协商好以后再去找一个建筑公司进行挂靠，导致发生问题时无力（经济实力、专业能力）应对，最终造成多方损失。如陈某某合同诈骗案：陈某某无建筑资质，知道普定县某开发公司要对某区域进行开发。便与该开发公司进行协商。谎称自己是某建筑公司的代表，欲与开发公司签订建筑承包合同。后又到某建筑公司以虚假的身份挂靠该公司，得到建筑公司的委托书、聘书等证明文件后，便与普定的某开发公司签订建筑承包合同。施工图纸还未出来，便将水电、消防等工程分包出去，收取了多人的保证金共计439万元。后工程未开工，陈某某因个人原因逃跑，至保证金无法退回。案发后，我院积极介入，经过八个月的努力，最终将439万元的保证金全部追回。

2. 租车诈骗

本县涉及租车诈骗的涉企刑事案件有2件4人，涉案金额达101.061万元。案件涉及企业家12人。从犯罪手段上看存在有以下特点：（1）存在"两头骗"的现象，即行为人将车从租车行租出来（用真实身份信息或用伪造的虚假身份信息)。伪造汽车产权证明、债权证明等,使他人相信该车是行为人所有或行为人拥有车辆所有人的债权(车辆是用于抵押该债权的),从而将车抵押给他人,获取抵押款。(2)其中有1名行为人(企业家)至今都不认为此种行为("两头骗")是犯罪,而认为是资金周转的一种方式。在案件办理中,给司法机关强调自己付给他们利息,且租车的租金也按时付给租车行的。如金某某诈骗案:金某某是一名普定的企业家,由于资金短缺。便分别以自己、自己伪造的身份证分别向省内7家租车行租车8辆。租到车后,伪造车辆登记证、发票、借条等,让他人相信车辆是金某某所有,或车辆所有人欠金某某的钱,用该车进行抵押。后将车辆、借条、发票等交给被害人,用于抵押,借取被害人的钱款。行为完成后每月按时支付租车费用、抵押所得钱款的利息。后案发,认为这是一种周转资金的正常行为。普定县检察院院领导高度重视,认为金某某是一位可以挽回的企业家,组织干警制定执行方案并听取心理咨询师的意见。联合侦查机关对金某某进行了多次法制、思想的教育、约谈,最终金某某意识到自己的行为是违法犯罪。并将被骗车辆全部追回,将该案作为典型案例进行宣传,切实保护了本县租车行业的健康发展。(3)实施诈骗的行为人、被害人中都有企业家。

3. 假冒身份、编造虚假证明,骗取公私财物

此类诈骗案件有5件8人,涉案金额达708.5万元。案件涉及企业家十余人。犯罪手段主要有以下几种:(1)冒充某企业(单位)的代表,骗取其他企业家的信任后,通过生意往来的形式骗取企业家钱财。(2)伪造不动产的产权证明,以此为抵押。取得信任后,骗取他人钱财。(3)利用国家的"惠民惠农"等政策及国家工作人员对材料审核的疏忽大意,通过填写资料、编造事实、伪造相关证明材料,骗取国家补贴。如张某某、汪某某等4人诈骗案,四人为普定县某某乡的村民,得知有国家扶持"小微"企业,每个企业可以补贴5万元。四人便以自己或家人的名义申请"小微"企业,在申请过程中伪造租地、雇佣合同等以达到"小微"企业的标准,获得"小微"企业批准后,又伪造发票、收据等骗取国家给予的5万元补贴(四个"小微"企业共计20万元)。普定县检察院接到案件信息后,深知此行为应是一个普遍的行为,由分管检察长带头进行实地走访、对各乡镇进行警示教育、宣传,点醒审批人员严把审核关口、并告知群众此种行为是犯罪,防止此种行为的再次发生对我县企业造成的不良影响。(4)利用房地产开发商急需资金的心态,伪造大额国债券,将国债卷拿给开发商进行抵押贷款,收取开发商大额的费用。(在案件中行为人事先收取了开发商100万元的费用,后将伪造的面值2000万元的国债券拿给开发商,当开发商去银行贷款时被告知国债券是伪造的。)

（二）职务侵占罪涉企刑事案件

职务侵占涉企刑事案件虽然只有4件4人，但其涉案金额在8个罪名中是最大的，占涉企案件总涉案金额的42.81%。涉及企业家9人，可以分为两种类型：

1. 企业员工利用职务便利，非法占有企业钱款。所在企业疏于管理，直至造成重大损失，才对相关财物进行核查。具有发现晚、损失大、取证难及损失难以挽回的特点。

2. 企业的法定代表人通过编造事实、伪造票据、证明等材料侵吞企业财产。在办理案件中，我们发现此类的犯罪往往金额巨大。且行为人认为该行为是资金的正常周转，不认为是违法犯罪。如钟某某涉嫌职务侵占案，钟某某是本县一个较有影响的企业家，钟某某是甲公司（该公司有其他多名股东）法定代表人，因资金需要周转，自己决定采取伪造自己甲公司与乙公司签订的装修合同、丙公司与甲公司签订的销售合同，到某银行以甲公司的名义申请贷款1500万元。贷款到账后，将这1500元贷款取走，用于个人消费、偿还个人债务等。案发时，对办案人员说："我是来配合你们查清楚事情的，我没有犯罪行为。"对于钟某某的行为，普定县检察院正在对其进行说服教育，争取将其拉回正轨，挽回损失。

（三）侵犯知识产权类涉企刑事案件

近年来，普定县检察院办理了两起该类涉企刑事案件：一起为销售假冒注册商标的商品罪，一起为假冒注册商标罪。将这两件案件单独列为一类，是因为这两件案件中，被侵犯知识产权的企业都是中国贵州茅台酒厂有限责任公司。简而言之一起是售卖假冒茅台酒谋取暴利（经过我院的说服教育，该案的被告人已将售卖所得全部退还被害人，并深刻认识自己的违法犯罪行为），一起为制售假冒茅台酒谋取暴利。

（四）行贿罪涉企刑事案件

经过这几年的"打老虎、拍苍蝇"，这类涉企案件已逐年递减，但从发案数上看，仍然是件数最多的涉企刑事案件之一，与诈骗罪的发案数一起并居8类案件发案数的第一，且行贿人都是企业家。此类案件具有以下特点：

1. 企业家作为生意人，主观上并不愿拿钱行贿国家工作人员。

2. 在承揽国家机关、单位发包出来的项目时，往往会担心在拨付款时被以拖延时间（此类项目企业家承揽出来做的时候，大多数是自己垫资。资金很多时候是从其他地方通过高利息借贷而来，时间拖得越长利息越高）的方式为难。付款时间拖延长以后，赚钱的生意有时就变为亏本生意了。如张某某行贿案：张某某是本县建筑行业的一名企业家，因想得到照顾、拨付款时方便，行贿自己的同学杨某某（系某县县领导）。

3. 想与握有权力的人"交朋友"，以获取下一次项目的承揽。很多时候项目的招投标仅是一个表面形式，当事人利用提前透露其他企业的投标价格、直接指定等多种违规的可操作方式，往往能获取工程承揽权的都是由主要领导直接指定的人。如杨某行贿案：杨某是本县建筑行业的一名企业家，因想多做工程，在短时间内行贿某局局长37万元。

三、分析企业风险点

根据以上分析，结合我县的情况，检察机关发挥检察职能作用，依法保护企业家合法权益、营造企业健康发展法治环境应从以下几个点着手来思考解决问题的方案：

1. 在工程建设领域，分包不透明、不公开、手续不完善、不合法、挂靠现象仍是出现问题的高发区。在招投标上部分企业家、国家工作人员存在违规、违法行为。

2. 制假、造假行业的存在，严重干扰了社会的认知。购买伪造的房屋产权证、车辆登记证、公民身份证等证明成本极低，社会大众不具有专业的知识、仪器进行检验、识别，看到伪造的证明便会产生错误的认识，造成损失。

3. 企业家具有较强的积极性、创新性的同时，必然带来一个问题：企业家在一个时期内会可能同时拥有几桩，甚至几十桩"生意"。那么资金的周转便成为了一个重要的问题。企业家在资金周转上出现的问题可能会使企业家的生意变成亏本生意，使企业家铤而走险，走在了高利借贷、行贿、职务侵占、挪用资金的犯罪前沿，同时也会因为资金的短缺，成为被骗的主体。

4. 企业家、企业员工的法律意识较为淡薄，其施行违法、犯罪行为后，有时认为这只是正常的行为。

5. 发展的同时要思考生态环境和资源保护、食品药品安全、环境污染等领域会带来的问题。包括由于缺乏社会责任意识、法律知识而带来的企业家侵害公共利益或企业家的利益被侵害的问题。如何合理地解决这些问题，也是营造企业家、社会经济秩序健康发展法治环境的一个思路。

四、检察机关如何发挥检察职能

《贵州省检察机关开展发挥检察职能作用依法保护企业家合法权益营造企业健康发展法治环境专项工作实施方案》里强调：要紧密结合检察工作实际，综合发挥打击、预防、监督、教育、保护等检察职能，积极履职尽责，为企业家健康成长和事业发展营造良好的法治环境。结合我县实际，提出以下几点做法：

(一) 强化领导重视

1. 成立专项活动工作领导小组，由党组书记、检察长任组长带头抓，各分管业务部门副检察长任副组长统筹抓，各部门负责人为成员共同抓。

2. 设立专项活动工作办公室，明确一名检委会专委为办公室主任专门负责，各业务部门抽调业务熟练、责任心强的干警为成员具体抓，确保专项工作的组织领导有力、沟通协调到位。

3. 将开展专项活动的方案及时向党委、人大、政府汇报，争取得到支持，使专项工作定位准、思路清、措施实。

(二) 进行法制宣传、检企沟通、防患于未然

1. 深入重点企业、乡镇、街道、社区、学校，采取"以案释法""侵犯企业、企业家合法权益的典型案例分析""举办讲座""观看微电影"等方式开展宣传活动"授人以渔"。告知在哪些环节容易发生问题，防患于未然，并通过影响企业家"身边人"的形式进行法制教育及警示教育，形成社会监督与家庭监督并行。向企业家、未来的企业家灌输依法经营的理念、防范意识及社会责任。

2. 深入企业进行走访，及时听取企业家的意见和建议以及了解企业当前存在的具体问题和困难，找准工作切入点。

3. 与企业建立检企联系卡，筑起检企亲情关系，保持有一名干警与县内各家企业联系，运用检察职能推动和保护企业健康发展。

4. 定期召开两长专题座谈会（检察长、商会会长座谈），积极拓展交流平台，通过召开两长座谈会，认真倾听企业呼声，解答企业法律诉求，研究制定具体工作制度。

5. 挂牌成立检察联络室，选择在重点的企业挂牌成立检察联络室，方便企业信访、咨询有关法律、法规等方面的问题以及遇到困难时，可以随时得到帮助，为企业健康发展提供司法保障。

6. 走访各行政执法部门，进行法制宣传、警示教育活动。与各单位座谈协商制定保护企业家合法权益、营造企业健康发展法治环境的策略。如与公安机关联系，建议给租赁车辆等需要核实身份的行业配备电子、网络检验系统。

(三) 依法严厉打击犯罪，营造良好的社会经济秩序

1. 严厉打击造假、售假行业。造假、售假行业以假乱真，影响了社会大众的认知，扰乱了正常的社会经济秩序，必须严厉打击。

2. 配合国家监察机关严厉打击玩忽职守、滥用职权、贪污贿赂等职务犯罪，清理国家工作人员中的蛀虫。国家工作人员是人民的公仆，其一言一行代表国家形象。打击此类犯罪，树立行业标杆，让"后来者"不敢腐、不能腐。

（四）落实宽严相济的刑事政策

对有违法、犯罪行为的企业家，根据其主观恶意的轻重、客观危害的大小，进行教育、感化。能挽回的坚决想办法挽回，对十恶不赦的顽固分子也绝不手软。

（五）对发展带来的食品药品安全、环境污染、生态环境和资源保护等领域的问题履行好公益诉讼职责

要发挥好检察机关公益诉讼的监督职能，通过积极走访、听取群众的控告、申述等方式发现问题，主动出击，并与行政部门建立良好的监督协作机制。

检察机关维护民营企业及企业家合法权益之路径分析

宋勤学[*]

民营经济是我国社会主义市场经济的重要组成部分，它在维护社会稳定，促进国民经济的发展中起着积极作用。随着市场经济的日益发展，民营企业权益保护问题越来越突出，甚至影响到民营企业的健康可持续发展。2017年9月，中共中央、国务院就依法保护企业家合法权益提出了一系列明确的要求。2017年10月，党的十九大又提出要激发和保护企业家精神。检察机关作为国家的法律监督机关，对于弘扬企业家精神，促进经济持续健康发展有着重要意义。民事行政检察作为检察机关法律监督职能的重要组成部分，对维护司法公正、司法权威，营造企业公平竞争的法治环境，维护企业及企业家合法权益发挥着重要作用。本文考察了T市企业权益保护情况、民事行政检察部门办案情况，拟从司法实践视角，如何充分发挥民事行政检察职能作用维护民营企业、企业家合法权益谈几点见解。

一、民事行政检察工作在维护企业合法权益中的作用

在检察机关，民事行政检察部门又素有"小民行、大格局"的说法，其特有的职能职责在维护企业、企业家合法权益方面具有不可替代的作用，能够满足企业对稳定和谐发展环境的需求、满足企业对抵御法律风险能力的需求，满足企业对平等司法保护的需求。

（一）督促政府职能部门依法行政，最大限度地减少因违法行政行为给企业带来侵害

行政权与人民生活息息相关，与企业及企业家更是密不可分。实践中，因为执法主体执法理念、业务素质等因素，会出现一些有法不依、执法不严、执

---

[*] 作者单位：贵州省铜仁市人民检察院。

法违法的行为，侵犯了企业及企业家的合法权益，在一定程度上限制和阻碍了民营经济的可持续健康发展。笔者通过调查发现，受访者认为企业外部发展环境不好中，有法不依、执法不严占65.85%。要改变这种状况，就必须加强监督，防止行政权力错位和越位。人民检察院对行政机关及行政人员进行监督是宪法赋予的职责，2015年5月1日修改后的《行政诉讼法》更是将检察机关行政诉讼监督的范围扩大，使得检察机关能更加全面、专业、刚性的监督行政机关依法行政，从而最大限度的减少违法行政给企业及企业家带来损害。2015年1月1日至2018年1月1日，T市检察机关民事行政检察部门共受理涉及具体行政行为的案件17件，占受理总件数125件的13.6%，涉企案件4件，占行政诉讼案件的23.5%。2018年1至6月，受理涉及企业或企业家的行政案件32件，涉案金额一亿余元，为企业挽回经济损失600余万元。对相关部门违法行政、不作为、乱作为造成企业或企业家合法权益遭受损害的行为，发出检察建议224份，提起公益诉讼2件5人，切实维护了企业及企业家的合法权益。

（二）监督审判机关严格规范司法，最大限度地减少因司法不公给企业带来的侵害

人民法院的审判权有较大的自由裁量空间，同时，由于每名法官的价值取向、认知判断能力、知识业务水平及社会阅历的不同，自由裁量权的运用，有可能出现"同案不同判"的结果。个别法官甚至滥用手中的审判权徇私枉法，企业及企业家的合法权益必然会遭到侵害。对于出现的错案，笔者认为由检察机关的民事行政部门监督不失为有效的途径。一是检察机关是法定的法律监督机关。法律赋予了检察机关对已经发生法律效力的民事判决、裁定、调解等行为进行监督的权利，由民事行政检察部门行使。二是检察机关是刚性的监督。通过审查，一旦认为人民法院的判决、裁定确有错误，便可通过审判监督程序提出检察建议或提出抗诉。相对于审判机关内部监督，发挥的作用显然是不可替代的。三是只有加强对审判权的监督制约，才能防止法官权力的滥用，才能最大限度的减少因司法不公给企业、企业家带来的损害，才能最终实现"让人民群众在每一个司法案件中都感受到公平正义"的目标。2015年1月1日至2018年1月1日，T市检察机关民事行政检察部门共办理各类案件125件，其中涉及企业的有51件，占比39.8%，51件涉企案件中，侵权类3件，合同类25件，劳务用工类10件，融资类8件，其他5件。经民行部门调查处理，51件涉企案件中，提请抗诉19件，不支持监督申请24件，促成和解5件，审查终结3件。2018年1至6月共办理36件72人，其中涉企业或企业家民事案件7件8人，涉案金额300余万元。

（三）帮助企业依法依规实施管理，最大限度地减少因民事法律风险给企业带来的侵害

企业运行中法律风险无处不在，无论是在企业的设立之初，还是在企业的经营管理过程中，甚至是在企业的终结之时都存在法律风险。在民事法律风险、行政法律风险和刑事法律风险中，与企业日常运营活动关系最为密切，风险最多也是最容易转化为刑事法律风险的是民事法律风险。民事行政检察部门在帮助企业防范法律风险上有两个优势条件：一是绝大多数民行部门的检察工作人员均有深厚的法律理论功底和丰富的办案经验，有专业的业务知识为企业提供法律服务；二是检察机关的调查核实权能够让民行部门的检察人员在第一线，及时发现企业更多在法律管控方面存在的各种问题，并通过以案释法、检察建议等方式，帮助企业完善内控机制，提高法律风险意识，避免因法律风险防控不力而带来不必要的损失。仅 2018 年 1 月至 6 月，T 市检察机关就走访调研企业 111 家，进行送法进企 50 次，为企业提供法律咨询服务 24 次，提供意见建议近 100 条，切实帮助企业解决生产经营中遇到的法律难题和实际困难。

二、企业法治建设及合法权益保护情况

2018 年 6 月，笔者通过问卷星和实地走访的方式，对 T 市民营企业家、企业管理人员开展了一次问卷调查。大都数受访者对企业的外部发展表示满意，同时，也指出了存在的问题。

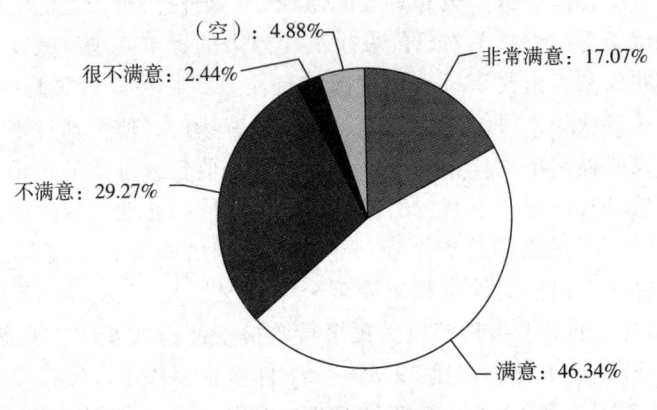

企业发展外部法治环境

（一）部分企业法律意识淡薄

部分企业及企业家的法律风险意识非常淡薄，不重视身边存在的潜在法律风险，只有出现纠纷时才会想到找律师或懂法律的朋友。调查显示，有50%的受访者表示企业不重视法律工作，只有遇到问题再咨询。在企业制定经营目标、发展战略时是否考虑法律风险，有43%的受访者表示考虑过但是没有进行过分析，有24%的受访者表示没有考虑。企业或企业管理者合法权益受到侵害时，希望的维权手段中，通过诉讼解决占51.22%，向上级主管部门或政府部门申诉的占43.9%，向有关媒体反映占14.63%，找行业组织解决占24.39%，找关系占19.15%，选择忍气吞声的占7.32%。

（二）部分企业法治建设薄弱

大部分企业家在法律风险防范上的投入的精力和金钱较少。受访企业中有53%没有聘请法律顾问，在企业是否设置独立的法律部门中，有12%受访者回答已经设立独立的法律部门，26%回答安排有专职人员，56%的受访者回答没有独立的法律部门或安排专职法律人员。当问到企业没有法律顾问、不设法律部门的原因时，受访者回答没有产生法律问题或法律纠纷的占39%，回答没有经费支持的占29%，回答没有必要的占9%，没有填报的29%。如笔者走访的一位服务行业企业家，明确的表示请法律顾问没有必要，是浪费，是摆设。

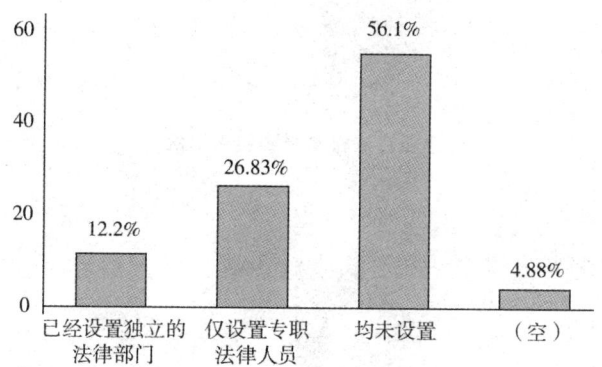

企业法律部门设置情况

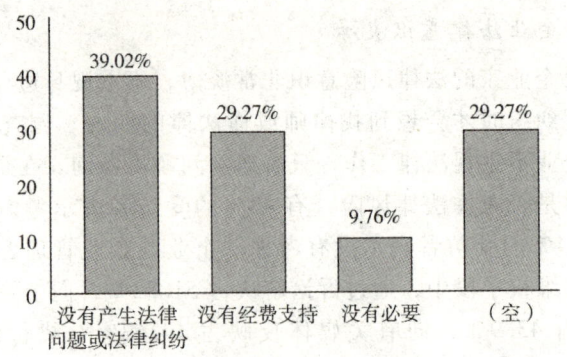

企业不设置法律部门的原因

（三）企业或企业管理者合法权益偶有遭受侵害

认为企业管理者合法权益基本不受侵害的占58.54%，偶尔受到侵害的占34.15%，经常受到侵害的占2.44%。认为企业合法权益基本不受侵害的占51.22%，偶尔受到侵害的占34.15%，经常受到侵害的占7.32%。

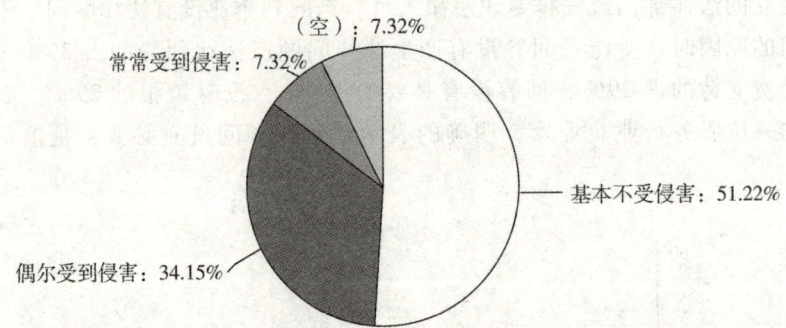

企业合法权益受到侵害情况

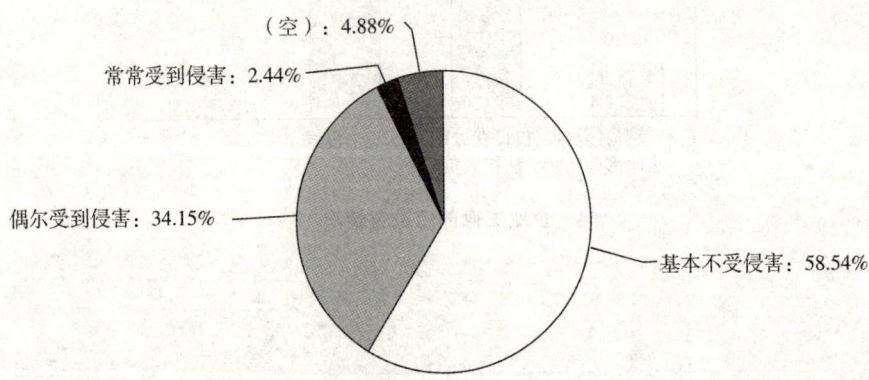

企业管理者受到侵害情况

（四）企业权利被侵害的形式种类较多

认为来自政府职能部门不合理摊派的有9.76%，干预生产经营权的有7.32%，干预自主用工的7.32%，干预工资、奖金分配2.44%，干预物资采购的占4.88%，干预产品销售的有7.32%，认为没有以上行为的占68.29%。认为企业场地或财务被非法无偿占用的有12.2%，认为企业遭受强拉乱拉赞助的有7.32%，认为企业以不合理的低价或无偿提供产品或服务的占9.67%，企业被强制接受收费服务或收费性标准认证占7.32%。认为受到来自公司股东、职工侵权的占30%。认为来自其他公司不正当竞争占29.27%，假冒伪劣产品14.63%，侵犯知识产权9.76%，恶意诋毁21.95%。认为来自宣传媒体不正确曝光7.32%，不良记者的讹诈2.44%，逼迫广告支出9.76%。认为来自消费者过度维权15%，恶意消费12%，以公司名声要挟达到个人目的14.63%。认为来自社会上违法犯罪中的盗窃占7.32%，诈骗占9.76%，毁坏公司财物4.88%，破坏生产经营活动及场所占19.51%，强买强卖、强拉工程占4.88%。

三、充分发挥民事行政检察职能维护企业及企业家合法权益之路径分析

最高人民检察院党组书记、检察长张军基于对法律监督特性的深刻把握，在不同场合反复强调树立双赢多赢共赢理念的重要性。[①] 我们要落实好最高人民检察院张军检察长的讲话精神，在监督行政机关、监督审判机关，维护企业和企业家合法权益中，实现双赢多赢共赢。

（一）通过加强监督行政机关依法履职，维护企业合法权益

加强对行政违法行为实行法律监督，对于规范行政行为、规范市场交易行为、商标侵权、虚假广告等乱象，切实维护企业、企业家合法利益具有深远的现实意义。

1. 运用检察建议监督行政机关正确履行职责。对于未进入诉讼程序的行政行为，运用检察建议的方式，向有关单位发出纠错、改正、处置和移送犯罪案件建议等。在当前"两反"转隶之后的背景下，为增强检察建议权威性，笔者建议：一是注重检察建议的制作质量。明确建议格式标准，标明事实证据，法律依据，再由分管领导审核把关，确保建议不粗制滥造，敷衍了事，而是一篇有理有据说理充分的优秀法律文书。二是抄送行政机关的上级主管部门

---

① 《双赢多赢共赢 反映民事行政检察的价值追求》。

和同级人民政府，让其上级主管部门和同级人民政府监督执行。三是与同级纪委监察建立联系制度、追责制度，对于确认行政行为违法、不回复检察建议并调整其违法行为的，在发出纠正违法通知书的一定期限内，将相关情况报纪检监察机关，由纪检监察机关启动问责程序，如果能够进入诉讼程序的，采取诉讼行为。四是在公开送达和回复检察建议时，不但要求被建议单位代表参加，同时邀请人大代表、政协委员、特邀检察员等作为第三方代表参加，当场发表对检察建议的意见和建议，既监督检察机关所提建议合理性，又对被建议单位的整改落实进行监督评议。① 五是通过办理行政诉讼审判监督案件，对行政机关违法行政进行监督，对发现的行政执法人员权钱交易、滥用职权等违法犯罪行为，第一时间向纪检监察移送案件线索。

2. 应用督促起诉、督促履职等新型监督手段。针对行政机关怠于行使职权或者由于其不作为，我们不仅运用检察建议手段，督促行政机关积极履职，还可以向人民法院提起诉讼，通过诉讼的手段督促行政机关依法履职。在履职中发现质监、工商、卫生等市场监管部门违法行政或者慢作为、乱作为、不作为，给企业及企业家合法权益造成侵害的，应积极运用督促起诉、督促履职责等新型监督手段，督促市场监管部门依法履职。

3. 建立联席机制，形成监督合力。建立内外协助机制，使监督形成合力。在检察系统内，整合民行、控申、侦监等内设机构的力量和资源，发挥综合监督作用，特别要发挥好侦监部门的"两法衔接"平台作用，严格监督行政执法违法行为。在检察机关外部，会同人大、纪检监察、政府法制部门，组成联合行政执法监督小组，采取联合执法检查、召开联席会议等方式，发现违法行政线索，对行政执法进行有力监督。

(二) 通过加强监督审判机关严格司法，维护企业合法权益

民事检察监督是我国宪法和法律赋予检察机关的一项重要职能，对于保障法律的统一正确实施、维护司法公正、维护企业及企业家合法权益具有重要意义。工作中，民事行政检察部门可以充分运用抗诉、再审检察建议、纠正违法等手段，强化审判机关对涉企案件民事裁判、民事调解、虚假诉讼、民事执行等方面的监督，全力维护企业合法权益。

1. 加强对民事裁判的监督。经常与企业、法院对接，仔细分析本辖区内企业、企业家经济纠纷的特点、原因、规律，找到破解方法。成立专门的民事办案团队，专门办理涉企民事案件，加强对企业合同纠纷、债务纠纷、股权分

---

① 沈爱国：《山东宁阳县检察院建立规范检察建议工作新机制》，载正义网。

配、劳动争议、工伤赔偿、破产清算等案件审判活动进行监督，一旦发现确有错误的裁判情形，依法及时予以监督纠正。

2. 加强涉企虚假诉讼的监督。一是加大对涉及企业、企业家产权虚假诉讼、恶意诉讼的监督力度，重点审查民间借贷纠纷、合伙企业连带责任纠纷、以离婚诉讼一方当事人为被告、以资不抵债企业为被告的劳动争议等案件。对于查证确实的虚假诉讼案件，应当及时予以纠正。二是通过抗诉或者再审检察建议的方式建议法院再审纠正。三是及时移送违纪违法线索。对于构成参与虚假诉讼，且涉嫌犯罪的当事人、代理人移送公安机关，尚未涉嫌犯罪的，依法向行业主管部门、律师协会及行业协会提出检察建议。

3. 加强对民事调解的监督。针对法院在双方纠纷事实还未查清的情况下就做出调解、违反自愿原则的强制调解、程序内容违法的调解、损害第三人利益的虚假调解，坚决通过抗诉、再审建议等方式予以监督。

4. 加强涉企执行案件监督。一是选定监督重点。开展涉企业执行案件专项监督活动，重点监督错误采取执行措施、错误处置执行标的物等，致使当事人、案外人等财产权受到侵害的案件。二是拓展案源渠道。摒弃坐等办案的思想，强化依职权发现案件线索的能力，主动到有关单位、到基层、到案发一线获取案件线索，如主动到法院调取已超期的执行案件归纳列表，从中筛选需要启动监督程序的案件，主动与人大代表、政协委员及有关行业协会沟通联系，多渠道获取监督线索。三是与人民法院会签文件。对于实践中经常遇到，但是法律、司法解释又还没有作出明确规定的，争取与法院会签文件，将检察机关监督执行案件来源、方式等内容通过协议固定下来，便于实务操作。

5. 多措并举强化监督效果。一是积极开展民事行政检察宣传活动。通过微信、微博、门户网站、电子邮箱、户外广告、宣传手册等，全方位、多渠道宣传民事行政检察职能、受案范围、立案条件和抗诉标准等，努力拓展民行监督案件线索来源。二是努力提高办案质量和效率。在抗诉文书、检察建议论证说理上狠下功夫，努力提升法律文书的质量。注重运用大数据技术，整合有限资源，减少办案环节，缩短办案周期；注重抗诉案件的跟踪监督，努力提高抗诉案件改变率。三是探索建立检察长列席涉企抗诉再审案件审判委员会机制，通过列席审判委员会加强对法院审理涉企案件的监督。

（三）通过延伸民事行政检察职能，维护企业合法权益

1. 协助企业"法律体检"，着力提升企业抵御法律风险能力。采取访谈、实地考察、查阅文件、问卷调查方式，为企业开展"法律体检"活动，帮助分析存在的法律风险和解决问题困难途径，协助企业建立健全财务、采购、合

同管理等制度，堵塞企业在管理方面的漏洞和薄弱环节，提高企业抵御风险的能力。积极组织民事行政检察部门工作人员深入企业开展调研，了解企业合法权益受损情况及当前存在的主要问题和困难，同时，注重调研成果的转化运用，对于体制性、政策性、策略性、方向性等重大问题，及时向党委报告，提出解决的建议；对于机制性、管理性以及政策执行中存在的问题，及时向相关职能部门通报。

2. 送法进企业，着力提升企业依法规范经营意识。一是不定期的向企业通报检察机关办理涉企刑事、民事、行政案件，对相关案件进行一案一剖析，深刻分析发案原因、特点和规律，查找企业家及企业法律风险和管理漏洞，及时向企业和提出堵漏建制的建议。二是通过举办法制讲座、法律咨询、发放宣传资料等形式，开展对企业家及企业重要部门、重点岗位、关键环节管理人员的法制宣传教育，重点传递合同订立和履行、企业融资、劳务用工方面的法律知识及注意事项，提高企业家及其干部职工的法治意识。三是推送一组法治微信公众号。向企业家及其管理人员推送有关法治建设、企业依法经营等方面的微信公众号，如《中国普法》《长安剑》《企业法律顾问》等微信公众号，引导企业家遵纪守法、规范经营。四是将涉企典型案例解读、各项服务企业的法治政策等编印成册子，或为企业量身定做专题"小贴士"，企业家及其管理人员只要翻一翻小册子，就能一目了然风险所在。

（四）重自强，努力提升民行检察的监督能力和水平

打铁还需自身硬，民事行政检察部门要通过监督行政机关、审判机关，维护企业合法权益，如果自身能力水平跟不上、不如人，就不能有效履行法律监督职责，维护企业权益的效果也不会明显。所以，还必须解决好民行检察人员不愿监督、不敢监督、不善监督及监督不到位的问题。

1. 提高民事行政检察工作的认识。检察机关是营造良好法治环境的重要参与者和实践者，对于营造保护企业家合法权益、促进企业家公平竞争的法治环境具有重要意义。民事行政检察工作作为检察工作的一部分，必须以党和国家大局为重，融入大局、服务大局、保障大局。必须充分运用以抗诉为中心的多元化监督手段，为企业家健康成长和事业发展营造宽松环境，切实加强企业家人身财富安全感，增强和激励企业家创业信心。

2. 加强对民行队伍的素能培训。高素质的民事行政检察队伍是民行检察监督工作良性开展的保障。可以通过引进具有丰富司法实践经验的法官、律师和具有深厚理论功底的学者，充实激活民事检察队伍；可以通过轮训、岗位练兵、以老带新、再教育等形式，不断提高现有民行检察人员的综合素质，不断增强法律监督的业务能力。

3. 加强与法官、学者的沟通交流。建议与法院、高校多沟通交流，积极推进检察官与法官轮岗交流和法学学者挂职制度，让检察官、法官和学者站在不同角度认识和思考问题，推动问题认知达成共识，促进问题公正合理解决。

检察机关依法保护企业家合法权益的困境及应对

——以黔西南州检察机关保护企业家合法权益为视角

周仕刚　邓毅林[*]

近年来，随着行政审批制度改革的深入推进，特别是"先照后证"改革、"多证合一"登记制度改革等为各类市场主体降低了准入门槛，为企业创造了良好的营商环境，激发了市场活力，推动了企业蓬勃发展。"2012年9月至2017年9月，全国实有企业总量为2907.23万户。"截至2018年3月，黔西南州市场主体总量164670户，其中，个体私营经济161049户，占市场主体总量的97.8%，个体工商户127487户，占个体私营经济总量的79.2%。在对40余家本地与外地企业、公有制企业和非公有制企业进行需求调研发现，部分企业在发展过程中面临行政机关、司法机关行使职权的影响，内部风险防控机制未建立，人身权、人格权、财产权受到侵犯等现状，部分企业没有感受到平等保护。他们在生产经营过程中希望有关部门给予更多的政策和法律保护；希望从严打击企业内部贪污、侵占、受贿犯罪行为，营造公平公正的法治环境；希望加强法律知识培训，增强企业家法治意识和自我保护意识，引导企业推进法治建设，强化内部风险防控；希望政府职能部门提升办事效率、增强服务意识，减少部门干预，营造公平竞争环境，落实平等保护要求，减少对企业生产经营活动正常运转的影响；希望帮助解决劳资纠纷问题、合同问题、融资难问题等。为此，检察机关立足实际，充分发挥法律监督职能，为保护企业家合法权益营造企业健康发展法治环境，有利于激发企业家创新创业活力，对推动经济社会可持续发展具有重要的现实意义。

一、检察机关依法保护企业家合法权益的必要性

检察机关依法保护企业家合法权益营造企业健康发展法治环境，有利于促

---

[*] 作者单位：贵州省黔西南州人民检察院。

进企业家公平竞争、诚信经营、干事创业，充分调动企业家积极性、主动性、创造性，增强和激励企业家创新创业信心，增强企业家财富安全感，弘扬优秀企业家精神，促进经济社会持续健康发展与社会和谐稳定。

（一）经济社会发展的客观需要

企业作为市场经济的重要主体，是经济的基本细胞，为积累社会财富、创造就业岗位、促进经济社会发展作出了重要贡献，其兴旺发达是经济社会持续发展的重要支撑，更是提升综合国力的重要路径。而企业家是否有活力、财富是否有安全感、创业环境是否安全稳定，是企业持续创新发展的关键因素。检察机关发挥检察职能，依法保护企业家合法权益，是增强和激励企业家创新创业信心，保护经济社会持续健康发展动力的客观需要。

（二）推进依法治国的必然要求

英国著名哲学家、思想家和著述家洛克认为："在一切能够接受法律支配的人类的状态中，哪里没有法律，哪里就没有自由。"遵守法律是扩大和保护自由，而不是限制自由。市场经济的本质是法治经济，一切市场主体都应在法治的轨道上运行，都不得有超越宪法和法律的特权。作为依法治国实践者推动者的检察机关，充分发挥其职能作用，加强企业产权司法保护，严惩侵害企业及经营管理者合法权益的犯罪，既是保护企业和经营者在法律允许的范围内自由行使权利，推进企业持续健康发展的现实需要，更是推进依法治国，促进社会和谐的必然要求。

（三）履行法律监督职责的使命选择

检察机关是国家法律监督机关，依法独立行使检察权，且承担着保障法律正确实施、维护法制统一和尊严的重要职责。因此，充分发挥刑事检察、刑事诉讼监督、民事行政检察、控告申诉检察等职能作用，营造保护企业家合法权益、促进企业家公平竞争的法治环境，既是检察机关在新时代履行宪法赋予的法律监督职责的具体体现，更是为推动经济持续健康发展，维护社会和谐稳定，实现中华民族伟大复兴提供法治保障的使命选择。

二、检察机关依法保护企业家合法权益面临的形势及困境

（一）保护任务艰巨

从《2017中国企业家刑事风险分析报告》中看，2017年，企业家犯罪频次达2481次。其中国有企业家犯罪频次375次，占比15.11%；民营企业家犯罪频次2106次，占比84.89%。与2016年的1458例相比，增长70%。同时，《最高人民检察院工作报告》显示，2013－2017年，全国检察机关起诉制售伪

劣商品、侵犯知识产权犯罪12万余人。这些数据表明，企业家犯罪和其他侵害企业家合法权益的犯罪都在不同程度存在，在一些方面呈上涨趋势，依法打击犯罪，保护企业家合法权益，推进市场经济法治化，促进经济社会健康发展的任务依然艰巨。

（二）保护力量不足

一方面，检察机关在职务犯罪职能部门转隶后人员编制减少，同时面临人员分类管理带来的诸多挑战，特别是基层检察机关人员紧缺，在保护企业家合法权益上力量不足。同时，黔西南州企业发展程度与东部地区有一定差距，侵财类案件相对较多，金融类案件和侵犯知识产权刑事案件少，比如从近期黔西南州检察机关办理的47起案件看，盗窃、诈骗、故意毁坏财物、非法拘禁、伪造公司印章、职务侵占、非法经营、合同诈骗等案件占比超过85%，而其他案件相对较少，检察机关在保护企业家合法权益和企业产权方面实践经验积累相对不足。另一方面，就外部而言，因部门之间在思想认识、角色定位、职能职责上存在差异，缺乏有效的整体保护合力。

（三）保护路径较窄

由于受多重因素的影响，检察机关依法保护企业家合法权益的路径尚需拓展。一是线索与需求发现路径不宽。就企业而言，将其管理漏洞和存在的问题向外披露本身存在顾虑，企业的法治需求完全由企业提供并不现实，而外部深入在一定程度上很难精准把握企业实际需求，且对企业正常生产经营活动难免产生影响，因此无论是对侵害企业合法权益犯罪线索的发现，还是对企业法治需求的收集都存在诸多困难。当前，企业法治需求主要依靠"检察长+董事长"两长座谈会、司法办案等方式来发现，范围覆盖不宽，方法路径相对较少。二是保护和服务结合不够。在保护企业合法权益过程中，因受人力、专业、观念等因素限制，主要以办案来实现保护，在如何为企业提供更为全面的法治服务，帮助企业堵漏建制、防范风险上还有不足。

（四）保护机制不全

最高检出台了《关于充分履行检察职能加强产权司法保护的意见》《关于充分发挥职能作用营造保护企业家合法权益的法治环境支持企业家创新创业的通知》等文件，为保护企业家合法权益和企业产权提供了重要遵循。各级检察机关在具体落实过程中还需进一步细化措施加以推进，还面临许多困难。一是长效性保护机制不够完善。因在实践探索上深度不够，且受认识因素、人员因素等影响，保护的长效机制尚需探索完善。二是分类保护机制不全。在落实平等保护的基础上，如何针对不同企业不同需求的保护上方法措施不多、制度机制不全，工作开展难度较大。如黔西南个体私营企业占市场主体总量的97.8%，且覆盖面以及所跨的行业种类较多，依法保护的难度和空间也较大。三是一体化机制难以形成。由于各部门依法保护的侧重点不同，且在认识上存在差异，检察机关在依法保护企业家合法权益过程中难免对有关部门执法或司法活动中的违法行为进行法律监督而产生一定误解，一体化的保护机制建立和执行存在困难。四是考核监督机制不健全。缺乏有效的考核监督机制对各部门依法保护企业家合法权益工作进行制约，仅依托发挥检察职能开展监督，很难深入推进依法保护企业家合法权益工作有序开展。

（五）与信息化结合不够

当前，检察机关在依法保护企业家合法权益上信息化和大数据应用程度不深。一是缺乏信息平台。受技术、人才、资金等因素限制，依法保护企业家合法权益信息平台搭建存在困难，在依法保护企业和服务企业上信息化程度不高，各类企业的法治需求很难通过网络平台实时推送。二是信息共享不够。受安全保密、信息化等因素限制，部门之间的"信息孤岛"难以打破，很难实现信息共享，在线索发现、需求收集、工作衔接上存在困难。

三、检察机关依法保护企业家合法权益的应对

保护企业家合法权益事关经济社会持续健康发展与和谐社会的构建，检察机关应凝聚各方共识，增强保护能力，把握保护原则，拓宽保护路径，完善保护机制，依法加强对企业家合法权益的保护，为企业健康发展营造良好的法治环境。

（一）凝聚保护共识

企业的发展离不开良好的政策环境、法治环境、市场环境、社会氛围，依法保护企业家合法权益营造企业健康发展环境不仅仅是检察机关的职责，更是各有关部门和社会的共同职责。一要坚持党的领导。党的领导是检察机关依法开展保护企业家合法权益的重要保证，各级检察机关应在各级党委的领导下依法履行保护职责，推动各项政策在检察环节有效落实。二要加强沟通协调。充分运用"两长"座谈会、"多长"座谈会、联席会议等形式强化与行政部门、司法机关、行业协会、企业的沟通协调，排除顾虑，凝聚保护共识，有效解决因认识偏差导致合力不聚的问题。三要强化宣传。运用现代化手段多维度开展宣传，积极营造依法保护企业家合法权益的良好氛围，鼓励社会力量积极支持和参与，推动形成党委领导、部门负责、社会支持、群众参与的保护格局。

（二）提升保护能力

过硬的检察队伍是依法保护企业家合法权益的重要支撑，检察机关应强化措施，加强检察队伍建设，增强检察人员综合能力，为保护企业家合法权益提供人才保障。一要强化学习培训。搭建检察机关与高校合作机制、检察机关之间交流学习机制，并针对不同地区、不同业务条线、不同办案需求，开展针对性需求培训，提升检察人员办案能力、矛盾纠纷化解能力、沟通协调能力和法律服务水平。二要注重实践积累。在开展依法保护企业家合法权益过程中，要善于总结好的经验做法，为保护工作的持续开展积累可参考、可借鉴、可复制的经验。三要注重案例指导。要善于挖掘一批具有指导性和典型性案例，为依法保护企业家合法权益提供办案参考。

（三）把握保护原则

检察机关在保护企业家合法权益中应把握好以下原则：一是坚持依法保护原则。"依法"是检察机关履行法律监督职责的基础和前提，在保护企业家合法权益工作中严守法律底线，依法公正办理每一起涉企案件，使所办案件经得起历史和法律的检验。二是坚持平等保护原则。非公有制经济是我国社会主义市场经济的重要组成部分，非公有制企业是发展社会主义市场经济的重要力量，"2017年非公企业对新增就业占比贡献超过90%，民营经济对国家财政收入的贡献占比超过50%"。无论是公有制企业还是非公有制企业，在保护过程中均要坚持平等保护的原则，营造公平竞争的法治环境，有效激发各类市场主体创新创业活力。三是坚持谦抑审慎理念。注重保护人权，在办案过程中要注重区分不同情形，注重必要性原则，坚持罪刑法定，严格把握合法与非法、罪与非罪的界限，依法谨慎适用法律。四是坚持服务保障大局原则。把保护企业家合法权益与打赢防范化解重大风险、精准脱贫和污染防治攻坚战，与打击黑恶势力犯罪有效衔接起来，形成打击犯罪、保护企业和企业家合法权益的合力。五是坚持文明司法理念。树立"理性、平和、文明、规范"的司法观念，规范司法行为，坚持文明司法，提升依法保护企业家合法权益的司法温度。

（四）拓宽保护路径

应多渠道推进依法保护企业家合法权益：一是推动立法保护。笔者认为，单独的立法保护是企业经营者和企业权益保护的关键，应从各个层面健全和完善保护企业和企业经营者合法权益的法律法规。如国家层面可探索《企业权益保护法》立法，省级层面可探索地方立法，从实践看，福建、安徽、海南等地均出台了《企业和企业经营管理者权益保护条例》，为保护企业家合法权益立法提供了参考。二是强化司法保护。坚持在"办案"中保护，将保护企业家合法权益贯穿于审查逮捕、审查起诉、刑事申诉、民事行政申诉以及羁押必要性审查等办案活动中，完善措施，多点发力开展司法保护。三是推动执法保护。从 G 省网上办事大厅公布的数据显示，省直 49 个部门共有行政许可事项大项 265 项（小项 684 项）、行政处罚 683 项、行政强制 53 项、行政征收大项 29 项（子项 120 项）、行政确认大项 49 项（子项 49 项），涉及的范围较广、部门多，涵盖各类经济主体从成立到发展的各个阶段，检察机关如何依法监督行政机关行使职权，保护企业家合法权益还面临法律困境，且受多种因素影响，保护具有一定局限性。因此，检察机关应利用现有法律赋予的职责，发挥公益诉讼制度优势，积极探索创新多元化监督方式，推动行政执法与检察监督衔接配合，形成保护合力。四是强化风险防控。运用法治培训、法治宣传等方式，为企业提供更多优质法治服务，树立企业家的法治思维，增强其法治意识，根据企业需求，帮助企业堵漏建制，强化风险防控，减少不必要的损失。五是深化信息应用。探索完善检察机关 12309 网上网下一体化服务平台，打造"实体、网上、掌上、热线"一体的检察服务中心，让法治服务直通企业，为企业家和群众提供更便捷、更可靠、更安全、更具人性化的服务，有效解决线索收集和需求发现难的问题。同时，在确保数据安全的基础上，探索搭建与司法、行政等部门的信息化共享平台，推进数据共享，有效提高保护企业家合法权益的信息化服务水平。

（五）完善保护机制

健全的机制是开展依法保护企业家合法权益的重要保障。检察机关有必要推动建立保护机制，实现依法保护的制度化机制化。一是建立长效机制。依法保护企业家合法权益是一项长期性工作，应立足长远，在实践积累的基础上建立长效性保护机制，推动企业持续健康发展。二是建立分类保护机制。不同的企业有不同的法治需求，以及针对企业的不同侵权行为，对不同企业的保护有所不同，比如个体工商户主要面临行政执法带来的执法风险和抢劫、盗窃、诈骗、侵占（非职务侵占）等犯罪行为对财富安全感的冲击，以及自身在生产经营活动中因对政策法律把握不准而产生的违法风险。而其他企业则可能面临职务侵占、合同诈骗、劳资纠纷、行政干预、债权债务、知识产权保护等风险。因此，应在落实平等保护的基础上，建立分类保护机制，有针对性开展保护。三是建立一体化保护机制。从检察机关角度，可探索建立上下一体和内部一体保护机制；在外部，积极推动建立党委领导下各部门共同负责的一体化保护机制，通过建立联席会议制度、搭建信息共享平台、开展联合保护等，加强内外衔接，凝聚保护合力。四是建立监督制约机制。完善检察机关内部考核机制，将依法保护企业家合法权益纳入目标绩效考核，压实保护责任，推动工作常态化开展。此外，政府招商引资的目的在于推动经济发展，不仅要招进来，而且要营造良好的环境供企业创新发展，才能真正留得住。因此，可积极争取党委、政府将依法保护企业家合法权益纳入对各部门的目标绩效进行管理，根据职能职责，明确各部门工作任务，推动多方保护，形成共同保护的良好格局，依法保护企业家合法权益，营造企业健康发展环境，从而推动经济更好更快发展。

检察职能与营造依法保护企业家合法权益法治环境

解娇颖[*]

2017年12月12日,最高人民检察院下发《关于充分发挥职能作用营造保护企业家合法权益的法治环境支持企业家创新创业的通知》,强调各级检察机关要结合工作实际,充分发挥检察职能作用,为企业家营造宽松法治环境,切实加强企业家合法权益的保护。本文以检察机关的立场,从检察职能的角度出发,重点论述当前保护企业家合法权益过程中存在的问题,以及如何营造依法保护企业家合法权益法治环境。

一、企业家合法权益保护的原因与现状

(一) 保护企业家合法权益的原因

企业家是企业的统帅和灵魂,是改革创新的重要力量,也是推动经济社会发展的主力军。[①] 作为社会主义市场经济的微观主体,企业是国名经济的细胞,作为企业的核心和领导者,同科学家一样,企业家也是推动创新、创造社会价值、发展社会主义市场经济的重要力量。宪法修正案也明确说明"国家依照法律的规定保护公民的私有财产权和继承权",因此企业家的合法权益理应受到社会和法律的理解、支持、尊重和保护。

(二) 企业家权益保障的现状

政治上:(1) 少数权力部门以不当名义对企业进行不合理收费。比如存在某些个人和单位对企业的自主经营权进行非法干预,一些地区和部门对企业存在乱罚款、乱收费以及各种摊派现象;(2) 存在地区保护和行业垄断行为。少数地区存在行业保护和行业垄断等现象,甚至存在限制阻碍外地产品、服务

---

[*] 作者单位:贵州省盘州市人民检察院。
[①] 于吉:《切实维护企业家合法权益》,载《企业管理》2016年第12期。

进入当地市场的行为；（3）有关部门对企业家合法权益缺乏有力有效保护，存在企业知识产权被侵犯，有关部门未采取有力措施保护企业权益，给享有专利权的企业造成损失的情况；随着对外贸易的增加，国际贸易摩擦和纠纷逐渐增多，中国企业遭受国外不公正待遇事件多发，给出口企业和企业家合法权益造成损失。

社会上：（1）近年来，随着市场经济的不断发展，企业家所面临的诸如恶意报复类似的风险所造成的人身伤害事件日渐显现，悲剧频频发生；①（2）企业家由于在社会上声望较高，同时又积累了大量财富，近年来，每逢发生灾害事件时，总有舆论以道德名义胁迫企业或者企业家进行捐款捐物，给企业家心理和生活造成了巨大压力；（3）存在部分小微企业遭受当地黑恶势力敲诈勒索，影响企业正常经营，危害企业家人身权利和经济权利的情况等。

二、企业家合法权益保护的原则

（一）刑事涉案企业家合法权益保护的原则

1. 明确合法权益界定原则

刑事涉案企业家也是一个独立的具有民事能力的群体，而其合法的财产权利应该在法律法规中得到明确的界定。② 这对于检察机关行使检察职能具有至关重要的意义，同时也有利于企业家合法权益的保护以及第三方合法权益的保全。检察机关在界定涉案企业家合法权益时，首先必须以明确的法律条文为依据作为限制或者剥夺企业家权益的条件，只有得到法律的明文授权，检察机关才能对企业家财产进行查封、冻结和扣押或是对其他合法权益进行管制；其次在会同公安机关联合进行刑事侦查时，检察机关应该明确告知需冻结或搜查的具体事项和物品，不得随意搜查和冻结企业家合法财产，防止企业家权益受到侵害；然后在涉案企业家诉讼完结后，对于界定为企业家的合法权益的要及时进行保全或归还，避免企业家合法权益受到二次侵害。因此，对于涉案企业家合法权益的保护，对合法权益进行界定是首先要明确的。只有明确了哪些是企业家的合法权益，这样在检察诉讼环节的事前、事中和事后才能做到有的放矢，区别对待，对于企业家的非法所得要予以没收，对于企业家的合法权益则予以保护。

---

① 李元友：《时代呼唤〈企业家权益保护法〉》，载《中国企业报》2005 年第 1 期。
② 郭轲：《刑事涉案企业家财产权保护探究》，载《天津商业大学》2015 年第 2 期。

2. 合法权益保护平等原则

市场经济中所有的主体地位平等，公平竞争。公平是法律的基本价值理念，检察机关在面对不同涉案企业家时，必须要秉持公正的法律平等地对待所有涉案企业家，并平等的保护所有涉案企业家的合法权益。所有企业家涉嫌违法犯罪都应当受到法律的制裁，并不能因为某些企业家是行业领导者，对国家重点技术领域突破取得重大成就就对其网开一面；并不能因为某些企业家是大型国有企业负责人，身居高位而对其区别对待；也不能因为某些企业家是政协委员或人大代表，声名显赫而对其从轻处罚；法律面前没有特权，所有涉案企业家一律平等，不分地域、不分行业领域、不分国有和私营，无论身份地位高低只要涉嫌违法犯罪检察机关都不能手软。企业家合法权益的保护并不是少数人的特权，只有做到平等保护所有企业家的合法权益，才能真正使所有企业家无后顾之忧，一心一意谋发展，为社会经济发展注入更强大的力量。

3. 合法权益的救济性原则

企业家一旦涉及刑事案件，往往面临其财产权被剥夺殆尽的风险，进而导致企业的正常经营遭受严重影响，同时对债权人、投资者、企业职工产生负面影响。① 由于部分大型企业牵涉利益主体众多，当企业失去领导者和控制者严重的可能导致企业分崩离析和大批劳动者失业，使得债权人、投资者和工人等合法权益均受到损害，因此检察机关在处理不同涉案企业家时有必要进行区别对待。对于认罪认罚的企业家要在充分考虑犯罪事实、性质、情节以及后果等要件的基础上，准确把握不起诉或是从轻、减轻和缓刑等量刑建议之间的界限。在对涉案企业家进行控诉时，除了将其非法资产进行查封、扣押和冻结的同时，有必要对其合法财产进行救济性保护，保障其享有的合法权利。近年来，由于企业家涉刑事案件致使企业难以有效控制，企业濒临倒闭和破产的时有发生，然而企业家牵涉刑事案件并不代表会被剥夺所有权利，涉案企业家依法享有一定的合法权益，因此检察机关在对企业家进行立案侦查时，对其合法财产权益等采取救济性的保护不仅是对企业家个人，也是对因企业家被调查而牵涉的无辜劳动者、投资者和债权人利益的最大保障。合法权益的救济性保护，保护的不仅是单个企业家的合法权益，也是对法治社会的人性化探讨，获益的是整个社会民生。

---

① 郭枭：《刑事涉案企业家财产权保护探究》，载《法制与社会》2017 年第 35 期。

（二）非涉案企业家合法权益保护的原则

1. 更新理念，由被动保护企业家合法权益向主动转变。

在日常工作中，检察机关要积极转变思想观念，调整工作思路，认真贯彻最高人民检察院《关于充分发挥职能作用营造保护企业家合法权益的法治环境支持企业家创新创业的通知》，综合发挥预防、教育等检察职能，抓住保护企业家合法权益的难题，着重在落小落细落实上面下功夫，并结合实际来制定相应的方案措施。一方面要加强理论武装，并结合会议文件学习、开展法治教育宣传和企业定期走访等途径，让保护企业家合法权益的理念深入人心，营造保护企业家合法权益的法治环境。另一方面，主动邀请企业家群体来检察院参加企业家权益保护座谈会，表明检察机关在保护企业家合法权益工作中的决心和相关举措，并了解日常工作生活中企业家权益保护的难点和痛点，结合企业家的建议和意见主动调整工作思路，有针对性地制定切实可行的解决措施，同企业家建立沟通互信的和谐关系，促使企业家更加积极主动地向检察机关寻求帮助，为企业家合法权益的保护开辟一条新途径。同时，检察机关亦可主动上门同企业家群体进行座谈，对企业家在企业经营和工作生活中的权益保护问题进行普法教育，并提出检察建议，增强和激励企业家创新创业的信心。

2. 转变方向，由紧盯重点企业向关注小微企业转变。

在企业家合法权益保护工作中，小微企业主由于经济实力较弱，社会影响力较低，抵抗风险的能力较小，再加上小微企业数量众多，小微企业家合法权益更容易受到侵害。因此检察机关在营造依法保护企业家合法权益法治环境过程中要重点关注小微企业家合法权益的保护工作，在保护好大型企业家合法权益的同时，要适当将工作重心向小微企业家倾斜。检察机关要打开思路，积极开辟多条企业家维权渠道，找准企业家维权工作的核心问题，通过设立民意箱和网络信箱、建立企业信访接待处和服务站、开通企业维权热线电话以及检察长专线等途径，在主动接受社会公众监督的同时，进一步延伸企业家合法权益保护工作的触角，丰富检察职能的内涵，切实解决企业家维权难和无法维权的问题。针对小微企业家维权工作量大的问题，要建立企业家侵权案件快诉机制，在保证诉讼质量的基础上，进一步提高诉讼效率，加快诉讼节奏，尽可能缩短办案时间，最大限度的保护企业家合法权益。

3. 调整方式，由侧重惩处打击向预防权益侵害和保护转变。

牢固树立对非公企业权益的保护就是最好的服务的观念，立足检察职能，由侧重打击犯罪转变到讲究办案方式方法、确保案件的法律效果、社会效果和经济效果的统一。① 首先要立足于实际情况，找准权益保护工作的切入点和着力点，这就要求检察机关在办案过程中，既要坚持法律底线，又要充分考虑企业家自身特点，优先考虑企业家合法权益的保护，通过建设性执法方式营造法治化权益保护的环境。其次要注重企业家合法权益侵害的预防。针对部分企业家法治意识薄弱、企业法律专业人才缺乏的问题，检察机关要充分发挥检察职能的教育作用，通过加大企业家权益保护法治宣传的力度，积极开展"普法进企业"和"企业家权益保护日"等活动，进行以案说法、举办预防讲座等途径，帮助企业家知法懂法用法，引导企业家增强合法权益保护的意识。为提高法治宣传教育的针对性，检察机关亦可结合当地实际情况，选取企业家合法权益保护过程中问题多发易发的行业领域，对近年来企业家维权案件进行梳理汇编，制成权益保护小册子分发至当地企业家群体，助力企业家走出合法权益保护的法律盲区和误区。最重要的是要牢固树立企业家合法权益保护的工作理念，准确地运用法律，严格区分罪与非罪的界限，除法律法规明文禁止外，不得对企业家的正常生产、经营等活动视为违法犯罪处理。对确实涉嫌违法犯罪的企业家，要秉持宽严相济的刑事政策综合考虑其危害性，在依法惩处的同时，对其合法权益进行保护。

三、营造依法保护企业家合法权益法治环境

（一）构建新型"亲""清"关系

习近平总书记说，新型政商关系，概括起来说就是"亲""清"两个字。站在检察机关的立场，"亲"就是要真诚坦荡的同企业交往接触，尤其是企业家合法权益受到侵犯时，遇到困境的情况下，更是要有所作为，切实维护其合法权益，解决企业家实际困难；"清"即为纯洁清白，检察机关维护企业及合法权益不可怀有私心，更不可以权谋私搞权钱交易。站在企业家的立场，"亲"就是企业家要主动积极的同检察机关进行沟通交流，及时向检察机关表达自身需求，维护自身合法权益；"清"就要求企业家要合法经营，合规经营，做到一心一意办实业，遵纪守法搞经营。

（二）构建尊重和保护企业家创新创业的社会氛围

检察机关要以"鼓励创新、宽容失败"为工作导向，给予企业家更多的

---

① 顾家龙：《检察机关如何依法保障和促进非公有制经济健康发展》，载《法制博览》2016年第29期。

正向激励,对企业家合法经营中出现的失误失败给予更多理解、宽容、帮助。① 对企业家涉嫌犯罪的,要根据犯罪时间、动机、对象和性质等多方面来进行综合审查,坚持宽严相济的原则。检察机关在办案过程中,要与时俱进,在考虑市场经济特点的基础上准确把握"罪"与"非罪"的界限,将经济犯罪同经济纠纷、个人犯罪同企业违规、非法集资同企业正当融资、不当得利同合法收入严格区分来,同时要把握法律法规的界限,除法律法规明文禁止外,对企业生产、经营、融资等经济行为,除法律、行政法规明确禁止外,不得以违法犯罪处理。② 对于办案过程中出现的新情况或者现行法律无相应规定的,难以断定性质的案件,检察机关要多方征询意见,向上级部门或有关单位请示,避免将行业违规甚至是改革创新当成违法犯罪来处理。

(三)构建企业家公平竞争的市场环境

企业家合法权益的维护需要公平竞争的市场环境,检察机关可从以下三方面开展工作:首先要积极履行检察职能,依法监督行政执法部门在市场竞争中的乱作为甚至是不作为,对于其中干预企业正常生产经营的违法行为要进行纠正,对于徇私舞弊、滥用职权给企业造成重大损失、严重扰乱市场秩序的有关工作人员要予以逮捕和起诉。其次,对于市场中存在的垄断经营、官商勾结、串通投标等破坏公平竞争的要予以起诉甚至批捕,严厉打击破坏市场公平竞争的违法行为。然后要营造企业家遵纪守法的社会氛围,通过各级检察院门户网站、社交平台等媒介,围绕不同领域、不同行业的企业,定期开展企业家专项警示教育和法治宣传活动,督促企业家诚信经营、合规经营、依法经营,维护市场公平。充分利用调查走访、举报电话、信访接待处等手段聆听企业家心声,对于企业家的举报、申诉和控告,要及时反馈,迅速审理。总而言之,检察机关要树立正确的司法观念,综合运用检察职能和法律手段,通过规范市场竞争环境,支持和保护企业家依法平等参与市场竞争,促使非公有制企业健康有序快速发展,为推动我国社会主义市场经济发展发挥应有的作用。

(四)加强检察机关协调作用,确保企业家合法权益保护

各级检察机关要立足当地实际开展工作,要善于学习和总结工作中的典型经验和方法,加强对下级机关的工作指导。各县区院则要结合当地实际情况,制定细化的方针措施,针对工作中遇到的新问题、新情况要及时向上级机关报

---

① 徐日丹:《宽严相济,保护企业家合法权益》,载《方圆》2017年第24期。
② 吴万相:《发挥检察职能作用,保护企业家合法权益》,载《法制生活报》2018年5月7日第005版。

告。各级检察机关同时要组织检察干警了解学习市场经济和企业管理的相关知识，不断改进工作方法和服务水平，对于企业家维权过程中遇到的疑难问题要结合检察职能展开深入的调查和研究，并及时向有关部门反馈意见和建议，促进检察机关与时俱进，强化管理。其次，检察机关要加强同主流媒体的沟通联系，充分借助电视、广播、报刊以及互联网平台等，实时宣传检察机关营造依法保护企业家合法权益法治环境的新制度、新成效和新举措。同时对相应的热点涉案企业家案件进行适度报道，体现党和国家对保护产权和企业家合法权益的坚定决心。通过示范作用，使得企业家群体安心投资、大胆创新、认真经营，引导社会上形成保护企业家合法权益的法治环境。

（五）创新企业家合法权益保护

一方面可建立一体化的权益保护办案机制，探索成立与不同企业家权益保护相适应的专业化办案团队，集中开展企业家企业家权益保护工作；另一方面积极推动企业家权益保护相关课题研究、专业培训工作和师资库建设，促进先进经验做法的分享交流。检察机关要深刻理解保护与打击之间的辩证关系，贯彻宽严相济的工作理念，当宽则宽，当严必严，鼓励企业家大胆创新创业，充分发挥法律监督职能，有效推动服务工作。其次要延伸服务触角，不断提升服务能力和水平，通过检察白皮书等形式，向政府、企业和社会提供企业家涉案情况分析以及对策建议，营造保护企业家合法权益的法治浪潮。

浅谈检察机关办理刑事案件与依法保护企业家"众筹"创新权益与自主经营权

韩 琪[*]

一、企业"众筹"创新权益和自主经营的社会现状

(一)"众筹"模式简介及优势

现在的企业随着互联网等科学技术的飞速发展,许多经营模式发生了转变,更多的企业开始探索新的经营和融资模式,"众筹"越来越多地出现在公众视野。众筹来自国外 crowdfunding 一词,翻译为群众筹资或大众筹资。众筹在其初期,在美国等国家主要是运用在灾害重建、竞选活动、艺术创作方面等,发展至今众筹已经越来越多被商业运用。主要由"发起人"提供商业创意,在由"发起人"自身或者第三方提供的"经济平台"上发布众筹公告,由"跟投人"对商业创意自行进行评估,决策参与项目筹集资金。

在商业经营中,众筹随着其融资和经营的可操作性被越来越多的人关注。众筹经营具有以下优势:众筹在项目内容上具有多样性、涉及面广的特点,几乎可以包揽公众生活的方方面面;众筹经营往往简单设置"发起人"和"跟投人"的身份条件,与股份制公司的上市股权行为有着明显的区别,一般只要有创意、有资金就可以发起和参与,可以聚集社会公众的力量;众筹经营设置资金的起点往往金额较低,"跟投人"可以自由选择投资的金额,调动着许多"跟投人"的参与积极性。

(二)企业"众筹"模式的发展现状

1. 企业众筹"发起人"发展现状。众筹从刚开始的个人"发起",多个普通自然人个人"跟投"的经营模式已经发展到由多个小公司或者多方合作实现商业项目的发展阶段,规模也越来越大,团队的经营和管理也越来越专

---

[*] 作者单位:贵州省六盘水市人民检察院。

业,创意项目也越来越高端精良,通过众筹得来的资金也越来越多。许多大型的公司也开始注意采取众筹的模式进行融资,通过发挥众筹的优势,对企业的经营融资进行推动,虽然有时只是对公司经营内容中一部分项目采取众筹的模式,但也是对公司的经营有着实质性影响。更多的大型公司选择众筹模式进行融资,除了实现资金目标到位之外,更多的是为了强化实现对商业项目的宣传推广和市场开发等目标。在企业众筹中,企业作为"发起人"相比于自然人个人作为"发起人",限制条件较多,一般要求企业对创意项目要拥有百分之百的自主权,不受第三方的影响和控制。

2. 企业众筹"经济平台"发展现状。在众筹活动中,众筹"经济平台"显得尤为重要,除了提供给"发起人"发布筹资公告的方便之外,也提供给"跟投人"项目可信度的初步保证。但由于众筹行为更多的是公众自行发起的跟投经济行为,"经济平台"作为联系"发起人"和"跟投人"的纽带,也往往是由"发起人"自己提供或者第三方公众所提供的。在现阶段,第三方公众提供的模式居多,第三方公众既是经济平台的搭建者,又担负着对项目"发起人"的监督和辅导责任,最大可能地维护"跟投人"的利益。在国外,"经济平台"对众筹资金的监管相对松散,只要项目发起成功,经济平台就会将众筹得来的资金交付给"发起人"执行项目。在国内,为了实现对发起项目的监督,"经济平台"往往把项目分成两个阶段,初期会将众筹资金的一部分交付"发起人"区启动商业项目,剩余的众筹资金会在确定"跟投人"已可以收到可期待经济利益之后,再实际交付给"发起人"。现在,国内已出现了许多众筹网络平台,通过平台对"发起人"发起项目的审查和评估,越来越多的项目得以实际在平台的操作,成功率也越来越高。

3. "跟投人"的发展现状。随着互联网的发展,众筹的"跟投人"更多的是互联网的用户,可以通过查询"经济平台"公告,选择自己感兴趣的项目进行投资。"跟投人"不是获取项目的资金回报,而是更多地获取项目创意产品、创意服务或其他可期待其他经济利益。随着许多大公司也开始关注和采取众筹模式,"跟投人"也不再仅仅限于普通公众参与,一些大中小型企业也成为"跟投人",参与到一些以公司为"发起人"的商业项目中。通过参与到商业项目中,不少企业"跟投人"也会在众筹项目中受到启发,产生新的商业创意或经济利益,"跟投人"也会获得尽可能的价值回报,因此,越来越多的企业也热衷于以"跟投人"的身份参与到众筹商业活动中。

二、企业"众筹"创新权益和自主经营可能涉及的重点罪名

（一）非法经营罪

企业众筹活动中可能由于"发起人"创意产品或服务属于未经国家许可经营专营、专卖物品或者其他限制买卖的物品或服务，或者是提供的创意产品和服务属于法律规定的其他非法经营活动，从而产生扰乱市场秩序的后果。往往在企业众筹活动中，"跟投人"看重是"发起人"的创意，相信有可期待的经济利益，一旦"发起人"的创意在"经济平台"上发布公告，就会产生较大较广的影响力，这时"跟投人"选择相信"经济平台"和"发起人"，不会更多地考虑"发起人"的创意是否属于必须经国家许可经营专营、专卖或者限制买卖的物品或服务。特别是当下科学技术发展，许多产品和服务是可以采取原物加工、合成等，在此过程中，如果不注意把握清楚，很可能其加工或合成的产品或服务就属于须经国家许可专营、专卖的产品或服务。

还要特别注意的是，在企业"众筹"活动中除了有可能涉及须经国家许可专营、专卖的产品或服务外，还有可能涉及国家限制不允许自由买卖的重要生产资料和紧俏消费品、国家指定专门单位经营的物品，同样也会以"非法经营罪"定罪处罚，如一些金银及其制品、金银工艺品、珠宝等。此外，国家限制经营物品多种多样，但限制经营物种必须有国家有关法律、法规的明文规定，换句话说，也只有有关法律、法规规定限制经营的，才属限制经营物品，否则，就不能认定为国家限制经营的物品。此外，还应该注意的是，是否属于国家限制经营的物品，但这并不是恒定的，国家也会根据实际需要，对所限制经营的物品进行变化调整。

（二）非法吸收公众存款罪

企业众筹中的"跟投人"也即是社会上不特定的公众，也是在众筹活动中，实际上获取了"公众"的资金。在此过程中，"众筹"和非法吸收公众存款是有着严格的区别的，"众筹"一般是不以现金、股票、分红等经济利益予以回报，是以产品或服务予以回报，如果没有做好"众筹"回报的经济利益形式，就很有可能会表现为，未经央行批准向社会不特定公众吸收资金，并且在发布"公告"中向"跟投人"承诺在一定时段后还本付息的形式，实质上已经产生扰乱金融秩序的行为。

企业众筹的对象是不特定的，包括社会自然人个人主体、有时还包括企业等法人主体。而且值得注意的是，非法吸收公众存款罪只要在"经济平台"发布的公告中，明显违反了国家法律规定，承诺给"跟投人"在一定时段后

还本付息,就涉及了犯罪,并不要求"经济平台"和"发起人"已经实际上获取了社会不特定主体公众的资金。特别是随着现代企业的发展,企业等法人的规模也越来越大,其成员规模也越来越大,企业等法人内部的成员同样也满足不特定性公众的要件。目前存在的非法吸收公众存款的形式增多,企业在"众筹"活动中如果没有把握好,原本合法的组织和经营活动也会发生从事的非法吸收公众存款或者变相吸收公众存款的行为从而构成犯罪。

(三) 集资诈骗罪

企业"众筹"经营活动中,"发起人"主要是解决资金困难,筹集资金用于实现自己的创意,给予自己和"跟投人"带来经济利益。随着"众筹"活动的频繁,社会筹集资金成为一种越来越重要的金融活动,与此同时,也出现了"发起人"在"经济平台"上发布公告,名为"众筹"、实为诈骗的犯罪行为,还可能在一定时期内长期反复。这种名为"众筹"、实为诈骗的行为除了侵犯了社会公众的经济利益之外,更重要的是干扰了银行等金融机构的正常业务,破坏国家金融管理秩序。

在企业"众筹"中,认定存有集资诈骗行为,一般要有证据证实"众筹"活动中存有欺诈、欺骗行为,且金额达到法律规定的数额。要注意的是,要区分"跟投"失败和集资诈骗的区别,不是每一个"众筹"活动都是以成功而告终的,在过程中,也会存在失败,如果是创意确属失败的,只能认定为"跟投"失败,而不是被诈骗。在司法实践中,如果在企业"众筹"活动中,"发起人"或"经济平台"出现以下情况的,都可以认定存有集资诈骗行为:收到"众筹"资金后携带众筹款潜逃的;未将"众筹"款按发布公告约定的用途使用,而是擅自挥霍、滥用,致使众筹款灭失的;使用"众筹"款进行其他违法犯罪活动,致使"众筹"款灭失的等情况。

(四) 销售侵权复制品罪

企业"众筹"经营活动中,"发起人"如果以营利为目的,明知其发布公告中涉及的商业创意属于实质侵犯他人著作权、专有出版权的文字作品、音乐、计算机软件及其他作品或服务,所收到的经济利益属于违法所得且数额巨大,就构成了销售侵权复制品罪。在销售侵权复制品罪中,随着经营模式的深化和改变,已不能简单的局限为传统的销售模式,也不能局限为将侵权复制品进行消费。企业"众筹"经营活动,也是一种销售产品和服务的模式,虽然并不是表现为直接将产品销售给"跟投人",但其商业回报也是一种销售模式。值得注意的是,"销售"之理解不应过于狭窄,在企业"众筹"活动中,如果商业创意是基于以营利为目的的将侵权复制品向不特定公众提供大量出租服务的也应视为一种"销售"行为,也应受到定罪处罚。

在企业"众筹"经营活动中,如果"发起人"和"经济平台"不注意保护自身商业创意,也很有可能被其他不特定社会公众或企业等法人所侵犯。在其经营活动中,也要强化自身商业创意的保护意识,对自己知识产权的保护要有着长远的规划,在工商、只要是产权部门都应该进行知识产权登记,最大限度保护自己的商业创意。

三、检察机关办理刑事案件与保护企业家"众筹"创新权益与自主经营权的几点建议

(一)办理刑事案件,正确界定罪与非罪和此罪与彼罪

1. 检察机关要认真履行法定职责,在企业家"众筹"创新权益与自主经营权中,既要防止有人以创新权益与自主经营为幌子,出现违反国家法律规定的犯罪行为,又要准确对大胆创新与合法自主经营的保护,最大限度发挥企业"众筹"的优势,最大限度利用社会资源,推动社会进步。

要正确界定罪与非罪,对于检察机关办理案件的水平也提出了更多的要求,除了严格按照刑法规定的主客观要件进行审查之外,还应与时俱进,了解国家相关政策,对商业知识也应补充掌握。对国家相关政策的把握也可以实际联系到办理案件中,企业"众筹"创新权益与自主经营在我国还不完全成熟,国家政策的调控还在逐渐更新和完善中,办理这类案件不能脱离实际情况,要全面了解调控政策,方能正确做出罪与非罪的判断。在新近时段,出现了个别从定罪到改判无罪的典型案件,也是由于在办理此类案件中,简单就办案而办案,不全面掌握案件涉及的商业专业知识和相关政策的结果。

2. 这些重点罪名之间也有着一些联系,表现形式也可能有相近之处。特别是在办理一些涉众案件,社会关注度高,案件具备典型意义,会在社会上形成舆论和价值导向。检察机关办理案件不应只是通过案件表象作简单认定,还要在企业"众筹"新型经营模式中了解其实质,在出现违反刑法规定的情形中正确界定构成的罪名。提高办理案件的质量,充分发挥检察职能,营造依法保护企业家合法权益的法治环境。

(二)以办案为中心,衍生加大法治宣传和犯罪预防工作

1. 检察机关应加大法治宣传工作。企业"众筹"创新权益与自主经营在现实中,更多是以网络平台的形式展现,涉及社会广大不特定公众,作为检察机关,就加强自身工作,在办理典型案件的基础上,加大类案的宣传,加大相关法律法规的宣传,引导企业"众筹"在法治的轨道上运行,引导"发起人"和"经济平台"加强自身监督,最大限度防止违法犯罪的行为发生。在现实

中,对企业"众筹"中的"发起人"和"经济平台"不适合采取传统的"检企"联系会议的方式进行联系,检察机关应该主动关注网络,关注网络上"经济平台"发布的公告信息,可以采取走访、实地探访等方式,将办理的典型案件、相关法律法规对企业"发起人"和"经济平台"经营商进行宣传,增强企业法律意识,引导企业保护自身知识产权等,为企业提供更为方便的维权通道。

2. 检察机关应该建立与行政部门的衔接机制。企业"众筹"创新权益与自主经营更多是依赖于"经济平台"对众筹项目的监督和引导,监督效果受到"经济平台"监督水平和监督自律性的限制。检察机关应加大与工商等行政部门的衔接,除了加大对企业"众筹"犯罪预防工作之外,还要监督行政部门"不作为"和"乱作为"的情况,最大限度维护企业"众筹"创新权益与自主经营的合法性。

检察机关开展保护企业合法权益工作实践价值与路径探索

——以黔东南州检察机关开展保护企业合法权益专项工作为视角

陆昌兴　舒　贵[*]

一、检察机关开展保护企业合法权益专项工作重大意义

企业家是我国社会主义市场经济活动的重要主体，同时是实施创新驱动发展战略的中坚力量。营造企业家健康成长环境、弘扬优秀企业家精神，更好地发挥企业家作用是党中央、国务院实施国家重大发展战略的重要举措之一，对推动经济改革、激发市场活力，实现经济社会持续健康发展具有重要意义。人民检察院作为法律监督机关，是社会主义法治建设的重要力量，依法保护企业家合法权益，促进企业健康发展，是检察机关服务党委工作大局，促进经济社会发展的重要体现和必然要求。

二、检察机关开展保护企业合法权益工作实践价值

（一）创新"五个路径"，夯实检察机关保护企业合法权益压舱石

一是走进党政机关。主动向党委、人大、政府、政协等"四大班子"专题汇报保护企业合法权益专项工作，认真听取党政机关对检察机关开展保护企业合法权益工作的意见或建议，积极争取党政机关对检察工作的支持。2018年以来，全州检察机关专题向党委等"四大班子"汇报工作62次，获得"四大班子"领导肯定批示56件次。二是走进企业。结合全州企业生产、经营的特点，精心安排了保护企业专项工作走访调研方向，通过召开专项工作部署会、推进会、交流会等形式，明确调研对象、重点、内容等事项，结合调研部

---

[*] 作者单位：贵州省黔东南州人民检察院。

署检察干警"一对一""一对多"走访调研企业活动,深入企业的生产场所,了解企业生产经营状况。重点就企业在生产经营和发现壮大过程中对法治的需求状况及企业的案件情况进行深入的了解,并向企业如何防范法律方面的经营风险和用工方面的劳务问题提出对策建议。2018 年以来,全州检察机关走访企业 254 家,为企业提供意见建议 220 条,形成书面调研报告 8 份,得到企业的认同,取得良好的效果。三是走进工业园区。积极开展以"保护好企业合法权益"的典型案例法制宣传活动,开展企业涉罪案例警示教育活动,剖析侵害产权案例,加强预防商业贿赂教育,促进企业依法经营、规范经营。2018 年以来,全州检察机关深入工业园区 258 人次,开展法制宣传 34 场次。四是走进行政执法职能部门。重点深入工商联、工商行政、市场监管、环保、国土、林业等部门,主动加强与行政执法部门的沟通联系,建立和健全保护企业合法权益工作协作机制,形成推进工作的内外整体合力。2018 年以来,全州检察机关深入行政执法部门 125 人次。五是走进群众中。广泛深入村寨,开展以典型案例为依托的法制宣传活动,开展侵害企业合法权益的案例警示教育活动,剖析侵害企业案例,加强预防教育,帮助广大群众提高遵纪守法自我保护能力和意识。2018 年以来,全州检察机构开展普法宣传活动 3.9 万人次。

(二)创新"四项机制",驱动检察机关依法保护企业合法权益工作新引擎

一是建立涉企案件快速办理工作机制。检察机关在办理涉企案件时,注重办理涉企案件绿色通道,对涉企案件坚持优先受理、快速办理、及早结案。立足检察等职能作用,注重双向发力,严打侵害企业合法权益犯罪。充分发挥检察一体化优势,对涉企业重大疑难复杂案件,在审查移送、调取证据、指导办理等方面加快进程、形成合力,保障企业的正常生产秩序和企业人身财产安全。如丹寨县院办理的王某某等四人盗窃价值 35 万余元楠木制品案时,在审查起诉中,秉持着快捕快诉依法保护企业合法权益的办案理念,在审查起诉中,秉持着快捕快诉依法保护企业合法权益的办案理念,在公安机关补充侦查再次移送审查起诉后,该院在 10 天内依法向人民法院提起公诉,依法保护了企业合法权益。二是建立联席会议工作机制。全州检察机关及时加强与州、县两级工商联沟通联系,建立和健全保护企业合法权益工作联席工作机制,成立了依法保护企业合法权益工作协调领导小组、两家均明确专人充实到协调领导小组办公室,建立《依法保护企业合法权益联席会议制度》,对统筹、协调、指导有关保护企业合法权益工作予以明确。三是建立协作工作机制。深入州县两级工商行政、市场监管、环保、国土、林业等部门,主动加强与行政执法部门的沟通联系,建保护企业合法权益工作协作机制,依法保护企业合法权益不

受侵害。2018年以来，全州检察机关与相关行政执法部门建立协调工作机制78个。四是创新建立"两法衔接"服务平台工作机制。黔东南州检察院率先在全省首创行政执法与刑事司法相衔接的"两法衔接"工作机制，着力打造"两法衔接"工作平台，紧紧围绕服务企业发展，强化法律监督，为精准掌握企业的法律服务需求，严打侵犯企业合法权益犯罪行为，依法保护企业合法权益，为企业营造健康成长环境。

（三）创新"三类走访"，开启检察机关保护企业合法权益新途径

一是走访广大人民群众，以开展保护企业合法权益专项工作为契机，广泛深入49个村寨，走访1246户群众，了解人民群众民生、民情，农村生态建设情况。积极拓展群众诉求"绿色通道"，畅通了群众诉求途径，提高群众遵法守法意识，提升群众参与保护企业合法权益专项活动程度，与侵害企业合法权益违法行为作斗争，切实把执法办案过程变成联系群众、依靠群众、服务群众的过程。二是走访人大代表，分别走访省、州、县三级人大代表53人次，重点走访具有人大代表身份的优秀企业，及时向人大代表报告检察机关开展保护企业合法权益专项工作开展情况，介绍检察机关在保护企业合法权益工作所具有的检察职能，采取的新措施、新成效，积极争取人大代表对检察工作的支持。三是走访政协委员，广泛深入各阶层，走访省、州、县政协委员48人次，尤其是重点走访具有政协委员身份的企业，及时介绍检察机关开展保护企业合法权益工作的进展情况、取得的工作成效、存在的困难，广泛听取政协委员对检察工作的意见或建议，进一步改进工作方式方法，深入推进保护企业合法权益工作的开展。

（四）创新"两个新媒体平台"，传播检察保护企业合法权益好声音

2018年以来，黔东南州检察机关在注重运用传统平面媒体宣传检察工作的同时，搭建微博、微信两个新媒体平台，强化载体，创新形式，检察主阵地作用得到充分发挥。结合检察工作实际，运用通俗易懂的语言，生动形象的方式宣传报道检察机关开展的重要活动、重大部署，检察业务、队伍建设、保护企业合法权益等专项工作的开展情况，同时充分利用"两微一端"宣传平台，适时向社会公布检察机关依法纠正侵害企业合法权益典型案例素材向社会宣布，树立了检察机关强化法律监督、维护公平正义的形象，传播了检察好声音，传递了检察正能量。2018年以来，全州检察机关开展法制宣传342人次，利用微博、微信宣传检察工作1398条。

（五）创新"一套两审查一告知"办案模式，开启绿色执法办案新通道

黔东南州检察机关在办理涉企案件时，创新"一套两审查一告知"办案

模式，通过机制实现"民事行政检察部门和生态检察部门双审查，早告知刑检部门"，逐步形成了内部协作机制，开启绿色执法办案新通道，依法保障企业的正常生产秩序和企业人身财产安全。截至6月底，全州检察机关依法办理涉企刑事案件30件77人，依法办理涉企民事申诉案件39件41人和审查涉企民事案件21件50人，依法提起公益诉讼案件2件2人，保护企业合法权益工作得到了广大群众和企业家们的一致好评。

三、制约检察机关保护企业合法权益工作瓶颈

（一）部分企业对依法治企的必要性和紧迫性缺乏充分认识

市场经济是竞争经济，同时也是法治经济。市场主体能够深谙法律法规，能够诚实合法经营，有助于企业在市场中高效运行发展和壮大。在走访调研过程中我们发现，绝大部分企业和企业家，在生产经营中能较好遵守法律法规，践行诚实守信原则，做到诚信经营，规范经营，但对于法律知识，尤其是涉及企业纠纷等方面法律知识不甚了解，知之甚少，难以有效运用法律和相关政策正确处理和维护企业和企业家合法权益。

（二）部分企业法律知识人才储备不足

在全州域中企业主要以中小型，轻工业和第三服务产业为主，在走访过程中发现，许多小微企业和企业家由于自身学历不高，缺乏相关法律知识人员，而且一些经济规模相对较大的国（民）营企业，仍然没有建立专门的法律事务机构或法务人员，法律知识人才储备严重不足，对于企业生产经营中遇到的法律问题，缺乏科学、专业的分析、研判，在产权保护、涉及纠纷方面往往较为被动。

（三）检企互动不深入，缺乏良好的互动平台

一方面，检察机关在服务企业发展的工作主要集中在走访企业、送法律进企业等层面，就服务的内容和方式需要进一步创新和丰富。另一方面，部分企业和企业家对检察机关开展保护企业家合法权益专项工作认识不足，担心检察机关过多地掌握到企业的经营管理漏洞和市场信息会查处企业相关人员，并因此影响到企业的正常运转和市场声誉。对于检察机关服务企业专项工作存在动力不足，消极配合情形，造成检察机关的单向式服务较为突出，缺乏良好的互动平台，检察机关总体服务效果欠佳。

（四）相关行政执法部门管理与执法监督体系不健全

目前，相关行政执法部门针对企业的经营活动逐步形成以集中式执法检查活动为推动，以日常监督执法为基础。但因行政执法部门及执法人员执法权限

不明确，处罚尺度不统一，导致行政执法力度失之以宽、失之于软，出现推诿扯皮的现象，没有形成工作合力。同时，在现实生活中相关行政执法部门的部分行政执法人员法制观念薄弱，对保护企业合法行为和依法查处企业违法行为的重要性认识不足，工作积极性不高，作风涣散，导致工作力度减弱。

四、检察机关保护企业合法权益工作路径探索

（一）统一思想认识，切实树立保护企业合法权益的大局观念

检察机关在实际工作中要紧紧围绕党委政府关于经济社会发展的工作部署开展执法工作，锐意化解阻碍经济社会发展的各类矛盾，切实顾及人民群众对权益保障和公平正义的强烈追求，必须发扬担当精神，积极履职践责，主动为产业发展、项目建设、环境优化、民生改善等创造和谐稳定的社会环境和公平正义的法治环境。

（二）立足检察职能，依法维护企业和企业家合法权益

一是依法惩治侵犯企业和企业家各类犯罪案件，加大对侵犯公企业家、管理者和从业人员人身安全、财产安全的犯罪的查办力度，对企业敲诈勒索、吃拿卡要、收取"保护费"、强买强卖等侵害企业合法权益的犯罪要充分发挥批捕、起诉职能，依法快速审查处理，确保案件在检察环节不滞留，为企业经济发展创造稳定的治安环境。二是聚焦检察主业，强化诉讼监督，加强对经济犯罪侦查权等公权力的监督，对越权办案，插手经济纠纷的侦查行为坚决予以纠正，严防将民事纠纷当作刑事案件来办。三是认真落实涉企案件回访制度，对舆论关注、社会影响大，影响企业发展稳定的重大案件，联合工商联适时回访，了解涉案企业对司法办案的意见、建议。积极消除不良影响，在法律允许范围内采取措施，帮助恢复正常经营管理秩序。

（三）规范执法行为，努力提高服务企业工作水平

在办理涉及企业案件时，坚持从有利于维护企业正常生产经营、有利于维护企业职工利益出发，正确处理好办案与企业正常生产经营的关系，在执法过程中，既要严格遵守法定的程序，严格执行办案纪律，严禁越权办案、违法办案，同时要讲究方式方法，选择办案时机和方式，注意减少涉案企业影响，审慎对涉案企业和企业家采取强制措施，最大程序保障企业健康发展，切实维护检察机关的良好形象。

（四）进一步建立健全工作衔接机制，努力形成保护企业良好局面

主动加强与纪检、监察、公安、法院、国资、工商行政、工商联等职能部门联系，建立保护企业合法权益衔接机制，畅通侵害企业家犯罪案件"绿色

通道",通过优先办理,严厉惩治,切实增强企业家创新创业的信心。

(五)深化检企互动,积极弘扬企业家创新、拼搏、敬业的精神

持续开展"检企联系会议""两长座谈"等活动,加大企业走访调研力度,详细了解企业生产经营状况,认真倾听企业在运营中的困难和诉求,拉近与企业之间的距离。认真了解企业内部的不稳定因素和企业及周边社会治安方面的问题,提出解决措施和防范对策。积极做好"送法进企业"工作,采用案例分析、座谈交流、图片展览等多种形式,有针对性地开展经常性的涉企法制宣传教育,全面提高企业家和员工的法治意识,有效预防刑事犯罪的发生。

刑事执行检察工作在保护涉案企业家合法权益中的工作路径和方法

张 良[*]

一、树立法治与经济互利共赢的正确价值取向,充分认识发挥检察职能与保护企业家相互促进共同发展的辩证意义

现阶段我国社会主要矛盾已经转化为人民日益增长的美好生活需要同不平衡、不充分的发展之间的矛盾,要处理好、解决好这个主要矛盾,必须坚持以人民为中心的发展思想,充分调动生产力发展中的人的积极因素,而企业家是生产力要素中的重要组成部分。另外,涉案的企业家经过教育改造,重新回归社会,人身自由和政治权利恢复正常状态后,仍然是我国公民的一部分,有充分的理由发挥他们的长处。在这个承前启后、继往开来的新时代,在决胜全面建成小康社会进而建设社会主义现代化强国的伟大进程中,在实现中华民族伟大复兴的征程中,企业家必将作出新的更加突出的贡献。作为国家法律监督机关,以习近平新时代中国特色社会主义思想为指导,贯彻落实中央保护企业家的各项方针政策,认真听取企业界的心声、关注企业家的司法需求,为企业家创新创业提供可靠的司法保障,正是检察机关司法为民、维护公平正义的职责所在。在贵州这样一个相对落后的地区,推动大扶贫、大数据、大生态三大战略,实现百姓富、生态美,离不开企业家这一重要的市场主体。"戴罪仍可立功""刑后还能创业"是涉案企业家的生动写照,发挥好涉案企业家的作用是对以人民为中心的习近平新时代社会主义思想的生动实践,是检察工作激活全局契合时代脉搏的布局妙手。只有用联系的发展的观点辩证地看待和处理二者关系,才能在时代潮流中保持清醒头脑,把握好工作大局。

---

[*] 作者单位:贵州省贵阳市人民检察院。

二、运用刑事执行检察职能，通过依法打击侵犯企业及企业家的犯罪行为，依法保护好企业家健康成长的法治环境

通过打击侵犯企业及企业家的犯罪行为，从而达到平等保护市场经济主体在规则范围内进行经济活动，为经济建设提供法治的作用力，为企业的生存和发展创造可以预测的条件，为企业家创业营造良好的法治环境。执检部门只有立足于自身工作实际，紧紧围绕专项活动的部署，与其他部门相互配合，才能与有关单位和部门共同营造企业家健康发展的环境。作为刑事执行检察部门，在打击涉及上述侵害企业家合法权益的行为时，要运用好打击的方式方法，如何保护涉嫌犯罪构成犯罪的企业家容易引起重视，但对于那些针对企业和企业家而实施的侵犯企业合法权益的犯罪行为往往容易被忽视。对此，贵阳市检察机关执检部门通过认真排查摸底，做到底数清、情况明。通过统一业务应用系统执检子系统统计（以下相关数据均来自执检子系统），对 2017 年以来①的贵阳市在监罪犯、社区矫正罪犯、在看守所关押的犯罪嫌疑人、被告人、罪犯进行排查，我市在押罪犯中，涉嫌侵犯企业知识产权的罪犯有 20 人。涉及妨害对公司、企业的管理秩序的罪犯有 14 人；在社区矫正罪犯当中，罪名为侵犯知识产权的罪犯共有 40 人，涉及妨害对公司、企业的管理秩序的罪犯有 19 人；在看守所关押的犯罪嫌疑人、被告人涉嫌侵犯知识产权的共有 27 人，涉及妨害对公司、企业的管理秩序的嫌疑人、被告人有 4 人。另外，有 8 件 8 人因涉嫌串通投标罪被判处缓刑并纳入社区矫正（此类型无在监罪犯）。对在监罪犯，我市筑城院作为专门行使对监狱执行活动进行检察的检察院，依法认真履行监管职责，严格从严掌握减刑、假释、暂予监外执行尺度，充分保护企业家合法权益。对上述侵犯企业家合法权益的罪犯，除对其中 2 人依法同意减刑，1 人同意假释纳入社区矫正，比例为 2.45%，对其他罪犯均未作出减刑假释处理，说明对侵犯企业家合法权益的罪犯的刑罚执行力度是严格的；对社区矫正罪犯，依法监督社区矫正机构从严管理，督促社区矫正机构依法履行职责，加强教育、监督和管理，促使罪犯矫正心理和行为。对在押未决犯，通过加强对监管的监督，严格维护监管场所安全同时，督促监管机构加强管理，避免混关混押，交叉感染，为下步的判决和执行，惩罚和回归社会奠定良好基础。

---

① 数据统计时间截至 2018 年 5 月底，下同。

三、运用羁押必要审查职能充分保护涉案企业家合法权益

运用好羁押必要性审查职责，对符合政策条件和法律规定的企业家，依法积极开展羁押必要性审查，依法改变人身强制措施，积极投身到社会主义经济建设中去。主要工作方法是"三个三"：一是三方听取意见的司法民主工作法。充分听取犯罪嫌疑人（被告人）、被害人、犯罪嫌疑人（被告人）所在单位意见，对犯罪嫌疑人（被告人）聘请的有律师的，被害人聘请的有代理人的，还应当听取律师和代理人意见；二是采取三方风险评估法。既评估变更强制措施或释放后该企业家是否还会有社会危险性；又评估变更强制措施或释放后该案被害人是否有不同意见，情绪是否稳定，被害人近亲属思想状况，是否可能采取过激行为影响社会稳定，通常情况下只有在得到被害方谅解后才会启动羁押必要性审查工作；还要评估继续羁押该企业家对企业生产经营带来的不利影响。通过三方风险评估进行综合判断，找到维护各方利益的最大公约数，进而判断是否适于建议变更强制措施或释放；三是三方跟踪回访工作法。巩固法律效果和社会效果。对依法予以释放和变更强制措施的企业家，跟踪回访其回到原单位后的工作情况，跟踪回访被害人情绪是否稳定，是否发生变化，跟踪回访了解原单位对其回到岗位后的工作评价。通过采取上述方法，贵阳市检察机关依法自2017年以来共办理涉及21名企业家（含中层干部）的羁押必要性审查案件，并建议对21人予以释放或变更强制措施得到有关机关采纳，让他们从羁押状态回到正常的生产经营工作中去，为企业家干事创业积极创造了健康的法治环境。

四、在监狱监管检察工作中充分保护涉案企业家合法权益

在监狱服刑的企业家的合法权益主要有：人身财产安全、刑事奖励权、劳动权报酬、休息权、会见权等。针对这一特殊群体，贵阳市检察院主要有以下三个做法：一是充分发挥巡视检察职能作用，每年不定期对辖区内七个监狱进行巡视检察，对劳动场所、休息区、食堂、禁闭室、械具的使用管理等进行全面安全检察，在检察中通过实地查看、与在押人员谈话了解、向监狱干警了解情况、查看有关档案资料等形式，通过巡视检察，严防侵犯在押企业家合法权益的情形发生，同时建议监狱管理部门根据企业家自身特长，合理安排劳动工种，既能提高监狱生产效率，又能发挥企业家自身特长。二是发挥专项检察职能，2018年根据高检院安排，制定工作方案，下发通知，在全市开展保护在押人员合法权益专项活动，对在押企业家进行全面摸底，共清理出在押企业家58人，将保护企业家合法权益和保护在押人员合法权益两个专项活动结合起

来开展。筑城地区人民检察院制定《关于开展监管活动专项检察工作方案》，对出入监检察、狱政管理活动检察、教育改造活动检察、生活卫生检察、禁闭和模具检察、安全防范检察、突发性事故处理情况检察等七个方面进行了检察。工作做得非常全面扎实，让在押企业家切身体会到党和国家的关爱，争取教育改造，早日回归社会，重新发挥自身特长。三是对在押企业家进行刑事奖励。经统计，2017年至今共对57名企业家作出了同意减刑、假释和暂予监外执行的检察意见，有效保护了企业家合法权益。

五、运用社区矫正检察职能充分保护企业家合法权益

在2017年以来的社区矫正罪犯中，有37人属于涉案企业家。涉及罪名包括单位行贿7人，职务侵占4人，故意伤害2人，行贿3人，受贿4人，销售假冒注册商标的商品2人，重大责任事故4人，重大劳动安全事故2人，涉及罪名只有1人的合计为10人。在社区矫正工作中，检察机关主要有以下三个做法：一是要充分保护企业家的刑事奖励权，符合减刑条件的，可以依照最高人民法院、最高人民检察院、公安部、司法部《社区矫正实施办法》第28条之规定予以减刑，由于社区矫正罪犯一般来说刑期都比较短，通常都不会启动减刑程序，但国家法律有规定，确实符合条件也可以给予刑事奖励。二是变"就地矫正"为"上门矫正"。工作的核心价值是教育挽救，甚至可以说，在法治条件下积极投身于社会主义经济建设，为国家社会积极贡献本身就是一种悔改表现，是其扭曲行为得到矫正的一种表现，只要能够实现矫正这个目的，方式方法可以灵活多样。三是社区矫正结束后，变"社区矫正"为"社区服务"。社区矫正机构在矫正工作结束后，要与有关部门联合一起对原社区矫正对象进行跟踪服务，做到矫正结束，服务开始，把党和国家对企业家的特殊关怀通过矫正后的跟踪服务认真落实到位。

六、保护企业家合法权益工作中存在的问题和对策

（一）存在问题

1. 思想上重视不够

当前，少数检察机关在应对保护企业家合法权益，弘扬企业家精神上仍然存在认识不够、力度不够的情况，有的同志认为案件量大、事情多，加班加点办案都觉得时间不够，没有更多的精力去做好其他工作，把专项行动当成软任务，把办案当成硬任务。正是由于思想认识上的不足导致行动上的不力。

2. 数据资源不足，未形成大数据应用

通过执检子系统可以看出，子系统并未将企业家的身份、职务、级别等案

卡项目作为必填项目，所以身份、职务、级别等案卡项目多数未填录，案卡项上显示为空白，系统只要求填录工作单位，但工作单位在公司企业工厂的人员很多，仅从工作单位难以判断其是否属于企业家。

3. 保护模式有待进一步创新

如果对所有在押人员、社区矫正人员一视同仁，那就没有开展保护企业家专项活动的必要。但实践中存在工作力度不够的情况。如企业家有什么特长，如何发挥其特长，如何在符合法律和政策的条件下加强对企业家的特殊保护？确实值得深入思考，部分方法、部分保护模式并不能事先设计，需要在工作实践中进行不断总结和提炼。

（二）对策

1. 提高思想认识

必须转变思想理念，提高思想认识。从"检企互斥"的零和思维、形而上学思维转变为"检企共赢"辩证思维。企业家是中华民族的重要财富，是生产力发展的关键要素。必须站到保护企业家是习近平新时代中国特色社会主义经济思想的重要组成部分的高度来认识，才能从整体上、从大局上、从宏观上正确把握保护企业家专项活动的重要意义，从而从思想上自觉促成行动自觉。

2. 加强大数据应用

仅仅依托统一业务应用系统执检子系统来提取相关数据进而在刑事执行检察中保护企业家合法权益是不够的，可行方案包括，与本地大数据平台实现数据互联互通，将有关单位现成的数据导入检察机关执检子系统。并通过身份证匹配数据的功能，将有关单位已经纳入数据库的企业家信息通过自身证件自动匹配，匹配成功后自动导入执检子系统，如此，方能准确掌握当前在押人员、社区矫正罪犯里的企业家的数据信息。仅仅依靠检察机关开展一次专项活动，对相关信息进行人工收集固然也能够达到收集在押企业家数据的目的，但这显然不是长久之计，如果仍然还是老一套，专项活动就会成为一阵风，活动一结束，就可能重新回到过去的工作模式。

3. 为企业家再创业提供良好发展平台

不因企业家被贴过"标签"就产生歧视心理和歧视行为。检察机关开展保护企业家专项活动，要向党委、人大报告工作开展的情况报告，对如何保护企业家合法权益建言献策。一是企业家案件相关信息应当严格控制公开范围，对确因工作需要的，可到有关司法机关查阅，并且声明只能用于有关商业活动和正当活动。孕育一名企业家是需要花很大成本的，有的成本是不能仅仅以国家经济的投入来衡量的，打倒一个企业家也是会损失人才资源的，应当在法治和市场、政府和市场之间找到各自的平衡点。所以给予企业家特别的并且是合法的关爱是必要的。二是检察机关不应当单打独斗。应该与有关部门密切配合，协调一致，在国家政策下，统一部署下协调一致开展行动会取得更好的效果，对重新进入市场的企业家应当有与中央政策配套的各项具体工作措施相衔接，出台鼓励企业家再创业的激励措施。三是法治不仅仅是事后惩戒，同时也应当做好事前预防，让企业学法懂法用法成为一种社会常态，不可以强制，但可以引导，检察机关也可以通过"两长"会谈、检察建议等形式为企业家再创业，避免再走弯路提供有力的法治支持。

浅谈刑法对民营企业家财产权的平等保护

徐福亮　张月发[*]

一、民营企业家财产权平等保护的界定

（一）民营企业家

1. 企业家。在《辞海》中，企业的意思是"从事生产、流通或服务性经营活动，实行独立核算的经济组织，是国民经济的基本单位"。企业家的意思是"企业中能独立自主地作出经营决策并承担经营风险的人，既是生产的组织者、领导者，又是市场交易中的经营者。通常为大公司的董事长、总经理"。追根溯源，"企业家"是由英语翻译过来的词汇，其英语 entrepreneur 来源于法语的 entreprendre，是指"敢于承担一切风险和责任而开创并领导一项事业的人"，无论是辞海的解释还是西方的用语，"企业家"都是作为一个社会学或经济学概念在使用的，不是一个法律概念。《2017 年企业家刑事风险分析报告》对"企业家"进行了列举，认为企业家是指企业内部具有决策权和重要执行权的高级管理人员。具体包括九类人员：董事长、总经理和法定代表人；实际控制人、股东；党党群负责人；董事；监事；财务负责人；技术负责人；销售（采购）负责人；其他核心部门负责人。相比以上两种界定方式，第一种主要还是从社会学的角度来界定企业家，而不是从法律研究的角度来界定，无法满足我们研究刑法对民营企业家财产权保护的需要。第二种则具有较强的操作性。基于此，本文是在以上第二种情况下论述刑法对民营企业家财产权保护的。

2. 民营企业家。根据所有制的不同，可以将企业分为国营企业和民营企业两大种类。根据所在经济体的不同，可以将企业家分为国营企业家和民营企业家，在国营企业的是国营企业家，在民营企业的是民营企业家。

---

[*] 作者单位：贵州省铜仁市人民检察院。

（二）民营企业家财产权保护制度的确立

"产权"制度的确立对社会经济发展意义重大。产权保护制度是市场经济活动的基础，社会主义市场经济必须保护产权。当然，"产权"不是历来就有的。在我国，财产权是2004年才被写进宪法的，产权保护法律体系初步建立则是2007年制定出台《物权法》之后的事情了。

（三）刑法平等原则

平等是刑事法律的重要价值和原则，也是人类不断追求的理想目标。新中国成立后，刑法平等原则经历了曲折的发展过程。刑法平等原则的开端是在刚刚建国的时候，男女平等和民族平等基本原则被写进宪法性文件《共同纲领》中。"中华人民共和国公民在法律上一律平等"被写进宪法是在1954年，之后由于历史原因，刑法平等原则进入曲折发展阶段。刑法平等原则的低谷期是1975年至1987年，1975年和1978年的《宪法》更是直接将刑法平等原则进行删除。1987年是转折年，这年召开的党的十一届三中全会将"保证人民在自己法律面前人人平等"写进全会公报。1979年《刑法》强调"公民在适用法律上人人平等"，① 1997年《刑法》第4条规定"对任何人犯罪，在适用法律上一律平等"。只有到这个时候，刑法平等原则在我们国家才算是正式确立起来。

二、民营企业家财产权保护的现状

北师大中国企业家犯罪预防研究中心发布的《2017年中国企业家刑事风险分析报告》指出，2017年"企业家犯罪2481次，其中，国营企业家犯罪数为375次，约占企业家犯罪总数的15.1%，民营企业家犯罪数为2103次，约占企业家犯罪总数的84.9%"。"2017年企业家犯罪共涉及84个具体罪名，其中国营企业家共涉及29个具体罪名，民营企业家共涉及75个具体罪名。""2017年民营企业家触犯的罪种分别是：（1）破坏社会主义市场经济秩序罪，共计1311次，占本年度民营企业家犯罪频次总数的62.3%。（2）侵犯财产罪，共计353次，占本年度民营企业家犯罪频次总数的16.8%。（3）贪污贿赂罪，共计301次，占本年度民营企业家犯罪频次总数的14.3%。"② 民营企

---

① 彭真：《关于〈刑法〉（草案）、〈刑事诉讼法〉（草案）的说明》，载《我国刑法立法数据汇编》，北京政法学院刑法教研室1980年版，第203页。

② 北师大中国企业家犯罪预防研究中心：《2017年中国企业家刑事风险分析报告》，载http://www.360doc.com/content/18/0428/22/21894927_749544479.shtml。

业家犯罪案件高发表明刑法对民营企业家财产权的保护形势不容乐观。

民事财产纠纷与财产犯罪在性质上有本质差异，适用的是不同法律规范，民事财产纠纷适用民法规范，财产犯罪适用刑法规范。在刑事法律中规定财产犯罪的初衷和目的是为了预防"民法之利益分配状态遭受现实上的破坏"①，因此，在选择法律规范时，应当只有发生民事法律规范无法规制的财产纠纷时，才适用刑法的相关规定。② 但是，刑事司法不当介入民事纠纷的情况时有发生，在严厉打击经济领域犯罪的高压政策下，个别侦查机关为了业绩不依照司法办案程序，在没有弄清案件性质的情况下就径行立案侦查。

三、完善刑法对民营企业家财产权保护的路径

（一）刑事立法要确立平等保护原则

1. 平等原则应当贯穿刑事立法始终。企业家"天生都是自由、平等和独立的"，③ 民营企业家财产权保护的关键在立法平等，刑事立法对民营企业家财产权的保护与国营企业家的保护应当体现平等原则，进行平等对待。笔者认为，刑事立法在保护民营企业家财产权方面以下几点是应当注意的：第一，刑法保护的对象应当平等，无论是民营企业家还是国营企业家都应当享受同等的法律保护；第二，刑法保护的法益应当平等，同等法益同等保护；第三，刑法的罪名及刑罚幅度应当平等，同等行为定罪量刑应当一样；第四，刑事立法应当体现刑法的谦抑性，对于一些民营企业家的经济活动，可以适用民法或者经济法等法律处理的，刑法就不应当进行规定。

2. 刑事立法应当从广义上理解平等原则。刑事平等原则有广义和狭义的区别，狭义的刑法平等原则仅指法律适用上的平等。广义的刑法平等原则包括法律适用平等与立法平等。《中华人民共和国刑法》规定"不允许任何人有超越法律的特权"，笔者认为有两层意思，第一层意思是要求遵守法律和违反法律时定罪量刑不得有超越法律规定的特权，第二层意思是司法机关等国家权力机关在立法过程中不得为本部门规定特权。所以，在刑事立法过程中应当从广义上理解平等原则，充分发挥刑法平等原则在保护民营企业家财产权方面的作用。

---

① 张天一：《时代变动下的财产犯罪》，元照出版社2015年版，第51页。

② 乐志怡：《刑法介入非公企业财产权保护的逻辑反思》，载《山东社会科学》2017年第11期。

③ 郑智航：《法院如何参与社会管理创新——以法院司法建议为分析对象》，载《法商研究》2017年第2期。

3. 应当充分发挥司法机关在保护民营企业家财产权方面的主观能动作用。刑法平等与民营企业家财产权保护的关系是运动的、发展的，不是静止不动的。民营企业家财产权保护的需要是不断发展的，而刑法在发展的过程中有滞后性，这是法律的本性。刑法保护的滞后性不利于对民营企业家财产权的保护，因此，应当充分发挥司法机关在保护民营企业家财产权方面的主观能动作用。当然，发挥主观能动作用不是说让司法机关有法不依，而是说在解释法律的时候应当尽量作有利于保护民营企业家财产权利的解释。

（二）司法实践要坚持罪刑法定原则和疑罪从无原则

1. 罪刑法定原则。罪刑法定原则在刑法各种原则中占据最重要的位置，罪刑法定原则的经典表述是"法无明文规定不为罪，法无明文规定不处罚"[1]。《中华人民共和国刑法》第 3 条规定："法律明文规定为犯罪行为的，依照法律定罪处刑；法律没有明文规定为犯罪行为的，不得定罪处刑。"这是我国刑法中的罪刑法定原则。司法实践中，在办理涉企业家案件时应当坚决贯彻落实罪刑法定原则，严格区分经济纠纷与经济犯罪的界限，企业正当融资与非法集资的界限，经济活动中的不正之风与违法犯罪的界限，执行和利用国家政策谋发展中的偏差与钻改革空子实施犯罪的界限，合法的经营收入与违法犯罪所得的界限，非公有制企业参与国企兼并重组中涉及的经济纠纷与恶意侵占国有资产的界限。对于法律有明文规定的，依照法律定罪处罚，法律没有明文规定的，不得将民事违法或者经济违法行为当作经济犯罪进行立案查处。[2]

2. 疑罪从无原则。疑罪是指证明犯罪嫌疑人、被告人有罪的证据不足，既不能证明犯罪嫌疑人、被告人有罪，又不能证明其无罪的情况。从我国法制史角度看，疑罪的处理原则不是一开始就是适用经历疑罪从无原则的，很长一段时间内司法实践实际是适用疑罪从轻的。[3] 2016 年 7 月 20 日，最高人民法院、最高人民检察院、公安部、国家安全部、司法部制定下发的《关于推进以审判为中心的刑事诉讼制度改革的意见》明确要求，严格按照法律规定的证据裁判要求，没有证据不得认定犯罪事实。司法机关办理涉民营企业家犯罪案件，必须始终坚持疑罪从无原则，严格适用立案侦查程序，严禁利用刑事手

---

[1] 郝冠揆：《罪刑法定原则的正本清源》，载《河南师范大学学报》（哲学社会科学版）2017 年第 2 期。

[2] 《最高人民检察院关于充分发挥检察职能依法保障和促进非公有制经济健康发展的意见。》

[3] 单莹、霍长林：《疑罪从无原则在审判阶段的适用》，载《人民司法（应用）》2017 年第 1 期。

段插手经济活动。对已经立案的，没有证据证明有犯罪事实或者犯罪事实不是民营企业家所为的，应当立即撤销案件或者作不起诉处理或者判决被告人无罪，犯罪嫌疑人、被告人在押的应当立即释放，对民营企业家财产采取强制措施的应当立即解除。

（三）刑事司法要严禁滥用兜底条款

司法实践中侦查机关在查处某些复杂、疑难的经济犯罪案件时，有时出现一些定性困难或案件证据本身并不充分的案件，有时会选择一个口袋罪名进行立案，非法经营罪的第4款是经常被选择使用的。非法经营罪第4款"其他严重扰乱市场秩序的非法经营行为"之罪状表述极其含糊而抽象，属于兜底条款，有时被侦查机关借以使用。比如，湖南省某区侦查机关在"打击黑开发"专项活动过程中，经侦查查明曹某某存在没有审批手续和相关资质而修建和销售楼房的行为。侦查机关认为无资质开发并销售房地产的非法经营行为，属于非法经营罪第4款"其他严重扰乱市场秩序的非法经营行为"，遂以非法经营罪立案，但移送检察机关后，检察机关认为非法经营罪及相关司法解释中没有"无资质开发房地产的经营行为"条款，不构成非法经营罪。又如，由于现行刑法没有对高利贷行为单独定罪，侦查机关在办理高利贷犯罪案件时会将"发放贷款行为"擅自扩大解释为非法经营罪第4款的"其他严重扰乱市场秩序的非法经营行为"，进行不当立案。① 所以，司法实践应当严禁滥用兜底条款，切实保护民营企业家的合法权益。

---

① 王鑫、程征、唐滔：《公安机关查处非法经营犯罪案件面临的主要问题及对策——以湖南省为例》，载《法制与社会》2017年第5期。

民营企业知识产权保护存在的问题及对策分析

——以贵州某酒业有限公司为视角

李　斌[*]

民营企业是民营经济最重要的支撑，而民营经济又是我国经济的重要组成部分，据统计，"民营经济占我国 GDP 的比重、民间投资占固定资产投资的比重双双超过 60%"[①]。随着我国改革开放的不断深入，以及综合经济实力的不断增强，民营企业发展也呈现出蓬勃发展之势，随之而来的民营企业知识产权保护方面的冲突和碰撞也愈发激烈，如何维护好自身知识产权方面的合法权益，也成为民营企业发展过程中不得不面对的重要问题。

一、民营企业知识产权保护面临的困境：以贵州某酒业有限公司为例

（一）知名产品被仿冒

某酒业于 2017 年 6 月 20 日推出"某人民小酒"为盘州市撤县建市纪念酒并投放市场，该产品在盘州及周边地区逐步得到消费者认可。2017 年 10 月，习近平总书记在贵州代表团讨论时与余留芬的对话经各大媒体宣传报道后，某酒业生产的"人民小酒"在全国迅速走红，然而，酒红"是非多"，原来"名不见经传"的"某人民小酒"一方面岩博酒业的代理和订单纷至沓来，截至 2018 年 1 月，该公司订单突破 5.6 亿元，创历史新高；另一方面，国内市场上突然出现几十家公司生产、仿冒"某人民小酒"，更有甚者不仅使用了"人民小酒"字样，而且其所生产的"人民小酒"布袋、酒瓶、包装与某"人民小酒"相似度高达 80% 以上，产品来源无法追溯，且该公司已经向国家知识

---

[*] 作者单位：贵州省盘州市人民检察院。

[①] 辜胜阻、韩龙艳：《中国民营经济发展进入新的历史阶段》，载 http://theory.people.com.cn/n1/2017/0331/c40531-29182845.html。

产权局申请了外观设计专利,这一行为既对消费者造成了误导,极易引起消费者的混淆,又影响了某酒业的正常生产经营,扰乱了正常的市场竞争秩序。

(二) 企业名称中的关键词被多家公司注册使用

随着"某人民小酒"知名度大增,全国各地迅速注册成立了几十家与"某酒业"名称高度相似的酒业公司,与其同音字命名的酒业公司纷纷注册成立,极易让消费者产生"人民小酒"的生产者系以上"某酒业有限公司"的误解。

(三) 产生名称使用法律纠纷

2018年3月19日,某酒业被贵州另一家名称相似的酒业有限公司以侵犯其合法权益为由向G市中级人民法院提起诉讼,事实和理由是:2018年3月14日,被告某酒业在其微信公众号"某酒业商城"中发布标题为"贵州某酒业有限公司打假专项工作全面开展"的文章,声称原告假冒其产品,对原告及其产品的商誉进行诋毁,给原告的企业形象及经营造成恶劣影响,并提出依法判令被告立即停止对原告实施的商业诋毁的不正当竞争行为,并提出删除"某酒业商城"中发布的标题为"贵州某酒业有限公司打假专项工作全面展开"的文章。依法判令被告在其微信公众号"某酒业商城"和全国性报纸上刊登声明,向原告赔礼道歉,消除对原告造成的不利影响等诉求。

二、存在的主要问题及原因分析

(一) 知识产权保护意识不强,制度不健全

一方面民营企业普遍缺乏品牌保护意识,没有将企业知识产权保护与企业发展同步推进,致使企业知识产权保护工作严重滞后于企业发展;另一方面,企业知识产权保护方面的制度缺失或不健全,多数民营企业知识产权保护制度不健全或根本没有建立相关制度,导致企业知识产权保护方面存在短板,容易被不法侵害从而造成企业知识产权利益受损。

(二) 重研发轻保护现象较为突出

民营企业将绝大部分精力放在了产品研发上,而对商标注册、外观专利申请等工作不重视,主要表现在对商标注册、专利申请不及时,从而造成商标、专利被抢注、被仿冒等问题的发生,影响和制约了企业发展,造成企业重大经济损失。如本文中的某酒业2017年6月20日就推出了"某人民小酒",但某酒业到2017年7月12日才提交了"某人民小酒"的商标申请,外观专利的申请时间更是延迟到了2018年1月9日,都没有在第一时间或提前申请商标和专利,从产品推出到商标、专利申请都经历了较长的时间跨度,错过了最佳申

请时机。"根据国家知识产权局的统计数据：我国国内拥有自主知识产权核心技术的企业仅为万分之三，99%的企业没有申请专利，而民营企业申请专利的更是寥寥无几"[①]。

(三) 不注重专业化团队建设

我国民营企业大多为中小型企业，从管理层到技术骨干都缺乏知识产权保护方面的知识，或限于规模，或限于经济实力，或限于意识，绝大部分民营企业未设置专门的法务部门，甚至连兼职的专业顾问都未聘请，如本文中提到的某酒业仅有一名刚毕业不久的法学专业大学生，没有专门的法务部门，这样导致的后果：一是缺乏专业层面的保护，不能及时有效处理企业发展过程中遇到的法律风险；二是由于防护制度及体系不健全，导致企业知识产权更容易受到不法侵犯，使企业发展处于被动局面。

(四) 管理粗放，应对纠纷能力弱

企业管理能力落后于企业发展步伐，最典型的是保密意识不强，保密制度缺失，造成企业商业秘密被泄露，从而导致企业利益受损。企业缺乏知识产权保护长远发展规划，对企业法律风险防控的认识存在误区，法律风险防控预见性和应急能力不足，导致出现问题时应对出现困难。如企业知识产权受到侵害后不知如何救济或救济不及时，扩大了企业的经济损失，或者被其他公司起诉时不知如何应对，导致错过了最佳应诉时机，进一步增加了败诉风险，严重影响和制约了企业发展。

(五) 职能部门服务指导不到位

一是相关职能部门事前服务指导少，事后补救帮助多。对民营企业知识产权保护预见性和主动性不足，通常是发现问题了才开始想办法补救，"亡羊补牢"的效果往往差强人意。二是执法力度须加强。对侵犯商标权、专利权和仿冒、假冒知名产品等违法行为打击不力，导致侵犯民营企业知识产权的行为屡打不绝。三是相关职能部门保护本地企业合法权益力度不足。面对本地区知名品牌和企业，相关职能部门应当重视知识产权方面的问题，例如，商标注册与否，外观专利申请与否，应当予以重视，给予本地企业足够的提醒与帮助，防止商标被抢先申请注册事件发生，多部门联动形成保护民营企业知识产权的强大合力。

---

① 章全：《构建民营企业知识产权保护体系》，载《杭州日报》2010年。

三、对策建议

（一）从企业层面来说，知识产权保护意识和管理需进一步加强

1. 强化品牌意识。意识问题是根本性、先导性问题，在保护企业知识产权过程中，民营企业要有忧患意识和战略思维，牢牢把握"意识先行"的原则，注重企业知识产权保护的长远规划，将知识产权保护提上企业发展重要议事日程，摆在更加突出的位置，一方面不断增强企业自主创新能力，创造更多知名品牌；另一方面要摒弃重研发轻保护的思想，力求做到两者并重。强化企业品牌保护意识，尤其是要保护好企业名称权、商标权和专利权，才能更好地维护企业合法权益。

2. 强化学习培训。努力提升企业干部职工知识产权保护能力：一是加强对《民法通则》《商标法》《侵权责任法》等法律法规的学习，逐步树立企业干部职工知识产权保护理念；二是组织企业管理层和技术骨干外出学习，借鉴其他企业的先进经验做法为我所用；三是邀请企业知识产权保护专业人士到企业开展有针对性的培训，不断提升企业干部职工的知识产权保护意识和能力。四是在充分运用好我国现有知识产权保护法律法规及政策规定保护好企业合法权益的同时，进一步建立健全企业知识产权保护制度，筑牢企业知识产权保护的法律政策屏障。

3. 强化内部管理。进一步完善企业商标注册、专利申请、商标、专利、商业秘密保护及风险防控等制度。商标注册、专利申请要及时，"商标专用权取得方面可以采取'三先策略'，即广告未做，商标先注；产品未出，商标先行；期限未到，续展先行"[①]，第一时间保护好企业创新成果。同时，注册商标要立足本国，放眼世界，要注重同时在多个国家申请和注册，力争取得多个国家的专利权和商标权，为企业日后发展壮大提前做好规划。

4. 强化法务部门建设。加大知识产权保护专业机构设置的资金投入力度和人才引进力度，结合企业发展实际组建专门的法律服务团队，为企业发展提供法律政策支持，重点健全和完善企业知识产权保护内控制度，最大限度防范化解企业发展面临的法律风险；对侵犯企业外观专利、假冒、仿冒知名产品行为及时依法提起诉讼，对企业名称中的关键词进行全方位保护；当企业处于被告地位时，及时制定应对方案，全面搜集证据，把握最佳应诉时机，尽力避免

---

① 王林昌、干婧：《我国民营企业知识产权保护及其战略选择》，载《中国工商管理研究》2004年第2期。

和减少因企业知识产权被侵害给企业造成的经济损失，为企业发展提供更加专业和有效的保护。

（二）从职能部门层面来说，需进一步强化主动服务意识增强服务实效

工商部门、知识产权保护部门、版权部门应积极配合，借助行业协会力量，真正形成工作合力，主动服务企业，全力保护企业：一是因企施策，结合实际加强对知识产权保护基本知识及其重要性的宣传，通过宣传增强企业自我保护和维权意识；二是司法机关应积极主动为企业提供帮助和服务，适时到企业开展法治宣传，注重宣传的针对性和实效性，结合民营企业发展实际及部门职能作用的发挥，有重点地开展法治"结对帮扶"工作，切实帮助企业建章立制、堵漏建制；三是地方政府要强化地方品牌保护力度，国家要加强对民族品牌的保护力度；四是当企业生产经营过程中遇到知识产权方面的困难时，要及时通过实地调研、座谈，聘请专业人员"把脉问诊"等方式帮助解决；五是积极营造尊重他人知识产权，依法使用他人知识产权的良好氛围，着力营造民营企业知识产权保护良好环境。

（三）从国家层面来说，知识产权保护立法及体制机制需进一步完善

知识产权保护事关企业生存和发展，应尽快从国家层面构建适应企业发展的知识产权保护体制机制。虽然国家现有法律法规为企业知识产权保护提供了基本保护，但由于法律自身的滞后性及经济社会发展的多元性、超前性，原有的法律法规或政策已不能很好的适应企业知识产权保护需求。从国内层面来说，需要结合民营企业知识产权保护实际与时俱进地修订和完善现有法律法规，完善民营企业知识产权保护体系，加强产权保护执法力度，大幅提升侵犯知识产权的违法成本。

从国际层面来说：一要学习借鉴国外知识产权保护先进经验做法，例如，学习"巴黎公约""马德里协定""尼泊尔公约""TRIPS 协议"等国际条约，我们要在学习借鉴国外先进经验做法的基础上，结合我国实际加以发展和完善；二要逐步与国际知识产权保护接轨，在逐步融入过程中不断缩小差距，尽快熟悉和适应国际知识产权保护标准，加强对民营企业涉外知识产权纠纷的协调、指导力度，为民营企业走出国门创造条件，提供保障。

民营企业家涉嫌非法吸收公众存款罪的罪与非罪探讨

唐本华*

当前，经济迎来快速腾飞的时代，企业经济呈现出蓬勃发展趋势，但也因此导致广大中小企业，特别是民营企业面临扩大生产规模资金短缺等困境，在正规融资难的情况下，其往往将融资方向转向社会闲散资金，采取向公众募集的途径融资，而因为一些主客观原因，极有可能使其沦入非法集资的争论漩涡。而企业家作为社会经济活动的重要主体，保护企业家合法权益便成为护航经济健康发展的重要内容。中共中央、国务院分别于2016年和2017年发文，就保护企业家合法权益相关事项作出了规定，要求严格区分经济纠纷之间、合法融资和非法集资之间的界限，并就保护企业家合法权益提出明确要求，法检两家积极贯彻落实中共中央与国务院指示精神，相继出台系列措施，制定了相应的保护企业家合法权益的措施，对企业家慎用刑罚手段成为现代社会文明进步的重要理念。本文从保护企业家合法权益的角度出发，仅从分析非法吸收公众存款罪与非罪着手，为司法实践作出粗浅探讨。

一、非法吸收公众存款罪的概念、由来及现状

按照《中华人民共和国刑法》第176条规定，"非法吸收公共存款罪"是指非法吸收公共存款或者变相吸收公共存款，扰乱金融秩序的行为[①]。简短的标准刑法表述形式，高度概括了该罪的基本构成。

"非法吸收公众存款"作为法律用语最初源自1995年5月10日通过的《中华人民共和国商业银行法》，该法对该行为作出了具体解释，但也仅仅表明其作为可以入罪的内容之一。同年出台的《关于惩治破坏金融秩序犯罪的决定》首次规定该罪的具体内容，包括构成要件、行为结果以及刑罚。1997

---

* 作者单位：贵州省盘州市人民检察院。
① 张军：《刑法分则及配套规定新释新解》，人民法院出版社2011年版。

年修订的《刑法》，首次将该罪纳入法条之中，为司法实践中办理此类案件提供了明确法律支撑。之后几经补充完善，直到2011年1月，最高人民法院公布了《关于审理非法集资刑事案件具体应用法律若干问题的解释》（以下简称《解释》），进一步明确了该罪的未经批准、公开宣传、还本付息和不特定对象四项构成要件，为司法实践办理该类案件进一步提供了重要依据。随着经济发展以及司法实践的需要，最高法、最高检、公安部于2014年3月联合发布了《关于办理非法集资刑事案件适用法律若干问题的意见》，进一步细化了《刑法》对该罪的规定。

本文之所以在涉及企业家的众多罪名中选取该罪作为分析对象，主要是因为该罪乃是近年来企业家触犯频率最高的犯罪之一，而且是存在罪与非罪争议很大的罪名。据近年有关部门统计，该罪连续多年都是位居我国民营企业家涉及犯罪的前列。2015年，在抽取调研的125例民营企业家犯罪案件中，该罪以27例位居首位；2016年，在抽取的163例案件中以28例高居第一。2017年，在抽取的2106例案件中，该罪以414例高居榜首。

目前，无论是在学术界还是在司法实践中，由于各种主客观因素的影响，对该罪都存在着很大的争议。部分人表示出对司法实践中有将该罪扩大化的担忧，表示可能因此不利于民间正常融资和中小企业发展，归根究底，主要是对正常民间借贷与该罪的界限、该罪的是与非等方面提出了不同意见，甚至有学者提出了将该罪从刑法典中取消的呼声。但不可否认的是，该罪导致的金融秩序破坏现象日益增多，使得该罪"一方面总是在似是而非之间争论不休，另一方面却已经是当下金融业发案最高的一项罪名"[①]。因此，正确区分该罪的罪与非罪界限，正确把握好政策与法律界限，不仅有利于司法实践中正确认定该罪，为正常民间借贷发展留出适当空间，还有利于保护企业家合法权益，维护企业健康发展环境。

二、从非法吸收公众存款罪内涵分析

从该罪归属分析。对于该罪，存在的首个争议便是归属问题，目前争论最多的是三个观点：行为犯、目的犯和结果犯。行为犯观点认为只要实施了非法吸收公众存款的行为，便构成该罪。[②] 目的犯观点认为该罪构成应该包括行为的具体目的为资本经营才能构成犯罪，若用于正常生产经营则不认为是触犯该

---

① 周阳、唐万新：《抑或中国的罪与罚》，载《经济》2016年第3期。
② 冯亚东、刘凤科：《非法吸收公众存款罪的本质及其立法失误》，载《人民检察》2001年第7期。

罪。结果犯观点认为，认定该罪的关键在于实施了吸资行为，而且要造成扰乱金融秩序的结果。笔者基本赞同结果犯的观点，《解释》第3条对构成该罪的数额等作出了明确规定，追究的四个量化标准也说明了此问题，只有达到一定标准，造成一定后果，才能构成该罪予以罪责，否则不能以犯罪论处。而对于目的犯观点，笔者认为，刑法或者相关司法解释、法规等都无明确要求其是否需要有明确的目的，行为人吸资行为，也可能是为了转贷非法牟利，但也可能是为了企业生产经营，但是如果将用于企业生产经营等目的一概归于该罪之外，难脱以偏概全之嫌，可能导致部分造成恶劣社会影响或者其他严重后果的吸资行为逍遥法外。

　　从该罪保护的法益进行分析。从该罪的概念可以看出，该罪侵犯的法益是国家金融秩序的稳定，这也是刑法设置该罪的初衷。但是针对扰乱金融秩序的界定，却众说纷纭。有学者认为金融秩序被破坏，需要达到行为侵犯有资格的金融机构的业务资格权利，需要将吸收到的公众存款用于货币经营等活动。笔者认为，对于法益的侵害，也要具体分析，而不应该将必须要达到将吸资用于货币经营盈利才构成法益的侵害进行限制，否则容易造成部分行为的放纵。比如，行为人也可能只是将吸资用于正常的生产经营，或者用于还之前的欠债，但是，一旦企业资金链出问题，极有可能会造成不良的社会影响，甚至会引发群体性事件等严重后果，如果还是以正常民间借贷利行为用《合同法》等进行规制，这可能导致经济市场动荡，甚至社会不稳定。如有名的"温州老板跑跑潮"现象。

　　笔者认为，对该罪侵犯法益的认定，应该结合实际，从以下几方面定义：一是通过擅自加息或类似手段，将大量资金集中在行为人手中，这可能会导致大量闲置资金失控，不利于国家对金融市场的宏观调控；二是行为人采取任意大幅度提高利率或回报的手段，可以视为一种市场不正当竞争，极易破坏利率的统一，影响货币的稳定；三是中小企业融资大都是因资金紧缺所致，其经济实力不容乐观，而且缺乏完善的监督管理，极易将公众的存款陷入风险境地，当然，对于初衷便是为了货币经营的行为又另当别论。因此，法益的侵犯应予以分别分析，而不能一概而论的将其归为只有与银行形成竞争才认定为侵害了法益，而是应该综合考虑其对经济、金融市场造成的影响加以界定。这是为了维护其他依法经商的企业家合法权益的一种保障，也是为企业家良好发展提供稳定健康的经济环境的一种体现。

三、从非法吸收公众存款罪行为要件分析

　　《解释》第1条规定了该罪的构成要素，明确在违反国家金融管理法律规

定，同时具备四个要件才能构成，这四个要素缺一不可，否则不能构成该罪：

1. 未经批准。该项规定表示的是吸收公众存款的实质非法性，国家规定，吸收存款需要经过特批，也就是需要经过中国人民银行批准才能开展，这是出于对商业银行等特殊行业的保护，也是国家对金融秩序的一种宏观调控，对金融市场的稳定具有一定积极作用。将该项规定作为构成该罪的重要内容之一是非常有必要的，但是如果将未经批准吸收存款的行为都归纳于犯罪之类，显然有失妥当，如将正常的民间借贷归于这一范畴，则属于扩大犯罪内涵。最高法于2011年发布的《关于如何确认公民与企业之间借贷行为效力问题的批复》明确了正常民间借贷行为，表示只要当事人意思表示真实就可以成立。因此，这一条款需要结合其他内容进行分析。如果把"未经有关部门批准"宽泛的理解为只要未经批准便为非法，极易造成正常民间借贷与该罪混为一谈。笔者认为，如果仅仅只是未经批准的借贷行为，便不能片面的认为构成该罪。

另外，随着经济社会的发展，该罪犯罪形式呈现多样化发展，犯罪手段呈现隐蔽性，变相吸收公众存款的行为越来越多，正确判断是否是借用合法形式做非法行为非常有必要。笔者认为，判断是否为变相吸收公众存款，可以通过行为人吸收资金的后续行为来判断，即看其资金的使用对象是否合法，或者是否造成了恶劣影响或严重后果。如果行为人只是将资金用于正常的生产经营，没有出现将资金用于国家规制的资金转贷、恶意逃避债务等情形，则可以认定为合法的正常借贷行为，便不能以该罪论处。

2. 公开宣传。《解释》以"等"字表示公开宣传的方式的多样性，既可以是大肆宣扬，也可是秘密进行，只要符合让吸收存款的信息在公众之间广泛传递便可认定为具有公开性，表现出的结果便是让社会不特定的对象所广泛知晓，反之则不构成该罪。但对于本条规定也要具体分析，比如在吸收资金过程中，行为人只是通过一对一面对面，或者一对一通过电话等方式进行协商，并具体商定借贷相关内容，其虽确实进行了宣传行为，但也可认为不具有公开性。另外，即便行为人所协商对象自主对其他人进行宣传，只要没有造成大面积广泛知晓，而且行为人对该行为未知，或者知晓后及时避免广泛传播信息的发生，也可以不认定为构成该要件。当然，如果因上述行为导致多人向其放贷，而且行为人又没有节制的吸收资金，大大超出了其项目规划所需的数额，则又另当别论。

3. 还本付息或支付报酬。该要素作为该罪的构成要件之一，也应结合扰乱金融秩序等内容加以认定，其实质指向应当是高额利息和回报。在诸多研究观点中，都将擅自抬高利息，以高额回报诱惑公众存款作为该罪行为要件之一，是符合该罪实际的。但是，还本付息或者给付报酬也是民间正常借贷的应有模式，无论是亲友之间的援助式借贷还是企业之间的相互拆借资金，还本付息都是民间借贷的基本内容，只是根据规定，超出国家规定的正常利率4倍的部分不受国家法律保护。因此，如果仅仅只是因为借贷的还本付息，只要不是公开宣传向不特定大众借款，即便规定再高的利息，也不能构成该罪。

笔者认为，此要素作为该罪的构成要件加以规定，这也是"存款"的内涵，只有承担本金、利息或者支付报酬，才符合吸收公众存款的性质，否则不构成该罪要素。但是也需要与其他内容综合考虑，如果只是从该项内容来看，极易造成该罪与民间借贷之间的混淆，也容易导致该罪刑罚打击范围的扩大，不利于民间正常借贷的生存。

4. 对象的不特定。对于公众性的范围，无论是在司法实践中还是在学术研究之中，都存在着诸多争议，具体来说，主要有不特定或者大多数、不特定且大多数这两类。笔者认为，该罪中的"公众"，应该指的是不特定且大多数，如果只构成"不特定"或者"大多数"其中之一，便不能认定为该罪。例如，即便吸资行为人向社会不特定对象实施了吸资行为，但是如果因各方面原因仅仅吸收到少数人的资金，而且没有因吸资对象再次发展更多人加入，也不符合"公众"的范畴，简而言之，如果没有达到《解释》第3条规定的30人或150人的标准，便不能认定为该罪。另外，如果吸资对象达到了大多数的标准，但是如果对象为"特定"的，比如在本企业职工之内、在亲戚朋友之间进行借贷，因为他们是以感情信任为基础，对象为特定，即便借贷数额巨大，也不能认定为该罪，即便因此产生了矛盾纠纷，那也是属于《民法》《合同法》等法律法规规制的范畴，而不能科以刑罚。

四、从非法吸收公众存款罪数额认定分析

对该罪的认定，还需要对行为所涉及的金额进行具体界定，如果没有达到规定的标准，当然不能认定为该罪。《解释》第3条对具体涉及的资金金额进行了具体规定，并明确数额以所吸收的全额计算，但是在具体司法实践中尚存在争议。

向特定人员所吸收的资金是否计入总额。有学者认为，行为人只要实施了该项行为，便应该认定为成该罪，至于其中少部分亲友等特定对象的存在，不影响该罪的构成；也有学者认为，在计算总额时应该将不符合该罪的数额进行区别剔除。笔者对此问题赞同第二种观点，即计算总额时应该将不符合《解释》第3条第1款规定的四要素条件的吸资不纳入总额。例如，行为人在非法吸收公众存款之前向其固定的亲友借贷，便不能认定为符合吸资条件，只能算

作是正常的民间借贷行为，而不能作为非法吸资数额计算。

案发之前的还本付息是否应该都计入犯罪的数额。这个问题存在较多争议，而笔者认为应具体分析。一是如果是到期还本付息，即使在案发前已经付清，也要将本金计入犯罪总数额，因为其已经造成对法益的侵害。二是在吸资时便从本金中扣除利息，应按照实际到手的金额计算，而不应该将已经扣除的利息算入总额之内，这也符合《合同法》的提前扣除利息，不得计入总数的规定。但如果是以其他物体代为支付的形式，则应另当别论，还是应该以到手数额计算。

续借中本息数额的认定。有学者认为，在续借过程中，只要再次履行了手续，便应该另外计算数额，无论是否将本息都全额纳入续借之中。也有学者认为，续借只是对首次借贷行为的延续，数额不能重复计算，而且在续借中纳入本金的利息也不应计算入总额之中，而应当以实际交付的本金计算。笔者认为，上述学者观点都有一定道理，但是也并不妥当，而应该具体问题具体分析。一是如果本息未付清，只是履行了借款手续的延续，其行为对象便不能重复计算，而应当以实际交付的金额计算，而且尚未付清的利息也不应当计算入总额之内，否则容易造成"利滚利"的恶性循环。二是如果在续借前已经完成还本付息，虽然续借的对象还是之前数额，甚至连同支付的利息在内，但是因为这是单独的行为，便应该连本带利算入总额之内。

综上所述，明确该罪的罪与非罪的界限需综合考虑。笔者认为，《刑法》以及其他法律法规和司法解释对该罪的规定，应该是一种相互补充的关系，而不应该分开来看，即便是同一法律法规之内的条文规定，也应当综合考虑。一是要构成非法吸收公众存款的行为四要素，缺一不可；二是要构成"扰乱金融秩序"的影响结果，即构成该罪的相关标准，否则便不能认定为"扰乱金融秩序"；三是要有因有果，才能认定该罪，如果仅有其中之一，也不能片面的认定为该罪。司法实践中，应该从刑法的谦抑性出发，保护与惩罚并重，对经济建设重要主体的企业家慎用刑事手段，在维护良好经济社会环境的同时，保护好企业家的合法权益。

新形势下基层检察院依法保护企业家财产权的路径

缪会荣[*]

习近平总书记指出,"企业活力是经济发展的重要动力"。李克强总理指出,"企业是经济的基本细胞,是市场主体。企业兴则经济兴"。企业的发展关系到整个社会主义市场经济的运行。当前,我国经济正处于优化经济结构的关键时期,因此,依法保护企业家合法权益,鼓励更多企业依法参与经济建设创业和创新,激发市场活力,实现经济社会持续健康发展是我国发展的必然选择。作为检察机关,应积极探索依法有效保护企业家合法权益的有效路径,主动服务社会经济发展大局。

一、检察机关依法保护企业家财产权的政策要求

2017年9月25日,《中共中央国务院关于营造企业家健康成长环境弘扬优秀企业家精神更好发挥企业家作用的意见》正式公布,意见提出,要营造依法保护企业家合法权益的法治环境,营造尊重和激励企业家干事创业的社会氛围。2017年底,最高人民检察院印发《关于充分发挥职能作用营造保护企业家合法权益的法治环境支持企业家创新创业的通知》,要求各级检察机关紧密结合检察工作实际,综合发挥打击、预防、监督、教育、保护等检察职能,为企业家健康成长和事业发展营造良好法治环境,切实强化企业家人身财富安全感,增强和激励企业家创新创业信心。2018年,贵州省三级检察机关开展依法保护企业家合法权益营造企业健康发展法治环境专项工作,切实深入贯彻党中央、国务院和最高检关于保护企业家合法权益相关要求和部署,各级检察机关充分发挥检察职能作用,以切实行动依法保护企业家合法权益。专项工作部署以来,各级检察机关迅速成立专项工作领导小组,制定专项工作实施方案,严格按照工作要求切实开展依法保护企业家权益工作,为企业发展营造了

---

[*] 作者单位:贵州省六盘水市钟山区人民检察院。

良好的法治环境。

二、基层检察院办理涉企案件现状分析

以六盘水市钟山区人民检察院为例，笔者对 2015 年以来该部受理的全部案件进行筛查，将其中涉企案件统计出来进行具体分析。从统计情况来看，涉企案件呈现如下特点：

（一）企业或企业家为被害人的刑事案件量大

2015 年至 2018 年 5 月，钟山区人民检察院共受理涉企案件 265 件 382 人，其中企业或企业家为嫌疑人的案件为 41 件 72 人，企业或企业家为被害人的案件为 224 件 310 人。从受理案件情况可以看出企业或企业家为被害人的刑事案件量大，企业或企业家为嫌疑人的相比较少，仅为企业或企业家为被害人案件量的 18.30%，但总量也较大，呈现逐年递减趋势。

具体各年受理案件情况如下图：

年份	受理案件数	企业或企业家为嫌疑人	企业或企业家为被害人
2015	77 件 126 人	18 件 34 人	59 件 92 人
2016	71 件 97 人	13 件 21 人	58 件 76 人
2017	92 件 132 人	9 件 16 人	83 件 116 人
2018	25 件 27 人	1 件 1 人	24 件 26 人
合计	265 件 382 人	41 件 72 人	224 件 310 人

（二）涉企案件类型主要以侵犯企业家财产权为主

从 2015 年至 2017 年钟山区人民检察院受理的企业或企业家为被害人的案件来看，案由主要以侵犯企业家财产权为主。2013 年至 2018 年 5 月，受理企业或企业家为被害人的案件 224 件 310 人，其中侵犯企业或企业家财产权的案件 193 件 272 人，占企业或企业家为被害人的案件件数的 86.16%，人数的 87.74%（具体数据如下图）；从罪名情况来看，主要以盗窃案为主，2015 年至 2018 年 5 月受理盗窃案 162 件 225 人，占侵犯企业或企业家财产权案件数的 83.94%，人数的 82.72%，其中 2015 年受理涉企盗窃案 40 件 64 人，2016 年 39 件 49 人，2017 年 67 件 94 人，2018 年 16 件 18 人。

年份	企业或企业家为被害人的案件	侵犯企业或企业家财产权的案件	侵犯其他权案件
2015	59 件 92 人	51 件 82 人	8 件 10 人
2016	58 件 76 人	47 件 63 人	11 件 13 人
2017	83 件 116 人	72 件 102 人	11 件 14 人
2018	24 件 26 人	23 件 25 人	1 件 1 人
合计	224 件 310 人	193 件 272 人	31 件 38 人

（三）小微企业盗窃案多发

从 2015 年以来办理的涉企案件来看，盗窃案数额一般较小但案件多发，主要发生在小微企业、个体经济中，被害企业或企业家经济力量相对薄弱。小微企业、个体经济一般规模较小，缺乏充足的经营资金和资源，导致在管理上漏洞较多，给犯罪分子可乘之机。小微企业、个体经济财产权遭受侵犯后，又进一步影响生产经营，从而导致在社会主义市场经济竞争中处于劣势。我国宪法第 11 条明确规定，在法律规定范围内的个体经济、私营经济等非公有制经济，是社会主义市场经济的重要组成部分。国家保护个体、私营经济等非公有制经济的合法的权利和利益。公有制经济和非公有制经济在社会主义市场竞争中地位平等，但囿于社会资源分配不均，导致非公有制经济中的小微企业、个体经济等需要更有侧重的保护，才能促进其成为市场经济竞争中公平的竞争主体。

（四）职务侵占案一般发生在大中型企业

职务侵占案有其罪名构成的特定要求，因此一般发生于大中型企业，如钟山区人民检察院公诉部办理的甘某某盗窃、职务侵占案。2017 年 3 月，甘某某到六盘水市钟山区某商贸有限公司应聘后担任该公司中国电信黄土坡营业厅手机店店长。同年 5 月至 7 月，甘某某利用其担任店长的职务便利，将该手机店 45 部价值 90970 元的手机通过私自拿到钟山区云巢商场变卖，其他店铺调机、员工内部购机未入账的方式，将处理该 45 部手机所得账款据为己有，随后离开该公司。后该公司管理人员陈某某、邱某某发现手机数目不对后，电话通知甘某某回公司处理，但甘某某以各种理由推脱。2017 年 8 月 1 日 23 时许，被告人甘某某到六盘水市钟山区某商贸有限公司中国电信黄土坡营业厅，用之前留下的门店钥匙将门打开，进店时警报器响起，甘某某便把防盗器电线拔断、把监控主机的电源关掉。接着将店内价值 36570 元的 15 部手机及收银台上的3000余元现金盗走。后甘某某逃到贵阳将该15部手机销赃。该案中，甘某某利用其职务之便，最终得以实施巨大财产犯罪，严重侵害公司利益，给公司造成巨大损失。因在小微企业、个体经济等规模较小的民营企业中一般财物由企业家直接控制，所以不容易发生职务侵占案，但在大中型企业，如果管理存在漏洞，极易导致职务侵占案的发生。

三、基层检察院依法保护企业家财产权的路径

针对新形势下基层检察院在依法保护企业家财产权方面存在的问题，基层检察院应加强总结和反思，提高思想认识，细化工作措施，提高工作的针对性和有效性，切实为企业发展提供强有力的司法保障。

（一）加强宣传，营造依法保护企业或企业家财产权的良好法治氛围

面对新形势下依法保护企业家合法权益的新要求，基层检察院应充分把握检察机关依法保护企业家合法权益营造企业健康发展法治环境专项工作年的有利契机，着力强化宣传工作，努力营造依法保护企业、企业家财产权的良好法治氛围。在办理侵犯企业或企业家财产权的案件时，要坚持打击与保护并重，一方面要加强审查起诉工作，确保从严从快打击侵犯企业或企业家财产权的违法犯罪行为，积极为被害企业、企业家挽回经济损失，努力将犯罪给企业、企业家造成的损失降到最低。另一方面，在办理涉及民营企业或其从业人员犯罪案件过程中，对于有自首、立功、认罪态度好等具有法定或者酌定从轻、减轻情节的民营企业涉案人员，要加强挽救教育，科学规范行使公诉裁量权，对符合不起诉条件的涉案人员依法作不起诉处理。在办案过程中，要加强犯罪原因分析总结，充分挖掘典型案例的宣传意义和价值，应用官方网站、微信、微博、报刊等新媒体和传统媒体平台强化宣传教育，在社会上形成依法保护企业家财产权的共识，营造企业健康发展良好法治环境。

（二）密切联系，延伸检察职能深入企业精准服务企业发展

基层检察院要在依法保护企业家财产权方面有新突破，就要充分延伸检察职能，积极加强与企业的沟通和联系，切实深入企业精准服务企业发展。一方面要依法办理案件，确保办案质量。对在办案中发现的企业管理问题，要及时通过发送检察建议或深入企业提建议的方式帮助企业完善管理机制，及时为企业提供优质的法律服务，帮助企业优化管理，走法治化发展之路。另一方面，要充分应用"两长"座谈会等检察机关与企业的沟通交流平台，加强沟通，密切联系，形成企业与检察机关无缝对接的有效联络机制，公诉部门要主动作为，用好自身办案经验丰富、法律功底深厚的有利条件，为企业提供法律咨

询、法律帮助等服务,着力构建"亲""清"检企关系,依法保护企业、企业家财产权,用优质的法律服务保障企业发展,增强企业家信心和财富安全感。

(三)统一标准,形成依法保护企业、企业家财产权办案合力

从基层检察院的办案实际来看,涉及企业、企业家财产权保护的案件主要以盗窃案为主,案件一般较为简单,且基层检察院的办案团队一般较少,统一定案标准比较容易实现。基层检察院分管领导及部门负责人可以带领各员额制检察官团队,积极探索涉企案件财产权保护的统一办案模式。如对不起诉案件的涉案金额进行一定范围内的相对确定,对类案及时梳理总结,统一定案标准,在依法保护企业、企业家财产权方面形成办案合力,对不同所有制经济依法平等保护,尤其加强对小微企业、个体经济的平等重视和保护。因小微企业、个体经济中盗窃案多发,它们经济力量又相对薄弱,在社会主义市场竞争中处于劣势地位,因此,需要检察机关通过办案程序上的规范和实体处理上的相对统一增强其信心和财富安全感,为其健康发展提供强有力的司法保障。

浅议民事行政检察工作在保护企业家合法权益工作中的作用

王振英　何兴虎[*]

企业家是经济活动的重要主体。为企业家营造健康法治环境，更好地发挥企业家作用，促进经济社会发展，维护社会和谐稳定，是检察机关发挥检察职能的题中应有之意。

一、企业家的概念

企业家"entrepreneur"一词是从法语中借来的，其原意是指"冒险事业的经营者或组织者"。现代企业中企业家大体分为两类：一类是企业所有者，作为所有者他们仍从事企业的经营管理工作；另一类是受雇于所有者的职业企业家，也称职业经理人。第一类企业家，作为企业的所有者，与企业经营产生的利润和亏损具有最直接的联系；第二类企业家，作为受雇于企业所有者的职业经理人，与企业产生的利润和亏损并无直接联系，企业受损对其影响甚小，因此不存在因合法权益受损的概念。综上，笔者认为，"保护企业家合法权益"中的"企业家"应特指第一类企业家，即企业的所有者。

二、保护企业家合法权益的理论和实践依据

（一）理论依据

经济基础决定上层建筑，观念的、政治的上层建筑都是适应经济基础的需要而产生的。通俗地讲，就是有多少钱决定吃多少饭。可见，经济基础对一个国家、集体、个人的发展具有决定性的作用。经济的发展是国家建设发展的中心，以经济发展为中心是国家最根本的要求。企业家作为经济活动的主体，是市场经济中的"关键少数"和特殊人才，是社会的稀缺性、战略性资源，原

---

[*] 作者单位：贵州省普安县人民检察院。

因在于企业家所具有的创新发展、敢于担当、追求卓越、爱国敬业、服务社会的企业家精神。① 维护好企业家的合法权益,有利于提高企业家干事创业的积极性和创新激情,为更好地积累社会财富、创造就业岗位、促进经济社会发展、维护社会和谐稳定作出积极贡献。当前,我国经济发展属于市场经济和法制经济并行的特殊利好时期,经济结构处于结构调整和不断升级改造的特殊过程,对法制的需求支撑空前强大。公平竞争、诚信经营的市场环境是确保市场经济健康有序发展、企业家安心创业的根本,而良好的法治环境是根本的保障。为市场经济的健康发展营造良好的法治环境,是检察机关履行法律监督职责的具体要求和体现。

(二) 实践依据

《中华人民共和国宪法》第13条第1款规定,公民的合法的私有财产不受侵犯;我国《公司法》第5条第2款规定,公司的合法权益受法律保护,不受侵犯。企业家的合法权益,归根结底,就是公民合法的私有财产。我国宪法和公司法的相关法律规定,是保护企业家合法权益最直接的实践依据。2017年9月8日,中共中央、国务院出台了《关于营造企业家健康成长环境弘扬优秀企业家精神更好发挥企业家作用的意见》,该意见的出台,是国家重视保护企业家合法权益的体现和要求,为树立企业家干事创业的信心和激情创造了良好条件。为深入贯彻落实中央精神,最高人民检察院出台了《关于充分发挥职能作用营造保护企业家合法权益的法治环境支持企业家创新创业的通知》(以下简称《通知》),要求各级检察机关结合检察工作实际,综合发挥打击、预防、监督、教育、保护等职能,为企业家健康成长和事业发展营造宽松法治环境,切实强化企业家干事创业信心和激情。《通知》的出台,是检察机关发挥检察职能、发出检察声音的具体体现,这意味着检察机关在保护企业家合法权益方面责任重大并且大有作为。

三、企业家合法权益受侵害的现状分析

最高人民法院曾发布了一批人民法院充分发挥审判职能作用保护企业家合法权益的典型案例,典型案例包含了合同履行、知识产权、行政管理、刑事犯罪、诉权保护和国家赔偿等类型,分别体现了加大知识产权的保护力度、督促政府及行政执法机关规范行政管理行为、纠正违法行政行为、加大国家赔偿力

---

① 张玉利:《保护企业家合法权益弘扬优秀企业家精神》,载《第一财经日报》2017年9月27日。

度等全面保障企业家人身、财产权利和自主经营权的要求。笔者通过对最高人民法院发布的典型案例进行查阅，并结合检察机关民事行政检察工作实践情况，对企业合同纠纷致利益受损、个别行政执法机关违法行政致利益受损、社会黑恶势力干预甚至控制等企业家合法权益遭受侵害的类型进行分析。

（一）合同纠纷致企业家合法权益受损

合同纠纷致利益受损是企业家合法权益遭受侵害最典型、最普遍的现象之一。实践当中，因合同纠纷致利益遭受巨大损失的案例比比皆是。合同双方（或多方）当事人产生合同纠纷，致合同无效或难以继续执行，对双方当事人的利益均可造成难以估量的损失，这是第一层面的损失；如果合同双方当事人因合同纠纷诉诸人民法院，因人民法院的审判、执行不公造成企业家合法权益受损的，则属第二层面的损失。

（二）个别行政机关违法行政致企业家合法利益受损

企业在发展过程中，离不开相关行政主管部门的监督管理。如，经营餐馆要受到市场监管、卫生等部门的监督管理，发展采矿业要受到国土、林业、环保部门的监督管理。行政主管部门在企业发展过程中发挥着宏观调控的职能作用，具有不可替代性的积极作用。而行政机关在履行监督管理过程中，因违法行政致企业合法利益受损的情形同样无可避免。这里的违法行政包括行政不作为及行政乱作为。实践中，行政乱作为致企业合法利益受损的情形占多数，如随意下发行政处罚决定书，随意责令关停整治等，对企业经营的连续性和持续性造成影响，从而影响企业家合法权益。

（三）社会黑恶势力干预控制致企业家合法权益受损

社会黑恶势力干预、控制企业经营发展，使企业所有者丧失对企业的控制权和话语权，无疑是侵害企业家合法权益的最严重的违法犯罪手段。

四、民事行政检察工作在保护企业家合法权益工作中的作用

检察机关是我国法律监督机关。民事行政检察工作作为检察机关法律监督工作的一部分，在履行法律监督职责中起着举足轻重的作用，特别是检察机关反贪、反渎部门转隶以后，责任更加重大。其工作职责主要表现在以下几个方面：一是民事、行政审判监督职能，即对人民法院生效民事、行政判决、裁定的监督；对审判人员在民事、行政审判中各种违法行为的监督；对人民法院民事、行政执行活动的监督；对虚假诉讼、虚假调解的监督；二是对行政机关履职情况的监督，即行政机关在执法过程中不作为或乱作为的，检察机关有权督促相关行政执法机关依法履职，依法行政；三是提起公益诉讼，即检察机关在

履行职责中发现污染环境、侵害众多消费者合法权益等损害社会公共利益的行为，可以向人民法院提起民事公益诉讼；对生态环境保护、国有资产保护等领域公共利益遭受损害而有关单位怠于履行职责或履行职责不到位的，检察机关可以向人民法院提起行政公益诉讼。结合企业家合法权益受侵害的现状分析来看，民事行政检察工作在保护企业家合法权益方面发挥着举足轻重的作用。

（一）民事行政检察工作在合同纠纷致企业家合法权益受损中的作用

因合同纠纷致利益受损产生的违约责任或侵权责任，企业家权益受损的，可依据民法及侵权责任法相关规定获取救济。因合同纠纷诉诸人民法院的，人民法院在审判、裁决及合同标的执行过程中存在违法行为，致企业家合法权益受损的，企业家可依法向检察机关民事行政检察部门申请监督，符合依职权进行监督情形的，检察机关也可以主动监督。检察机关民事行政检察部门受理审查后发现，人民法院在审判、裁决及执行过程中确实存在违法行为，致企业家合法权益受损的，检察机关民事行政检察部门可依据人民检察院民事诉讼监督规则相关规定进行监督处理，切实维护企业家合法权益。

（二）民事行政检察工作在个别行政机关违法行政致企业家合法利益受损中的作用

个别行政机关在履行监督管理过程中，因违法行政致企业家合法权益受损的，检察机关民事行政检察部门可依据《人民检察院民事诉讼监督规则》第112条第4项的规定，向相关行政执法机关发出督促履职检察建议，要求行政执法机关进行整改，纠正违法行政行为；如企业家因行政机关违法行政致利益受损，依据行政诉讼法第12条规定将行政机关诉诸人民法院的，人民法院在审判活动中存在违法行为的，检察机关民事行政检察部门可依据人民检察院行政诉讼监督规则等法律规定依法对人民法院审判活动进行监督。

（三）民事行政检察工作在社会黑恶实力干预、控制企业致企业家合法权益受损中的作用

社会黑恶势力干预、控制企业经营活动的违法犯罪行为，不仅对企业家合法权益造成巨大损害，更严重破坏市场经济秩序及百姓生产生活。2018年1月，中共中央、国务院发出《关于开展扫黑除恶专项斗争的通知》，2018年2月，最高检联合最高法、公安部、司法部发布了《关于依法严厉打击黑恶势力违法犯罪的通告》，扫黑除恶专项斗争全面拉开序幕。检察机关作为法律监督机关，在扫黑除恶专项活动中发挥着举足轻重的作用，但仅仅依靠单兵作战是远远不够的。在开展扫黑除恶专项斗争过程中，相关职能部门必须形成合力，才能确保工作取得实效。检察机关民事行政检察部门在扫黑除恶斗争中同

样责任重大。民事行政检察部门在履行职责中,如发现黑恶势力干预、控制企业等违法犯罪案件线索,应及时将案件线索移交本院侦监部门及公安部门,并配合相关职能部门做好案件办理工作。

（四）提起公益诉讼

《人民检察院提起公益诉讼试点工作实施办法》第1条规定,人民检察院在履行职责中发现污染环境、食药品安全领域侵害众多消费者合法权益等损害社会公共利益的行为,在没有适格主体或者适格主体不提起诉讼的情况下,可以向人民法院提起民事公益诉讼;《中华人民共和国行政诉讼法》第25条第四款规定,人民检察院在履职中发现生态环境保护、食药品安全、国有财产保护、国有土地使用权出让等领域负有监督管理职责的行政机关违法行使职权或者不作为,致国家利益或社会公共利益受到侵害的,应当向行政机关发出检察建议,督促其依法履职,行政机关不依法履职的,人民检察院依法向人民法院提起诉讼。根据上述法律规定,检察机关有权提起民事或行政公益诉讼,以维护国家或社会公共利益。社会公共利益,换言之,就是多数人的个人利益,社会公共利益涵盖了个人利益,社会公共利益一旦受到侵害,个人利益必然遭殃,而社会公共利益得到有效维护,则个人利益就得到了合法保护。实务中,因他人或行政机关的违法行为致社会公共利益受损,而个人利益也受到波及和侵害的事例数不胜数。企业家在经营活动中,因他人或行政机关的违法行为致社会公共利益受损,企业家合法利益也受到侵害的情况下,检察机关民事行政检察部门可依法提起民事或行政公益诉讼,既维护了社会公共利益,企业家合法权益也能得到较好的保护。

（五）上门普法,强化法律宣传教育

企业家合法权益遭受侵害的原因之一,就是对相关法律法规认识不够,运用法律手段保护自身合法权益的意识不够强。检察机关作为法律监督机关,也承担着法律宣传教育的职责。民事行政检察部门作为与行政机关、企事业单位接触最多的检察机关职能部门,在履行工作职责的过程中,可同时对行政机关、企事业单位开展法律宣传教育工作,这也是履行职责的体现和要求。通过开展法律宣传教育工作,一方面,使相关行政执法机关能够依法行政,正确履行行政管理和监督职责,避免因行政违法行为对相关企业合法权益造成损害;另一方面,使企业家树立良好的法律意识和维权意识,善于运用法律手段保护自身合法权益。

检察机关保护企业家合法权益情况分析
——以兴义市人民检察院 2015 – 2017 年工作情况为视角

何志艳[*]

为进一步强化保护企业家合法权益专项工作，推动兴义市经济健康持续发展，发现并解决检察机关在办理涉企案件（此处及本文以下涉企均为涉及侵犯企业及企业家合法权益和对企业家涉嫌犯罪案件）时遇到的困难，研究推动保护企业家合法权益工作的有效对策。本文对 2015 – 2017 年兴义市人民检察院涉企案件进行了专题调研，深入分析工作中存在的问题及原因，以厘清办案思路，提出相应的对策和建议。

一、基本情况

（一）基本数据

2015 年受理涉企审查逮捕案件为 18 件 24 人，其中批准逮捕侵犯企业或企业家人身权、财产权或经营自主权等合法权益犯罪（企业家为被害人）案件为 10 件 12 人，对企业家涉嫌犯罪案件不批捕为 5 件 7 人；2016 年受理涉企审查逮捕案件为 43 件 62 人，其中批准逮捕侵犯企业或企业家人身权、财产权或经营自主权等合法权益犯罪（企业家为被害人）案件为 31 件 45 人，对企业家涉嫌犯罪案件不批捕为 6 件 7 人；2017 年受理涉企审查逮捕案件为 43 件 65 人，其中批准逮捕侵犯企业或企业家人身权、财产权或经营自主权等合法权益犯罪（企业家为被害人）案件为 33 件 55 人，对企业家涉嫌犯罪案件不批捕为 5 件 5 人；对涉企案件监督撤案（企业家为犯罪嫌疑人）为 3 件 3 人、对涉企案件监督立案（企业家为被害人 3 件 3 人）。

---

[*] 作者单位：贵州省兴义市人民检察院。

时间（年）	批准逮捕侵犯了企业或企业家人身权、财产权或经营自主权等合法权益犯罪（企业家为被害人）		对企业家涉嫌犯罪不批准逮捕	
	件	人	件	人
2015	10	12	5	7
2016	31	45	6	7
2017	33	55	5	5

（二）案件特点

1. 从整体案件数量看，上升幅度明显。2015年受理涉企审查逮捕案件为18件24人；2016年受理涉企审查逮捕案件为43件62人，与2015年同期相比，案件数上升138.89%，人数上升158.33%；2017年受理涉企审查逮捕案件为43件65人，与2016年同期相比，案件数持平，人数上升4.83%。

2. 批准逮捕侵犯企业或企业家权益占受理涉企案件比例较高。2015年批准逮捕侵犯企业权益案件为10件12人，占受理涉企案件数的55.56%、人数的50%；2016年批准逮捕侵犯企业权益案件为31件45人，占受理涉企案件数的72.09%、人数的72.58%；2017年批准逮捕侵犯企业权益案件为33件55人，占受理涉企案件数的78.57%、人数的84.62%。

3. 涉企案件涉及罪名较广。主要涉及故意伤害罪、非法拘禁罪、盗窃罪、诈骗罪等侵犯企业家财物、人身安全犯罪。

4. 立案监督数据从无到有。2015年、2016年对涉企案件监督撤案、立案均为空白，2017年对涉企案件监督撤案（企业家为犯罪嫌疑人）为3件3人、对涉企案件监督立案（企业家为被害人3件3人）。

二、主要做法

（一）加强审查逮捕工作，有效打击侵犯企业及企业家合法权益犯罪

加强审查逮捕工作，提高审查案件能力，有效打击侵犯企业及企业家合法权益犯罪。在办案过程中，依法严格区分经济犯罪与经济纠纷的界限、企业正当融资与非法集资的界限，严格区别企业经济活动中不规范行为与犯罪行为，准确把握经济违法行为入罪标准，严格遵循罪刑法定、疑罪从无原则，确保依法、准确、及时、有效打击侵犯企业财产权、企业投资者、管理者和从业人员人身安全的犯罪，维护企业良好的经营环境。

(二) 加强监督工作，为依法保护企业家合法权益营造健康法治环境

为依法保护企业家合法权益营造健康法治环境，切实提升企业家安全感，促进本市经济持续健康发展，不断加强刑事立案活动的监督，结合破坏生态环境资源犯罪和危害食品药品安全犯罪专项立案监督活动，加大对制假售假、金融诈骗、侵犯知识产权等犯罪的监督力度。重点监督公安机关以刑事手段插手经济纠纷，重点监督纠正涉及侵犯企业合法权益案件应当立案而不立案、不应当立案而立案、违法使用刑事手段插手经济纠纷，着力加强对涉及企业家债务纠纷等案件的监督，全力维护企业家合法权益和司法公正。2017年，监督公安机关撤案涉及合同诈骗罪2件2人，两案件承办人综合全案证据依法认定两案件均属于普通的民事经济纠纷，不符合刑事案件立案条件，依法监督公安机关撤案，公安机关已依法撤案。通过对两起案件的处理，体现了检察机关维护企业家合法权益的法律效果。

(三) 加强介入工作，适时掌握涉企案件进展情况

在办理涉企案件过程中，加强介入工作，通过查阅公安机关警综平台、询问办案人员、座谈、联席会议等方式了解案件立案侦查情况，及时与公安机关进行沟通协调，对公安机关的侦查措施、取证方向、取证程序等提出侦查取证意见，引导侦查机关全面收集、固定证据，以此掌握涉企案件进展情况，同时确保案件侦办效率和质量。

(四) 正确行使司法裁量权，依法保护涉案企业的正常活动

依法正确行使司法裁量权，牢固树立并切实践行"正确批捕是成绩，正确不批准逮捕是主要成绩"的业绩观。将"谦抑、审慎、文明"理念作为办案指导思想，在办理涉企案件时，主动要求公安机关提供全面详实的逮捕必要性证据，同时通过讯问犯罪嫌疑人、听取律师意见等方式对犯罪嫌疑人是否具有社会危险性综合做出判断，减少办案对企业正常经营活动的影响。针对企业投资者、管理者和从业人员的犯罪嫌疑人，坚持"当宽则宽、当严则严"的原则，慎重作出批捕决定。对于证据已经收集固定的，采取取保候审足以防止其发生社会危险性的犯罪嫌疑人，原则上不批准逮捕。2015－2017年对企业家涉嫌犯罪以无逮捕必要不批准逮捕12人，占不批捕案件人数的63.16%。

三、存在的问题及困难

(一) 检察人员审查案件能力有待提高

检察人员素质能力与新形势新任务要求存在差距。在办理涉企案件中，若遇到知识产权、金融、互联网等领域，属于民事纠纷还是刑事犯罪一时之间难

以认定、审查甄别证据、引导侦查取证、信息技术运用的能力有待加强。

（二）公安机关不注重企业家涉嫌犯罪案件的社会危险性证据收集

公安机关在办理涉及民营企业及其从业人员犯罪案件过程中，往往注重收集有罪证据而忽视无罪证据，注重是否吸毒、是否有前科等反向要素证据的收集，忽视自首、立功正向要素证据的收集。在办理案件中，一些公安干警对犯罪嫌疑人社会危险性的证据往往都是以"情况说明"来体现，而未调取相关证据材料装入卷内。

（三）检察机关提前介入提出的建议缺乏执行效率

对公安机关侦查案件进行介入后，提出建议对公安机关缺乏法律约束力，公安机关是否采纳提前介入的建议和建议，法律不强制要求公安机关进行反馈，并说明是否采纳的理由，使得有时提前介入流于形式。

四、对策及建议

（一）增加知识储备，提高案件审查能力

坚持"以审判为中心"原则，通过自学、业务培训等方式，增加侦监干警的知识储备，提高侦监干警在知识产权、金融、互联网等领域证据甄别能力，同时对涉企案件定期进行分析，总结经验，切实提高案件审查能力。

（二）坚持参与社会治理，加强堵漏建制

通过采取检察建议、面对面座谈等形式，参与社会治理，促进政府职能部门积极履行管理职责，防范职能失效致使黑恶势力蔓延，侵犯产权和企业家合法权益。同时以普法讲座、法治讲座等方式，帮助各类产权主体和企业家强化产权保护意识，防范各类侵权行为。

（三）建立回访机制

针对涉案企业和企业家工作开展情况、工作规划等制定回访机制，广泛了解企业和企业家在生产经营中遇到的困难和问题，对于机制性、管理性以及政策性执行中存在的问题，及时向相关职能部门通报，积极协助职能部门强化管理，及时解决企业和企业家提出的问题，对企业和企业家切实做到事后跟踪了解，深入调查研究，推动企业和企业家经济健康稳步发展。

发挥检察职能营造依法保护企业家合法权益法治环境的路径探索

——以毕节检察机关司法实践为视角

廖显东　廖国柳[*]

检察机关作为国家的法律监督机关，是社会主义法治建设的重要力量，司法体制改革和监察体制改革后，能够更加集中精力聚焦主责主业，扛起法律监督的大旗，参与和实践营造良好法治环境，捍卫法治的权威。中共中央、国务院《关于营造企业家健康成长环境弘扬优秀企业家精神更好发挥企业家作用的意见》及最高检《关于充分发挥职能作用营造保护企业家合法权益的法治环境支持企业家创新创业的通知》要求，充分体现了顶层设计对企业家群体、企业家精神、企业家作用的高度重视。党的十九大报告中指出，"激发和保护企业家精神，鼓励更多社会主体投身创新创业"。

贵州检察机关积极响应中央、最高检的安排部署，集中开展了2018年"依法保护企业家合法权益营造企业健康发展法治环境专项工作"（以下简称专项工作）。动员部署后，毕节市检察机关主动作为，迅速展开行动，在保护企业家合法权益方面取得了显著成效，实现了专项工作的"开门红"。如何顺应试验区法治建设需要，充分发挥检察职能，切实找准依法保护企业家权益、服务企业家创新创业的切入点和着力点，为企业家健康成长和事业发展营造法治环境，是当前检察工作的努力方向和热点话题。

一、毕节市检察机关开展专项工作情况

专项工作开展以来，毕节市检察机关找准自身定位，增强围绕中心、服务大局的自觉性，将专项工作与扫黑除恶专项斗争、智慧检务建设等工作相融合，同频共振；以专项工作为抓手共同推进各项检察业务工作和当地法治环境

---

[*] 作者单位：贵州省毕节市人民检察院。

建设同步发展。前期经过积极谋划部署，加大了与工商联、市场监督管理局等部门的沟通协调，同时，组织全市两级院业务部门负责人分别开展了"送法进企"，召开了律师、"两长"座谈会等活动，走访了万丰国际商贸城、碧海工业园区、铜仁商会等企业组织，实地参观了商铺、厂房，现场解答了企业家们经营中碰到的法律疑难问题，通报了典型案例，宣传了检察机关在专项工作中发挥的检察职能，同时，综合发挥打击、监督、教育、保护等检察职能，为企业家健康成长和事业发展营造宽松环境，增强和激励企业家创新创业信心，提供了更加优质的检察服务和更有力的司法保障，取得了良好的社会效果。截至 2018 年 6 月，全市检察机关公诉部门受理企业或企业家为受害人案件 187 件 287 人，提起公诉 95 件 147 人；受理企业或企业家为犯罪嫌疑人、被告人案件 53 件 78 人，作出不起诉决定 18 人；受理企业或企业家为犯罪嫌疑人、被告人二审、审判监督程序案件 5 件 9 人；民行部门受理涉企民事案件 276 件 278 人，涉案金额 9297 万元，为企业挽回经济损失 26.39 万元；发现公益诉讼案件线索 187 件，起诉 2 件 2 人，判决 2 件 3 人。同时，始终坚持党对检察工作的绝对领导，主动向当地党委、人大、政府、政协和政法委等报送专项工作信息 50 次，相关领导作出肯定性批示 23 次。为深入推进专项工作和营造依法保护企业家合法权益法治环境，提供了强有力的司法和组织保障。

二、毕节试验区营商法治环境基本情况及存在的问题

毕节位于贵州省西北部，身处乌蒙山区腹地，是贫困人口最多的集中连片特困山区。"开发扶贫、人口控制、生态建设"为主题的毕节试验区是时任贵州省委书记胡锦涛同志于 1988 年倡导并经国务院批准建立的。毕节试验区成立三十周年以来，在党中央和省委的坚强领导和关心下，营商环境不断优化，招商引资成绩不断得到突破，越来越多的外省商人投入到毕节的开发建设中，但受历史原因、地理位置和水文地形的影响，毕节试验区投资硬环境仍处于"资金缺乏→基础设施落后→欠发达、欠发展、欠开发、欠开放→投入不足"的恶性循环中，而营商法治这一软环境更是被多数外地投资商诟病，对来毕投资望而却步。

（一）极少数行政人员执法理念有偏差

部分行政执法人员特别是个别领导干部在观念上仍未真正树立法治型政府和服务型政府的理念，未真正认识到依法行政、规范行政行为对推动当地经济建设发展的重要性。个别领导习惯于靠行政命令办事，以令管人，对依法行政缺乏全面的认识和理解，少数执法人员执法方式更是简单粗暴，影响了当地营商法治环境的建设。

（二）腐败现象仍然存在

党的十八大以来，党中央利剑高悬，重拳出击，老虎苍蝇一起打，达到了反腐倡廉工作的又一高度。打虎拍蝇，净化了毕节政治生态环境，为招商引资清理了腐败毒瘤，但仍有某些官员顶风作案，禁而不止，一定程度影响了毕节风清气正的良好政治环境，挫伤了投资商的投资热情和信心，尤其是在全市打响"113"脱贫攻坚战的节骨眼上，某集团结对帮扶县党委书记的落马，使得当地群众一片哗然，外地商人更不知所措。

（三）监管不够有力

对行政行为的监督，虽有人大、舆论、民主等监督方式，但效果一直不甚理想。某些官员对监督采取高高挂起甚至是视而不见的态度，导致监督乏力。同时，失职追责制度虽已制定，但落到实处且从严惩处的少，未能引起政府部门工作人员的足够重视，不利于毕节试验区营造亲商、爱商、扶商、护商、安商的优质营商法治环境。

三、毕节市检察机关发挥检察职能营造保护企业家合法权益法治环境的路径探索

毕节试验区30年的发展，旧貌换新颜，离不开营商环境改善后大量外来资金的涌入。经过30年的摸爬滚打，试验区打拼出了属于自己的"毕节经验"，特别是党的十八大以来，当地政府和各职能部门在优化营商环境中做了大量工作，如"法治毕节"创建至今，毕节的治安环境改善有目共睹，重大刑事案件逐年递减，得到了外地商客的纷纷点赞；"五城同创"工作的开展，提升了全市居民的文明素养，进一步推动了毕节营商环境软硬件的提档升级；"19456"工程建设，很大程度上改变了毕节"脏乱差"的局面，为下步招商引资打下了更加坚实的城市设施建设基础等。为更加积极有效的保护企业家合法权益，笔者结合前期专项工作开展，对检察职能的充分发挥提出几点建议：

（一）建章立制，营造制度化法治环境

目前，全市两级院均成立了依法保护企业家合法权益专项工作领导小组，制定了《实施方案》，开展了专项行动，取得了阶段性效果。为进一步扩大成果，得到更多群众特别是企业家的赞成认可，检察机关还需要进一步加强与工商联、商会、法院等外部门的沟通协调，建立内外衔接的制度机制，形成保护企业家合法权益的合力，营造全市联动、全民参与的法治环境。尤其是要巩固、拓展和不断深化与工商联的沟通联系机制，畅通联系渠道，检察机关要积极主动，经常性地听取工商联人士意见建议，更好地把握企业家司法需求，共

同推进法治毕节建设,促进经济高质量发展;要充分运用检察建议等方式,支持发挥商会的调解作用,完善检商对接机制,帮助企业和行业堵塞漏洞,提供更加优质、便捷的多元化检察服务;要把好审判监督关,与法院对接完善失信被执行人信用监督、警示和惩戒机制,积极推进企业社会信用体系建设。

(二) 主动作为,营造公益化法治环境

检察机关提起公益诉讼改革试点为期两年,贵州省作为试点省份之一,全市检察机关在两年内主动作为,进行了一系列有益地探索,提供了不少可复制、可借鉴的"毕节模式"。从早期"摸着石头过河"到最高人民检察院设立公益诉讼检察厅,标志着公益诉讼在全面依法治国的当下取得了历史性进展,检察机关结合司法办案实际,作出的探索得到了肯定。将公益诉讼打造成检察监督的新名片,进一步依法推进检察机关提起公益诉讼工作,积极探索开展对履行职责中发现的市场监管等部门违法行使职权或者不作为、乱作为,造成国家和社会公共利益受到损害案件的监督。特别是对侵害企业家合法权益的违法行为,检察机关要主动作为,通过发出检察建议和发布典型案件等方式对外通报,形成保护企业家合法权益的良好社会氛围,努力达到打击一个,警示一片的良好社会效果和法律效果。

(三) 补植复绿,营造生态化法治环境

党的十九大报告指出"绿水青山就是金山银山"。毕节以"生态建设"作为试验区发展的主题,在生态与发展中找到了平衡且相互促进的经济建设好路子,优美的自然环境吸引了更多的外地商人到毕节"开疆拓土""大展拳脚"。全市检察机关要在市委、市政府的带领下,进一步发挥打击破坏环境资源和生态领域内其他刑事犯罪,推动绿色毕节行动。"补植复绿"的生态检察工作方式,不仅打击了违法犯罪行为,又在事后采取了积极的补救措施,将违法犯罪行为对环境的破坏降到了最低点,得到了广大企业家的认可。下步工作中,检察机关要将环保型企业作为专项工作的重点保护对象,继续在保护生态上加强双方的对接交流,做到"一箭三雕":既保护了企业家的合法权益,又打击了违法犯罪,又保护了毕节生态环境。发挥好检察生态职能,为生态建设开出良方,在生态保护工作中谋划出企业推动当地经济发展的好路子。

(四) 以案释法,营造普法化法治环境

党的十八届四中全会提出的"坚持把全民普法和守法作为依法治国的长期基础性工作","实行国家机关'谁执法谁普法'的普法责任制",为法治宣传教育工作的深入发展指明了方向。全市检察机关要始终把"谁执法、谁普法"责任制抓在手上,落到行动上,把司法现场变成向群众宣传普及法律的第一现场,既当"护法卫士",又做"普法的先锋"。要认真贯彻落实《最高人民检察院关于实行检察官以案释法制度的规定》,抓住"法治毕节"创建良好契机,进一步深入开展司法办案释法说理工作和"企业家接待日"活动,同时充分发挥毕节市人民检察院新时代干部职工讲习所作用,开展"送法进企业""送法进社区""送法进校园"等普法活动,为有困难、有诉求的企业家、群众现场进行答疑解惑、出谋划策,把法治企业、社区和校园创建工作与企业、居民、中小学生守法教育等工作有机结合,引导企业、居民和学生懂法、遵法、用法。要充分利用毕节市反腐倡廉预防职务犯罪警示教育基地升级为"法治毕节"创建宣传警示教育基地的机会,紧紧围绕"法治毕节"创建六大工程,做大做强法治教育平台载体,推动法治宣传教育创新发展,在全市形成遵法学法守法用法的良好氛围。

(五)严打犯罪,营造监督化法治环境

党的十八届四中全会通过的《中共中央关于全面推进依法治国若干重大问题的决定》指出:检察机关在履行职责中发现行政机关违法行使职权或者不行使职权的行为,应该督促其纠正。检察机关要在行政监督中建立行政执法检察监督平台,完善行政执法与刑事司法衔接机制,利用大数据、人工智能等技术手段,强化资源信息互通互享,夯实监督基础。要履职好批捕、起诉工作职责,依法惩治侵犯企业知识产权等各类产权、背信损害企业利益以及其他严重扰乱市场秩序的犯罪。对利用公权力严重侵害企业家合法权益、勾结黑恶势力在特定经济领域形成非法控制、受害者人数众多、引发群体性事件等严重侵犯产权的犯罪案件,要严厉打击,对重大案件实行挂牌督办。要坚持宽严并重,对轻微刑事案件依法从宽处理的同时,对于严重侵害国家、集体和他人利益、破坏公平竞争、诚信经营市场环境的重大犯罪,要依法严肃打击。不断加强司法监督,切实维护保护企业家合法权益和企业的正常经营活动,进一步优化试验区企业健康发展法治环境。

基层检察机关保护企业家
合法权益的路径和方法探讨

陈毓瑞　吴　杰[*]

企业家是经济活动的重要主体,企业兴则经济兴,企业强则国家强,保护企业家合法权益就是保护经济发展,以习近平同志为核心的党中央高度重视企业队伍建设,对激发和保护企业家精神作了一系列决策部署。中共中央、国务院印发了《关于营造企业家健康成长环境弘扬优秀企业家精神更好发挥企业家作用的意见》、最高人民检察院印发了《关于充分发挥检察职能作用营造保护企业家合法权益的法治环境支持企业家创新创业的通知》、最高人民法院印发了《关于充分发挥审判职能作用为企业家创新创业营造良好的法制环境的通知》……各部门对保护企业家合法权益均高度重视,检察机关作为国家的法律监督机关,是社会主义法制建设的重要力量,是营造良好法治环境的重要参与者与实践者,充分发挥检察职能作用,营造保护企业家合法权益,对促进企业家公平竞争、激励企业家干事创业的法治环境,弘扬企业家精神,促进经济持续健康发展和社会稳定有着重要意义。现根据我院开展此项工作的情况,浅析基层检察机关保护企业家合法权益的路径和方法。

一、基层检察机关开展保护企业家合法权益的主要做法

基层检察机关通过加大对涉案企业的打击与保护,以宽严相济的刑事政策并用来达到保护企业家合法权益的目的,在保护企业家合法权益工作中,主要从以下几方面做工作:

（一）慎用批准逮捕,宽用羁押审查变更

对涉案企业家的羁押措施谨慎运用。企业家是经济活动的主心骨,是企业的根本和中心力量,企业的正常运行离不开企业家的决策和领导,因此,涉案

---

[*] 作者单位：贵州省德江县人民检察院。

企业家的人身自由，直接影响着企业的发展决策与运行，为了保障涉案企业的发展态势，在办理涉案企业家案件时，基层检察院始终坚持罪刑法定与宽严相济的刑事政策。一是在审查批捕阶段，积极开展社会调查，对限制涉案企业家的强制措施慎重考虑，尽可能对公安报请批准逮捕的涉案企业家不予批准逮捕；二是在审查起诉环节，加强对涉案企业家羁押必要性审查力度，凡符合取保候审或者监视居住条件的，便建议对其改变强制措施为取保候审或者监视居住。如吴某某、陈某某拒不支付劳动报酬案，该案移送检察院审查起诉后，在考虑其所在企业运行与发展情况下，当吴某某、陈某某积极配合审查起诉工作，积极筹集资金支付民工工资时，决定对其改变强制措施为取保候审，从而让其所在企业恢复生命力。三是加强对涉案企业财物的保护力度。加强监督侦查机关对涉案企业财物的查封、扣押、冻结，督促其严格区分涉案财物与非涉案财物、个人财物与企业财物、违法所得财物和合法所得财物，对与案件无关的未涉案物品，监督侦查机关及时解除有关财产保全措施，以此释放企业活力。

（二）宽用不起诉及量刑建议，严用行政处罚，加强法治教育考察

给企业、企业家一个机会，便是给当地的经济发展增加一份活力，更能调动企业的积极性和主动性，充分发挥企业家的社会作用。一是对涉案企业做到保护为主，打击为辅。基层检察院在办理涉案企业案件时，牢固树立谦抑、审慎、善意、文明、规范办案理念，在依法办案过程中，将优先考虑企业生存发展，严格执行刑事法律和司法解释的同时，坚决防止利用刑事手段干预经济纠纷，坚持罪刑法定原则，对企业在生产、经营、融资等活动中的创新行为，如未违反刑法的有关规定，不以犯罪打击，对确属犯罪企业家，在审查起诉过程中，严格执行法律规定的同时，也尽量考虑企业及企业家的发展需要，对符合不起诉条件的，尽可能对其作出不起诉决定，以此挽回企业家的信用，从而让其享受更多国家给予的如贷款、扶持等优惠政策，从而为企业发展壮大创造更多的条件。如覃某某、张某某滥伐林木案，该案是德江县某药植开发有限责任公司为了发展天麻，便由总经理张某某向农户购买林木，副总经理覃某某组织砍伐事宜，但因未办理林木采伐许可证，致使滥伐林木立木蓄积30.719立方米，幼树1262株。在审查起诉中，考虑到某药植开发有限责任公司是德江县人民政府指定的天麻发展示范点，系我县每年的纳税大户，且张某某、覃某某的行为是为了公司的发展需要，同时考虑滥伐林木蓄积不大，根据法律规定可对其不予追究刑事责任，据此，检察院对覃某某、张某某及其所在的德江县某药植开发有限责任公司作出不起诉决定。该决定作出后，张某某、覃某某对当地的司法机关和政府工作表示更加感谢和肯定，同时积极投入生产，成为了我

县的天麻生产大户，带动了我县天麻产业的发展。二是出庭公诉时"法下"留情。涉罪企业家，如不符合不起诉条件，起诉至法院时，依法建议法院对其予以从轻或者减轻处罚，建议尽量对其处以非监禁刑，对附加经济刑建议予以酌情从轻处罚。如宋某某非法占有农用地案，在出庭公诉时，便建议对宋某某及其所在公司从轻处罚。宋某某与宋某、陈某某三人合伙开办了"德江黔中某混凝土有限公司"，宋某某任该公司法人代表。公司成立后，拟在德江县龙泉乡八一社区沟里头组梅子丫处建混凝土搅拌站，在没有得到德江县人民政府的批准，也未经县国土资源局审批和办理相关许可证件的情况下（以上手续正在办理之中），宋某某便与八一社区沟里头组村民签订协议征收或者租赁林地或者耕地，随后对以上土地平场后安装上了混凝土搅拌设备，非法占用农用地10280.2807平方米（15.42亩），改变所占耕地用途，造成农用地原有植被被完全破坏，无法恢复。检察院起诉指控宋某某与所在公司构成非法占有农用地罪，发表公诉意见时，认为该公司建设具有政府批复，有利于德江县的城市发展，因而建议法庭对被告人从轻处罚，判处非监禁刑。最终，宋某某因犯非法占有农用地罪被法院判处有期徒刑3年，缓刑4年，并处罚金人民币5000元，德江黔中某混凝土有限公司犯非法占有农用地罪被法院判处罚金人民币50000元。判决后，宋某某表示，该公司的相关手续已经申办好，今后一定合法生产，不再违反相关法律，同时表示将加大生产力度，为德江建设添砖加瓦。三是对侵犯企业家合法权益的犯罪行为保持严打态势。对侵犯企业合法生产经营的犯罪行为，检察院坚持做到依法提前介入，依法快捕快诉，确保案件在检察环节的畅通。同时，加强对司法机关、行政机关、权力机关的监督力度，严厉打击有关工作人员滥用职权、徇私枉法等阻碍企业发展的各类案件，积极开展"严打"整治行动，有效维护企业家的合法权益，为企业发展创造良好的经济发展环境和工作环境。

（三）注意处理好保护与打击的政治效果、法律效果和社会效果

保护企业家合法权益时，我们应当注重政治效果和法律效果、社会效果的有机统一，一味强调对企业家的保护而不考虑社会效果，这达不到国家关于保护企业家合法权益的初衷，因而，在对符合不起诉条件的企业家作不起诉时，我们应该到企业所在地进行公开审查，尽量听取相关人员的意见，以此作为不起诉的参考依据，当决定对涉案企业作不起诉后，要在其力所能及范围内，依法建议有关行政部门予以行政处罚，让企业家吸取教训，总结经验，从而守法经营和生产，同时要开展以案释法工作，引导企业家守法经营，妥善处理债权债务关系，力避拖欠农民工工资等行为。

（四）加大民事行政监督力度，为企业发展保驾护航

企业在生产经营活动中，常会遇到这样或那样的问题，面对行政机关和司法机关的执法不公或怠于执法，会感到求救无门，作为法律监督机关，加大民事行政监督力度，也是对企业家合法权益保护的又一重要措施。一是要监督纠正针对企业的乱罚款行为，规范行政机关执法中的乱收费、乱罚款现象，纠正行政机关执法中的滥用自由裁量权行为。二是监督纠正针对企业的乱告状行为。对企业法定代表人或管理人员受到无端举报或诬告陷害的，要及时配合有关部门认真查处，澄清事实，消除影响，切实维护企业家的合法权益和改革热情。三是监督纠正针对企业的裁判不公行为。充分发挥民事行政检察职能，依法受理侵犯企业和人员合法权益的案件，坚决纠正确有错误的判决和裁定，维护企业和人员的合法权益。四是监督纠正行政机关对企业竞争中提出的不平等条件行为，坚决维护公平正义的法治环境。

二、基层检察机关开展保护企业家合法权益活动中存在的问题

在加强企业家合法权益保护的工作中，基层检察院虽然做了许多积极探索，但仍存在一些不足和问题。

（一）企业家期望高，检察职能有限

2018年5月份，检察院召集县里各部门及具有代表性的企业家开了保护企业家合法权益的座谈会。会上，部分企业家提出了审批程序简单化，企业竞争环境公平化、要求县领导人员重视企业发展态势等建议，针对于此，检察机关仅有监督职能，检察职能有限，不能切实解决企业家提出的全部问题，不能完全达到企业家的期望值。

（二）思想认识不足，工作不到位

因基层检察院检察干警年轻化，缺乏工作经验和方法，且学习领悟能力不足，思想认识有待进一步提高，工作中或多或少存在拖拉或推延现象，工作中方法不多，措施不够，与中央和上级部门提出的要求还还有一定的差距。

（三）正面宣传不够，社会效果不理想

在对涉案企业作出不起诉决定时，因说理不够清晰，宣传不到位，部分群众对此表示不理解，且因对部分企业家的处理说理不够、教育不足，部分企业家对其行为并未表现出悔过态度，因而社会效果并不理想。

三、基层检察机关保护企业家合法权益的主要措施

积极开展保护企业家合法权益，不仅是响应中央的号召和要求，也是为地

方经济发展保驾护航，作为法治环境的重要参与者与实践者的基层检察机关，可以从以下几点加强该项工作：

（一）加强教育学习，提高思想认识

组织检察干警加强对党的十九大精神、习近平新时代中国特色社会主义思想以及中共中央、国务院关于营造企业家健康成长环境弘扬优秀企业家精神更好发挥企业家作用的举措部署、最高人民检察院关于充分发挥职能作用营造保护企业合法权益的法制环境支持企业家创新创业等文件的学习，充分提高思想认识，提高政治站位和政治觉悟，切实增强责任感和使命感，把依法保护企业家合法权益的理念贯穿检察工作的各个环境，切实发挥社会主义法治对企业家合法权益的保障作用，护航现代经济体系建设。

（二）充分发挥检察职能，着力维护企业家的各项权益

党的十八届四中全会审议通过了《中共中央关于全面推进依法治国若干重大问题的决定》，要求依法保障公民的人身权利、财产权利、基本政治权利等各项权利不受侵犯，保障公民经济、文化、社会各方面权利得到落实。在保护企业家合法权益的行为中，作为检察机关，就是要加强各行政机关、司法机关、权力机关的法律监督力度，以保证企业家各项权利得以实现。一是充分发挥刑事诉讼监督职能，加强对刑事立案活动、侦查活动、审判活动的监督力度，确保涉企案件得到依法及时处理，着力保护好企业家的合法权益；二是充分发挥民事行政检察职能，加强对产权诉讼案件、涉产权虚假诉讼、恶意诉讼的监督力度，开展涉产权民事、行政案件专项监督活动，依法推进公益诉讼工作，更好地履行法律监督职能，着力构建保护企业家合法权益的多元化格局；三是充分发挥控告申诉检察职能，着力依法化解产权纠纷引发的社会矛盾。

（三）加强释法说理工作，积极开展法制宣传，着力营造尊重和支持企业家干事创业的良好社会氛围

一是对涉案企业家的不起诉工作加大公开审查、公开宣布的力度；二是积极开展社会调查走访，加强释法说理工作；三是制作典型案例，通过微电影、广播、社会团体、文艺表演等宣传方式展示企业家的社会贡献，以此增强社会各界和广大人民群众对保护企业家合法权益工作的知晓度和认可度、参与率。

（四）守住底线红线，着力构建"亲""清"新型政商关系

习近平总书记指出，要亲商、安商、富商，但不能搞成封建官僚和红顶商人之间的那种关系，也不能搞成西方国家大财团和政界之间的那种关系，更不能搞成吃吃喝喝，酒肉朋友的那种关系。新型政商关系概括起来，就是"亲""清"两个字。习近平总书记强调，面对纷繁的物质利益，要做到君子之交淡

如水,"官""商"交往要有道,相敬如宾,而不要勾肩搭背、不分彼此,要划出公私分明的界限。我们在执法办案中,同企业家交往要坦荡真诚,树立服务意识,了解企业经营情况,帮助解决企业实际困难,同企业家建立真诚互信、清白纯洁、良性互动的工作关系。鼓励企业家通过正常渠道反映情况、解决问题,依法维护自身合法权益,讲真话、谈实情、建诤言。引导更多国有企业家成为奉公守法守纪、清正廉洁自律的模范。

(五)加强向县委、人大、政府等部门汇报工作,争取获得更多支持

因检察机关职能有限,在工作中常常会遇到一些难题,这就要求我们,在下步工作中,积极向县委、人大、政府等有关部门汇报工作,一是报告工作中遇到的困难,以便取获得更多的帮助;二是报告有关做法和成绩,以获得更多肯定和支持;三是报告工作中的需求,以得到技术、资金等方面的资助;四是将工作中的线索依法移送,与各部门联动,从而开展好保护企业家合法权益。

以非法占用农用地为例浅析
如何保障砂石企业合法权益

那志伟[*]

树立和践行"绿水青山就是金山银山""像对待生命一样对待生态环境"的生态文明理念已成为全党、全社会、全体人民的共识。林地资源作为生态环境资源的重要组成部分,对统筹人与自然相和谐,保障国土生态安全和建设生态文明百年大计具有重要意义。面对生态环境保护的新形势新要求,企业在生产经营中面临了诸多涉及生态环境保护的问题。本文以本市砂石企业为例,从非法占用农用地的成因、是否构成犯罪以及对策建议进行分析,对如何保障砂石企业合法权益谈几点看法:

一、盘州市砂石企业现状

在日渐增加的砂石需求量和拥有丰富的矿山资源的基础上,我市砂石行业快速发展,为全市的各项建筑建设提供了充足供给。2015年前后我市对一些小规模矿山进行了关闭整合,砂石行业开始出现公司化、规模化的特点。目前我市69家砂石企业中,有年产量50万吨以上的中型矿山1家,其余68家均为年产量15吨左右的小型矿山。而其中因涉嫌非法占用农用地被移送审查起诉、提请批准逮捕至本院的就有35家企业,而砂石企业非法占用农用地的类型又以占用林地为主。在这种背景下,企业家创业奉献的积极性大为受挫,我市砂石企业发展前景不容乐观。

二、砂石企业非法占用林地的原因及法律适用

(一)非法占用林地的原因分析

砂石行业大量占有林地主要是在2015年关闭整合以后,原因如下:一是

---

[*] 作者单位:贵州省盘州市人民检察院。

本市地处云贵高原，以喀斯特地形地貌为主，有着丰富的石灰岩矿资源，整合后的砂石企业生产规模普遍在每年生产石灰岩矿15万吨，由于生产规模的要求，导致砂石企业要占用更多的林地来扩大开采面积。二是整合后的砂石企业要建立首采平台，采取自上而下阶梯式的方式进行露天开采，由于安全生产技术的要求，砂石企业要修建上山公路等基础设施，导致砂石企业占用林地的面积增大。三是由于行政主管部门编制砂石企业用地规划更新不及时，执行土地管理法规不严格，砂石企业对土地性质无法清楚了解，导致出现了占用林地的情况。四是砂石企业自身法律意识淡薄，认为获得了采矿许可和临时用地批准，只需与被占用土地的集体或农户签订协议、支付补偿款后就可以采石打砂。

基于上述原因，砂石行业等企业尚未办理林地的征收和占用手续，但已取得采矿许可证，临时建设用地批准等行政许可，同时签订了土地使用协议就直接采石打砂的行为是否构成违法存在争议。根据《中华人民共和国刑法》第342条规定："违反土地管理法规，非法占用耕地、林地等农用地，改变被占用土地用途，数量较大，造成耕地、林地等农用地大量毁坏的，处五年以下有期徒刑或者拘役，并处或者单处罚金"。最高人民法院《关于审理破坏林地资源刑事案件具体应用法律若干问题的解释》第1条规定，违反土地管理法规，非法占用林地，改变被占用林地用途，在非法占用的林地上实施建窑、建坟、建房、挖沙、采石、采矿、取土、种植农作物、堆放或排泄废弃物等行为或者进行其他非林业生产、建设，造成林地的原有植被或林业种植条件严重毁坏或者严重污染，并具有下列情形之一的，属于刑法三百四十二条规定的"数量较大，造成林地大量毁坏"，应当以非法占用农用地罪判处五年以下有期徒刑或者拘役，并处或者单处罚金。以及全国人大常委会关于《中华人民共和国刑法》第342条的解释中指出"违反土地管理法规，是指违反土地管理法、森林法、草原法的法律以及有关行政法规中关于土地管理的规定。"因此，我们认为砂石企业未办理林地征占用手续擅自改变林地用途的行为，数量达到立案追诉标准的，应当以非法占用农用地罪追究其刑事责任。

（二）构成非法占用农用地罪的具体分析

1. 采矿权许可与林地使用权许可是并列关系

砂石企业采用的是露天采矿的方式，而露天采矿活动中涉及的采矿许可与使用林地许可是两种不同类型的许可。这两种行政许可是独立的，不存在吸收与交叉。

《中华人民共和国矿产资源法》第3条第3款规定，勘查、开采矿产资源源，必须依法分别申请、经批准取得探矿权、采矿权，并办理登记。具体体现在国土部门核发《采矿许可证》或《探矿许可证》。

《中华人民共和国森林法》第18条规定:"进行勘查、开采矿藏和各项建设工程,应当不占或者少占林地;必须占用或者征收、征用林地的,经县级以上人民政府林业主管部门审核同意后,依照有关土地管理的法律、行政法规办理建设用地审批手续……"具体体现在林业主管部门核发的《使用林地审核同意书》。

综上可以看出,取得采矿权是依法开采矿藏的权利,不包括利用矿床表面林地的权利,取得采矿权是不以取得林地使用权为前提条件的。因此,不能认为砂石企业获得采矿许可,其占用林地的行为就合法;同时,也不能认为砂石企业未办理林地征占用手续,就否认其获得采矿权的合法性。采矿许可和林地使用许可既不能相互代替,也不能相互否定。

2. 林地征占用手续是获得建设用地批准的前置程序

由于《中华人民共和国森林法》和《中华人民共和国土地管理法》都属于基本法,这两部法律的立法目的、任务和重点不同。森林法注重生态环境的有效保护和可持续发展,土地管理法注重土地资源的合理开发和利用。

《中华人民共和国土地管理法》第57条第1款规定:"建设项目施工和地质勘查需要临时使用国有土地或者农民集体所有的土地的,由县级以上人民政府土地行政主管部门批准……"具体体现为国土部门核发《临时建设用地批准书》。

《中华人民共和国森林法》第18条规定:"进行勘查、开采矿藏和各项建设工程,应当不占或者少占林地;必须占用或者征收、征用林地的,经县级以上人民政府林业主管部门审核同意后,依照有关土地管理的法律、行政法规办理建设用地审批手续……"由于在该行政许可中,规定了"经县级以上人民政府林业主管部门审核同意"这一前置审批程序,在国土部门核发《临时建设用地批准书》前需取得林业部门核发的《使用林地审核同意书》。

目前我国的林地由林业部门按照《中华人民共和国森林法》的规定进行管理,并没有纳入国土部门的统一管理。实践中,由于国土部门在核发砂石企业的《临时建设用地批准书》时未前置审批,出现了砂石企业存在未获得林业部门核发的《林地使用审核同意书》就已获得国土部门核发的《临时建设用地批准书》的情况。因此,我们认为针对此种情况,可以作为量刑参考。

3. 非法占用林地采石打砂的行为符合非法占用农用地罪构成要件

(1)主体要件:砂石企业已工商注册登记,并具备法人资格,符合非法占用农用地罪的主体要件。

(2)主观方面要件:砂石企业具有占用并毁坏林地的故意。由于砂石企业在采石打砂之前申请了采矿许可、安全生产许可，这就证明其对采石打砂的行为要经过行政许可是有一定认识的，因此砂石企业对需要办理林地征占用手续的是有所认识的。从砂石行业普遍情况来看，由于在整合过程中林业部门出具有选址意见，意见中明确提出要办理林地征占用手续。虽然由于意志以外的原因没有办理林地征占用手续，但是仍然出现了未批先占林地的情况，也就是说非法占用林地的行为要么是砂石企业希望出现的结果，要么是砂石企业放任结果。总而言之，砂石企业的主观故意是明显存在的。

（3）客观方面要件，在未办理林地征收和占用手续的情况下，砂石企业擅自改变了采砂林地的使用方式，破坏了林地，符合非法占用农用地罪的客观方面情形。

（4）客体要件，砂石企业的行为已侵犯了国家林地管理制度。

三、非法占用林地法律法规有待完善

（一）刑法中的量刑规定不完善

根据《中华人民共和国刑法》第342条关于非法占用农业用地的规定，只能对耕地、林地等农业用地造成广泛破坏的，处5年以下有期徒刑或者拘役，并处或分别处以罚款。因此，非法占用农地罪的最高刑罚是5年。这与其他破坏环境资源犯罪的刑罚存在差别，而且只有一个量刑档次的规定，在实践中，各地量刑也呈现出地区差异大、标准不统一的特点。

（二）恢复占用林地原状的法律不明确

打击非法占用林地的违法犯罪行为是为了切实保护森林资源，在打击违法犯罪的过程中警示教育违法行为人，对广大人民群众进行积极引导，而最好的效果就是恢复被占用林地的原状。实践中，恢复原状主要针对非法占用林地的行政处罚案件，申请法院强制执行成为保证行政处罚得以落实的最后保障，然而现行法律没有明确规定法院该如何办理此类行政处罚的强制执行；对于刑事案件，尽管法院作出了有罪判决，被告也承担了刑事责任，但恢复原状的义务也往往无对应的法律规定予以监督。因此，非法占用的林地依然处于被毁坏的状态。

（三）林地征收占用手续的有关规定不切实际

《中华人民共和国森林法》第18条对开采矿藏作出了法律规定。以石灰岩矿为例，国土资源部于2004年9月30日下发的《关于调整部分矿种矿山生产建设规模标准的通知》（国土资发〔2004〕208号）文件对石灰岩矿生产建设规模的规定为："1. 大型，年产矿石大于或等于100万吨；2. 中型，年产矿

石 50 – 100 万吨；3. 小型，年产矿石小于 50 万吨。"《建设项目使用林地审核审批管理办法》第 4 条第 5 项规定："战略性新兴产业项目、勘查项目、大中型矿山、符合相关旅游规划的生态旅游开发项目，可以使用Ⅱ级及其以下保护林地，第 9 项规定，上述建设项目以外的其他建设项目可以使用Ⅳ级保护林地。"通过以上规定，我们可以看出小型砂石企业只可以使用Ⅳ级保护林地。以本市为例，砂石企业由于受地形地貌以及矿产资源分布条件限制，普遍属于小型石灰岩矿山企业，而且石灰岩矿产资源多分布于Ⅱ级及其以下保护林地，由此导致砂石企业普遍不能办理林地征占用手续。

四、关于非法占用林地的几点建议

砂石企业是各地社会经济发展的组成部分，为各地区的基础设施建设提供了重要的原材料，在生态文明建设的新形势、新要求下，在有效保护林地资源的前提下，如何引导砂石企业合法利用林地，营造健康合法的经营环境，笔者提出以下几点建议：

（一）完善非法占用林地的相关法律规定

按照罪责刑相适应的原则，为了使非法占用农用地罪的与其他破坏环境资源罪的量刑幅度一致，应对非法占用农用地罪规定两个以上不同的量刑幅度的刑罚，同时修改完善相应的司法解释，对占用林地面积数量、毁坏林地程度以及造成林地污染程度作出进一步界定。对林业行政处罚申请强制执行的情况，应对相关程序和监督执行作出明确具体的规定，确保违法行为人切实履行行政处罚决定，真正将行政处罚决定落到实处，从而有效地促进"三个效果"的有机统一。

（二）办理林地征占用手续应区分各地区实际

由于各地区生态区位、林地资源和经济社会的发展水平有所不同，使用同一个审批标准会导致出现与地区实际不适应的情况。由于石灰岩矿资源受地形地貌的影响较大，小型矿山就较为普遍，在山区进行开采必然会出现占用林地的情况，林地一般属于Ⅳ保护林地。根据《建设项目使用林地审批管理办法》，小型石灰石矿山一般无法办理林地的征收和占用手续。由于石灰石建设项目批准后，选址规划设计基本完成，此时林业部门不能否决该项目或要求搬迁，客观上无法有效保护林地。因此，应结合各地区实际调整石灰岩矿使用林地的审核审批办法，把合理使用林地、减少浪费行政资源和保护企业合法权益有机的统一。

（三）建立健全共同保护林地资源的工作格局

保护林地资源应在人民政府的统一领导下，多部门互相配合，全社会参与，形成合力，因此林业、国土、发改、安监等部门应明确土地管理中应该承担的职责，严格执行对需要占用林地的建设项目审批、备案等制度，在项目建设过程中要认真严格按照法律法规对有关行政许可进行审核审批。及时全面掌握林地资源占用情况，做好林地调整规划，合理利用开发林地资源，特别是加强对矿产资源集中区域的林地资源的监管力度，从而有效遏制违法违规占用林地。

（四）广泛宣传营造保护林地资源的氛围

加强宣传是切实保护好林地资源的一个重要途径，要运用广播、电视、网络等宣传媒介，用刷写宣传标语、悬挂横幅、开动宣传车、发布林地保护短信等宣传手段，加大林地保护管理的宣传力度，使林地管理法规和政策家喻户晓，深入人心，不断提高人民和企业要保护森林资源的法律意识，为保护森林土地资源创造一个全国性的环境，使社会各部门都能发挥监督和监督的作用。此外，司法机关要在办理非法占用林地的案件过程中，不仅要做到依法办案，而且要注意注意办案的法律教育意义，力求达到以案释法、教育一片的目的。

六盘水市检察机关办理非法集资案件基本情况及主要做法

晏　旭　戴敏淑[*]

2013年以来，六盘水市非法集资犯罪呈现多发态势，重特大案件频发，参与集资人员众多，频繁引发群体性事件，严重影响金融安全和社会稳定。六盘水市检察机关充分发挥检察职能，依法打击非法集资犯罪，为营造和谐稳定的社会环境作出积极贡献。现将全市检察机关办理该类案件基本情况及主要做法分析如下：

一、基本情况及案件特点

2013年至2018年3月，全市检察机关共受理审查逮捕非法吸收公众存款犯罪、集资诈骗犯罪等非法集资案件28件48人，批准逮捕23件36人；受理审查起诉35件61人，提起公诉24件42人；督促公安机关立案1件1人，追加逮捕3人、追加起诉2件3人；收到法院一审生效判决36人，其中判处3年以下有期徒刑8人，3年以上10年以下有期徒刑20人，10年以上有期徒刑5人。

（一）案件数量从上升转入下降

从案件受理情况看，该类案件经历了从急剧上升到逐渐下降的发展变化。受理审查起诉趋势如图一所示，各年度受理数如下表一、表二所示，可以看出，2015年是案件的高峰期，此后逐年下降。

---

[*] 作者单位：贵州省六盘水市人民检察院。

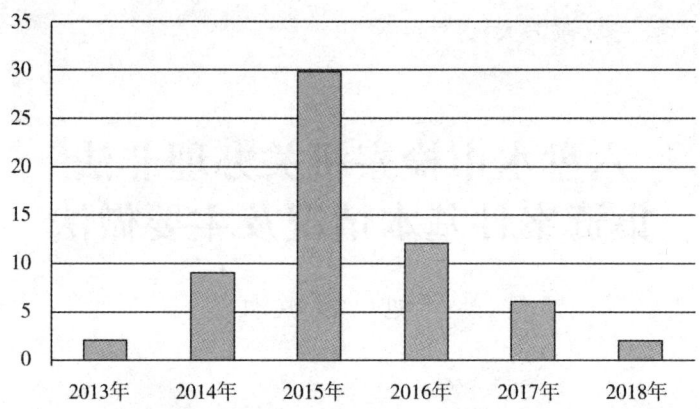

图一　六盘水市检察机关受理审查起诉非法集资案件人数趋势图

表一　六盘水市检察机关受理审查逮捕非法集资案件情况表

罪名	2013年		2014年		2015年		2016年		2017年		2018年		合计	
	件	人	件	人	件	人	件	人	件	人	件	人	件	人
合计	1	1	3	4	13	24	6	9	3	8	2	2	28	48
非法吸收公众存款罪			3	4	11	22	6	9	3	8	2	2	25	45
集资诈骗罪	1	1			2	2							3	3

表二　六盘水市检察机关受理审查起诉非法集资案件情况表

罪名	2013年		2014年		2015年		2016年		2017年		2018年		合计	
	件	人	件	人	件	人	件	人	件	人	件	人	件	人
合计	2	2	4	9	17	30	6	12	4	6	2	2	35	61
非法吸收公众存款罪	1	1	3	8	17	30	6	12	3	5	2	2	32	58
集资诈骗罪	1	1	1	1					1	1			3	3

（二）女性嫌疑人占近一半

女性在该类犯罪中的作用非常突出，重刑案件比例多于男性；涉案金额最大、被害范围最广的案件由女性参与主导，涉案人员最多的案件也由女性组织实施。起诉的42名嫌疑人中，女性有19名，占42.24%，其中年龄最小的19岁，最大59岁，40岁到50岁之间有14人。银行工作人员4人，个体劳动者8人。在判处10年以上有期徒刑的被告人中，女性有3人，占同刑期的60%。

（三）涉案金额巨大，涉案广、被害人数众多

该类案件犯罪高峰期是2010年至2015年年初，涉案金额最大为1.2亿元。田某某、刘某某案，嫌疑人以高额回报为诱饵向民间非法集资共计1.2亿余元，受害人多达152人。金某集资诈骗案，嫌疑人使用虚假合同、虚假房产证多次骗取个人借款和银行的借款，涉及被害银行多家，被害个人70余人。

（四）部分案件有国家工作人员参与，易取得被害人信任

起诉的嫌疑人中，国家工作人员5人，占11.9%，单位犯罪2件，非国有企事业人员2人。实践中，国家工作人员较易取得借款方的信任。如方某某案，方某某系市国土资源局局长，其负责联系协调水城县信用社、凉都村镇银行、六盘水市农村银行等金融机构，林某某负责伪造贷款资料和理由、转移贷款等工作，骗取水城县信用社等多家银行贷款共计2330万元。

二、主要做法

（一）依法精准打击非法集资犯罪

1. 准确把握法律政策界限，精准发力。各基层检察院结合本地实际，加强对非法集资新情况新问题的研究，严把案件事实关、证据关、程序关和法律适用关，严格区分罪与非罪界限，非法吸收公众存款罪与集资诈骗罪界限、单位犯罪与自然人犯罪的界限、依法准确认定共犯，确保案件定性准确。办案中，贯彻宽严相济刑事政策，合理把握打击范围，具体根据行为人的客观行为、主观恶性及犯罪情节，综合判断行为人的责任轻重和刑事追究的必要性，按照区别对待的原则分类处理涉案人员，对核心成员、骨干力量以及起重要作用的人员从严打击，对其他涉案人员依法从宽处理，做到罚当其罪、罪责刑相适应。

2. 积极做好适时介入侦查、引导取证工作。对重特大非法集资案件，全市检察机关办案部门适时介入侦查，引导侦查取证，围绕非法吸收公众存款、集资诈骗等相关犯罪的犯罪构成和逮捕、起诉的证据要求，强化对证据的合法性审查，依法排除非法证据，准确认定案件事实，对公安机关依法收集、固

定、完善证据提出意见和建议，打牢案件的证据基础。例如，六盘水市院在办理互有关联的李某某、夏某某等三件特大非法吸收公众存款案中通过提前介入，引导侦查取证，共批准逮捕四名犯罪嫌疑人，并追加逮捕三名涉案人。本案中，贵州某担保有限公司实际控制人李某某等人以高息为诱饵，采用"口口相传"的方式，向社会公众吸收资金，所获资金被李某某等人用于投资房产或加息转借他人谋利，后因资金链断裂，无法偿还被害人借款的本金和利息，案发后李某某潜逃。市检察院提前介入案件，与侦查人员多次会商案情，结合相关司法解释界定"变相吸收公众存款"行为的四个构成要件以及关于"向社会公开宣传"、关于"社会公众"认定的最新司法解释，引导侦查取证，明确了嫌疑人利用朋友间"口口相传"的口碑效应，变相向社会公众进行宣传的关键情节。公安机关对拘留在案的犯罪嫌疑人提请逮捕后，检察院快速审查，从快批捕，并决定追加逮捕其他涉案人，李某某等人最终被判处3年至20年不等的有期徒刑。

3. 强化内部协作，做好案件的批捕、起诉衔接。全市两级检察机关办案部门在办理非法集资案件中加强沟通、联系，充分发挥检察官联席会议作用，强化捕诉一体，进一步完善捕诉衔接机制，保证诉讼活动各环节依法稳妥进行。例如，六盘水市院在审查逮捕个体房开商陈某某涉嫌非法吸收公众存款案中发现，对于该案事实认定以及法律适用极易产生较大分歧，可能影响案件处理结果，且根据案件管辖，此案属于上级院批捕下级院起诉案件，报经分管检察长决定，市院办案部门邀请本院及钟山区院公诉部门分管领导、员额检察官及协助办案的检察辅助人员共同参与研究。在案件讨论过程中，与会人员各抒己见，为承办检察官决策提供了全方位、多角度的思考，承办人最终根据联席会议多数检察官的意见作出批捕决定。

4. 加强行政执法和刑事司法衔接工作，认真开展诉讼监督。全市检察机关加强与各地金融监管部门和公安机关的联系，加强对非法集资犯罪的立案监督和对行政执法机关移送案件的监督，防止有案不移、有案不立、有罪不究、以罚代刑。注意非法集资案件的追捕追漏工作，会同公安机关、人民法院加强与其他涉案地区的沟通协调，防止漏罪、漏犯、遗漏犯罪事实。切实加强侦查活动监督，加大对侦查机关查办非法集资案件的监督力度，重点加强对取证合法性的监督和适用强制性侦查措施的监督，促进严格执法、公正司法。

（二）加强沟通，妥善办理非法集资案件

1. 落实重大敏感案件及时报告备案制度。对于有影响的重特大非法集资案件，各院办案部门按照相关要求，及时向上级业务部门报告案件的基本情况、介入侦查工作情况和审查逮捕工作情况，并对涉及群体性事件的非法集资案件报上级院备案。对于提前介入侦查的重大敏感案件和进入审查起诉环节的重大非法集资案件，各院公诉部门也及时向上级业务部门报告情况。对于跨省、跨市、跨县的非法集资案件，需要上级办案部门协调的，也及时报告。

2. 加强对重特大案件的指导和督办。对于下级检察院办理的有影响的重特大非法集资案件，市院办案部门主动了解、掌握办案进程以及审查批捕、审查起诉情况，认真研究罪名认定、打击范围、证据标准等办案中遇到的实际问题，加强统筹协调和指导工作，及时研究制定工作方案，重大、疑难、复杂问题及时向上级检察院报告，必要时派员督办，确保依法稳妥处理全案。对于上级检察院督办的案件，下级检察院均按照督办案件的有关要求，及时向上级检察院报告案件办理情况。对跨区域的案件，各院在处理好辖区内案件的同时，指定专人负责，加强横向、纵向联系，在上级检察院的指导下统一协调推进办案工作，确保辖区内案件处理结果相对平衡统一。

3. 强化与有关部门的沟通协调。全市检察机关加强与公安、法院的沟通协调，通力合作，共同解决办案难题，统一法律适用标准，加快推进诉讼进程，保证案件质量，提高办案效率。各院各部门下好全院"一盘棋"，共同做好依法处置、舆论引导、社会面管控等相关工作。完善与相关行政执法部门之间的信息通报制度，明确专门机构和专职人员，共同开展信息互通、工作交流以及疑难案件法律适用研讨等工作，合力打击和防范非法集资案件。

（三）立足职能，加强舆论引导、风险防控等各项工作

1. 加强对涉案资产处置的法律监督。全市检察机关通过办案，积极协助公安机关、人民法院等有关部门规范案件查处、集资参与人登记、集资物收缴、资产变现、资金清退等处置工作流程和操作程序，督促公安机关积极追缴赃款，利用各种手段追缴非法所得，努力将非法集资犯罪给人民群众造成的经济损失降至最低，并对涉案资产的评估核算、拍卖变现和清理偿付等有关工作，依法开展法律监督，确保资产处置合法。

2. 做好风险防控，积极化解信访矛盾。加强对重大非法集资案件的风险评估，对风险评估较高的案件，办案部门要及时制定应急处置方案，确定答复口径和应对措施，及时妥善处理，切实防止大规模集体访特别是进京、赴省访发生。对非法集资案件引发的群体性上访，按照有关规定第一时间向本地党委、政府维稳部门和上级检察院报送信息，控告部门做好来访接待工作，协助有关办案部门进行答复，既要积极回应被害人、集资参与人的关切和诉求，又要加大教育疏导和重点人员稳控力度，做好息诉息访工作。

3. 加强舆论宣传引导，积极开展法治教育。注意收集涉案网络舆情，加强网络舆情研判，对可能引发网络舆情激化的敏感信息，迅速掌握相关情况，

及时向上级检察院和本地政法委报告。全市检察机关主动加强与新闻媒体的联系沟通，充分运用检察门户网站、"两微一端"、法治手册等宣传平台，积极开展以案释法等法治宣传教育活动，增强社会公众的防范意识和辨别能力，使广大人民群众自觉远离、自觉抵制非法集资。

检察机关服务国有企业改革和发展的思考
——以乌当区院办理的国有企业人员职务犯罪案件为样本

王美静[*]

国有企业是我国国民经济的重要支柱，也是我国基本经济制度的重要组成部分。检察机关作为国家的法律监督机关，为国有企业改革发展保驾护航义不容辞。[①] 近年来，随着国有企业人员职务犯罪频发，造成国有资产流失，检察机关在办理相关案件过程中积极查找问题和分析原因，总结办案经验，为打击国有企业人员职务犯罪提供有力的检察支持和保障。

一、国有企业人员职务犯罪种类及犯罪成因分析

国有企业人员与国家工作人员并不等同，国有企业中有从事公务的管理人员，也有仅仅从事劳务性工作的非管理人员。在涉嫌职务犯罪的情况下，前者可能涉及的罪名主要是贪污罪、受贿罪、挪用公款罪等，后者涉及的罪名主要是职务侵占罪、非国家工作人员受贿罪、挪用资金罪，等等。国有企业通常都较为大型，部门、人员多，成立时间早、运营时间长，甚至在国有企业中成立医院、学校的情况都并不鲜见，对于这样一个庞大的企业，企业内部人员职务犯罪频发是有其深层次原因的。

（一）部分国有企业人员欠缺法治观念

有的管理人员本身综合素质不高，法律意识淡薄，在其走上管理岗位之后，面对金钱、美色的诱惑，往往没抵抗力，其内心趋利的本性冲破了道德的防线和法律的底线，利用手中的权利谋取私利，走上犯罪的道路。另一方面，有些企业在人员招录上把关不严，尤其是临时聘用员工、派遣制员工的招录上，没有进行严格的资格审查，甚至将一些有犯罪前科的人员招录进来，安排

---

[*] 作者单位：贵州省贵阳市乌当区人民检察院。
[①] 尹群岛、黄劲：《国有企业职务犯罪的情况分析及预防对策》，载《长沙民政职业技术学院学报》2015年第2期。

在财物管理岗位上。笔者办理的谢某某职务侵占案中,谢某某有两次盗窃犯罪的前科劣迹,路桥集团第 X 分公司通过劳务派遣公司委托招聘,将谢某某招入后安排在工地仓库,管理钢筋的出库与入库,最终谢某某监守自盗,再次锒铛入狱。

(二)管理缺失

主要体现在:一是没有制度或制度不健全;二是实际操作随意性强;三是内控流于形式。又如前述的谢某某职务侵占案,谢某某作为仓库管理员,钢筋入库和钢筋出库虽然应有台账登记和领用人、钢筋班主、承运驾驶员等多方签字,但实际操作中,财务管理人员没有做到"每日账每日结",各方签字通常是补签,而补签时签字人面对累积数日甚至数周的单据,根本不可能一一核对,仅仅履行了签字的义务,而非核对的义务。这就给谢某某多次将仓库钢筋运出贱卖创造了极大的操作空间。

(三)监督缺位

贪是深藏于人类内心的恶性,加强自我修养,严以自律,则能抑制;一旦失去外部监督,加之诱惑,久之,则必然如火山般爆发。对于一些涉及钱款的岗位,如果缺乏有效的监督,有的自律意识不强的国有企业人员就很难控制住自己的贪念,从而酿成大错。例如本院办理的熊某某挪用公款案,熊某某系某国有乳制品公司的收款员,其主要职责是收取零售商的订奶款。熊某某收取订奶款后将现金交给财务人员入账,财务入账的依据是熊某某自述收取了某户订奶款若干,也就是单纯的"记账",没有其他部门或工作人员对出厂的奶制品数量进行及时核对。熊某某在收取钱款这环节是缺乏监管的,导致其将平时收取的订奶款用于娱乐、赌博等高消费或违法活动,直至年终公司对账时才发现熊某某应交回公司的订奶款短缺了十余万元,才案发。

二、国有企业人员职务犯罪的特点

(一)涉案金额大

前述谢某某职务侵占案中,侵占的财物为路桥修建工程中使用的钢筋,每车钢筋的鉴定价格为数十万元,经查证属实,本院认定了 11 桩犯罪事实,犯罪金额共计 470 余万元。

(二)涉及行业领域广

近几年来,我院办理的国有企业人员职务犯罪案件中,涉及了交通、建筑、食品、工业制造等众多行业,且涉案企业多为本地大型骨干企业。

（三）犯罪手段多样

截留、骗取、监守自盗是主要的犯罪手段。有的犯罪分子采取虚增过磅数量的方式收取相对方贿赂，有的犯罪分子利用经手现金的职务便利将国有资产挪作个人使用，有的犯罪分子管理财物之便，通过虚假"签收"或"签出"的方式将管理的财物据为已有。

三、检察机关办理国有企业职务犯罪案件审查重点

我院公诉部门在办理国有企业人员职务犯罪案件中遇到的较为值得研究和重点审查的问题包括：

（一）国家出资企业中"国家工作人员"的界定

随着市场经济的发展，国有改制的进一步发展和完善，国有全资公司的数量减少，国有参股公司的数量大幅上升。随着企业改制的不断推进，人民法院、人民检察院在办理国家出资企业中的贪污、受贿等职务犯罪案件时遇到了一些新情况、新问题。这些新情况、新问题具有一定的特殊性和复杂性，需要结合企业改制的特定历史条件，依法妥善地进行处理。因此，"两高"于2010年出台了《关于办理国家出资企业中职务犯罪案件具体应用法律若干问题的意见》，《意见》明确："经国家机关、国有公司、企业、事业单位提名、推荐、任命、批准等，在国有控股、参股公司及其分支机构中从事公务的人员，应当认定为国家工作人员……经国家出资企业中负有管理、监督国有资产职责的组织批准或者研究决定，代表其在国有控股、参股公司及其分支机构中从事组织、领导、监督、经营、管理工作的人员，应当认定为国家工作人员。"

据此，笔者认为对国家出资企业中"国家工作人员"的认定应当兼具"批准""任命""决定"等形式要件和从事"组织""管理"等公务性活动的实质要件。

司法实践中，"负有管理、监督国有资产职责的组织"通常是指上级或本级国家出资企业中的党委、党政联席会。

"从事公务"是指代表各级国家行政机关、国有企事业单位以及人民团体等组织履行组织、领导、管理、监督等相应职责。[①] 此外，还要注意"公务"和"劳务"的区别，劳务活动是指不具有管理性质的简单生产服务或生活服务。

[①] 阳光、闫少君：《浅析国家参股企业中国家工作人员的认定》，载《中国检察官·经典案例》2017年第22期。

(二) 企业内部员工监守自盗行为的定性

贪污罪、职务侵占罪、盗窃罪三种犯罪行为方式极为相似，但又因主体身份的不同而导致不同的法律适用，甚至因立案标准不同而导致不同的法律评价。上述相似犯罪行为导致不同裁判结果的重要原因在于司法者对"利用职务上的便利"的理解和认定。

职务侵占罪中"职务上的便利"不同于贪污罪中所要求的行使管理性职权的便利，是指根据自己工作或因为业务而合法持有、控制、管理、支配单位财产的便利。[①] 这里的便利应当是与工作内容联系密切方便条件，而不应包括因工作关系熟悉作案环境，接近单位财物的情况。

笔者办理的谢某某职务侵占案，公安机关移送审查起诉和侦查监督部门批准逮捕的罪名均为盗窃罪。经审查，承办人认为谢某某虽是劳务公司派遣至国有企业工作，与国有企业并未签订劳动合同，但从其在国有企业工地的仓库履行库管员的职责来看，双方建立了实质的劳动关系。谢某某对仓库的钢筋具有保管的义务，这种工作职责决定了其盗窃仓库的钢筋，就是利用了职务上的便利，应当定性为职务侵占罪。经检委会讨论决定，本院改变定性为职务侵占罪起诉至法院，法院判决罪名亦为职务侵占罪，判决已生效。

(三) 挪用公款罪中"挪而未用"的认定

所谓"挪而未用"，是指国家工作人员利用职务上的便利，已经将公款从原单位挪出，既未归还，亦未使用，只是消极的藏匿于家中、办公室或其他处所的情况。[②] 对此，理论界存在"不构成犯罪说"、"未遂说"和"既遂说"的争议。笔者认为国家工作人员违反财务管理制度及其职责义务，将公款挪出，已经造成公款脱离了国有企业对公款的合法控制，导致公款不能及时发挥其合理用途的现实危害，侵犯了国有企业对公共财产的管理和支配权。使用公款的行为并不能直接反应挪用公款罪侵犯的客体。故只要行为人将公款挪出，在满足数额和时间或目的条件的情况下，即可构成犯罪的既遂。

笔者办理的徐某某挪用公款案，徐某某将其作为公司财务人员掌管的部门款项挪出一年之久，其在侦查阶段供述挪用公款是用于打麻将，而在审查起诉阶段又辩称，自己挪出的公款都放置于家中，打麻将所用的钱是配偶收入，并在审查起诉阶段退交赃款。经审查，笔者认为徐某某利用职务之便，将本单位

[①] 李斌:《论监守自盗行为的定性——身份共犯罪名认定问题》，载《四川警官高等专科学校学报》2007年第6期。

[②] 孟庆华:《挪用公款罪研究新动向》，北京大学出版社2006年版，第172页。

的公款擅自转移到自己的控制之下，使单位完全脱离了该公款的控制，对单位财产权利的危害结果已经发生，应当认定为挪用公款罪既遂，但综合考虑其犯罪情节，可以适用缓刑，该意见亦被法院采纳。

四、检察机关防范国有资产流失的思考

（一）加大打击犯罪力度

在保证案件质量的前提下，快速办理因贪污、贿赂等职务犯罪造成国有企业严重亏损，以及利用职务便利侵吞、私分、挪用国有企业资产，造成国有企业资产流失的刑事案件，重点打击涉企犯罪，为国有企业生产经营创造良好的社会环境。

（二）以案释法，完善宣传教育制度

通过法治宣传教育，使国有企业人员学法、知法、懂法，为他们守法打下基础。[①] 在法治宣传教育上，要结合企业发生的典型案例进行宣讲，或通过庭审中的现场法治教育，让国企员工感受到法律的威严和震慑。同时注意扩大教育的受众面，不仅领导学、中层干部学、广大的国企员工也要学，形成预防职务犯罪的合力。

（三）发送检察建议，填补企业制度漏洞

对于在办理案件过程中发现的国有企业管理疏漏和矛盾隐患，及时分析并认真研究可行性整改意见，通过检察建议的方式向企业发出，帮助企业发现问题和解决问题，填补企业制度漏洞。

服务国有企业，是检察机关为党和国家工作大局服务的一项重要内容和具体体现，作为检察官，我们要在办理涉企案件过程中不断总结经验，提升自我，增强为国有企业改革和发展服务的责任感和自觉性，积极探索为国有企业发展服务的新方法，为国有企业改革和发展作出积极贡献。

---

① 曲艳红：《国有企业职务犯罪的研究》，西北民族大学 2012 年硕士研究生论文。

贵州检察机关着力服务和保障非公经济发展

——以碧江区检察院为视角

何旭东[*]

最高人民检察院《关于充分发挥检察职能依法保障和促进非公经济健康发展的意见》出台后，贵州省检察机关积极响应，省检察院及时制定贵州省人民检察院《关于充分发挥检察职能保障和促进非公有制经济健康发展的二十条措施》，2018年中共贵州省委、贵州省人民政府又印发了《关于进一步促进民营经济发展的政策措施》，对全省检察机关服务非公有制经济提出具体的要求，在省检察院的正确领导下，全省检察机关综合运用检察职能，撬动阻碍非公有制经济发展的障碍，切实增强服务和保障非公经济健康发展的主动性和责任感，取得了较好的政治效果、法律效果和社会效果。本文以碧江区检察院服务非公经济发展的实践为视角，就服务和保障非公经济发展情况作一简要调查分析。

一、贵州检察机关充分发挥检察职能，服务和保障非公有制经济发展取得的成效

为了深入贯彻党的十八大及十八届三中、四中、五中全会精神和习近平总书记系列重要讲话精神，认真落实中央经济工作会议和中央政法工作会议部署，认真践行高检院、省院关于充分发挥检察职能保障和促进非公有制经济健康发展的意见和措施。各级检察机关坚持平等保护公有制经济与非公有制经济，依法履行检察职能，充分发挥保障和促进非公有制经济健康发展的积极作用，服务发展大局，取得实效。

（一）着力维护和谐稳定的治安环境

立足检察职能，通过审查逮捕、立案监督、追捕、引导侦查、提起公诉等手段，依法打击民营企业在生产经营和项目建设中遭遇的强揽工程、强迫交

---

[*] 作者单位：贵州省铜仁市碧江区人民检察院。

易、敲诈勒索及阻工等妨碍工程进展的犯罪行为,确保治安环境良好。如铜仁市碧江区瓦屋乡溪坎村新田湾组村民在犯罪嫌疑人黄某某(该组组长)等人组织村民到铜仁某锰业有限责任公司的1号及2号矿洞口阻工,要求该公司提高公益建设事业和困难补助金,由于未与某锰业公司达成一致协议,阻工一直延续至1个月之久,造成该公司经济损失为66602.01元。该案涉案人员众多、取证困难,通过检察机关充分发挥侦查监督、起诉职能,取得良好的法律效果和社会效果。

(二)着力营造竞争有序的经营环境

长期以来,合同诈骗、非法经营、围标串标、制假售假等犯罪严重影响公平竞争、健康规范的市场环境,检察机关充分发挥检察职能打击上述犯罪及背后的职务犯罪,营造统一透明、诚信有序的市场经营环境。一是依法打击合同诈骗、围标串标等违法犯罪,维护公平竞争的经营环境。例如2012年4月至2014年7月,犯罪嫌疑人杨某某以铜仁云林仙境旅游建设项目第二期工程平场土石方、挡土墙、景区环线道路等与15家单位签订建设工程施工合同,共收取保证金857万元,因以上被害人均未能入场施工,经多次催要,犯罪嫌疑人杨某某退还保证金256万元,至今仍有601万元保证金未归还。该案涉案人员众多,严重扰乱社会经济秩序,检察机关提前介入取证,成功打掉影响经济发展的"毒瘤"。二是依法打击生产、销售假冒伪劣产品类犯罪,维护诚信合法的市场秩序。2006年以来,刘某某、杨某等20余人(均被判刑)合伙经营牛肉,为提高利润,在铜仁市某屠宰场宰杀活牛并在牛肉中大量注水,注水牛肉销往铜仁城区及周边城镇,仅2011年1月至2013年5月,查获的注水牛肉8073825元,利润5151785元,该案涉案人员众多,社会影响巨大,严重扰乱市场秩序,碧江区检察院充分利用检察职能,提前介入引导侦查,将20人全部批准逮捕,并将该案背后公职人员的犯罪案件线索移送给办案部门,从而成功查办3名公职人员渎职案件,赢得了党委、政府和民众的肯定,取得了很好的法律效果、社会效果和政治效果。

(三)着力护航健康持续的发展环境

1. 准确把握法律政策界限,严格执行宽严相济刑事政策。防止不讲罪与非罪界限、不讲法律政策界限、不讲方式方法,防止选择性司法,防止任意侵犯非公有制企业合法权益问题的发生。如碧江区检察院办理的刘某某、潘某某合同诈骗案和蔡某某合同诈骗案,承办人经过认真审核,尤其是针对犯罪嫌疑人犯罪主观构成要件的审核中,严格区分和正确处理了经济纠纷与刑事犯罪的关系,在经过两次退回补充侦查后,仍无法充分证明犯罪嫌疑人具有非法占有的主观意图，遂依法作出了存疑不起诉的决定，充分保障了涉案非公有制企业及其法人的合法权益，同时也取得了良好的社会效果。

2. 严惩侵犯非公有制企业权益和非公经济人士人身、财产权利的刑事犯罪，依法监督公安机关对企业内部人员侵占企业财产等刑事犯罪案件立案侦查，防止企业合法利益得不到法律保护。如碧江区检察院发挥检察职能，通过对犯罪嫌疑人洪某某涉嫌侵占铜仁某运输公司92045.61元案批准逮捕、提起公诉等，追回被侵占的财产返回给被害企业，取得很好的法律效果、社会效果。

3. 针对一些民营企业管理不规范的情况，检察机关办案部门以检察建议的方式主动提供法律服务，引导企业在制度上查漏补缺，帮助企业建立健全规章制度。例如铜仁市碧江区和平农业循环示范园区系检察机关挂牌确定的重点工程专项预防督办项目。该园区是省政府批准建设的100个现代高效农业示范园区之一，资金来源为中央资金及地方配套，预算总投资7.618亿元，截至2015年10月，已完成投资6.034亿元，该园区规划总面积1万亩。碧江区检察院在开展职务犯罪预防时发现经营园区的民营企业财务管理存在问题。为此，发出检察建议，提醒企业健全制度，该公司根据检察建议对财务管理制度进行了规范，增设了会计一名，对财务人员进行了培训，还聘请法律顾问对全体员工进行了法治教育。

（四）着力保障平等规范的融资环境

一是依法妥善处理涉及民营企业的刑事案件。民营企业融资难融资贵的情况突出，银行对民营企业的实力、偿还能力抱有偏见，一些企业的财务状况或经营状况无法满足银行贷款条件，一些企业为了解决融资时间短的问题，借资周转，要支付大量的"过桥费"。大量的民营企业因为借不到资金，不惜走上非法集资的道路。检察机关在处置非法集资案件过程中，可以有效运用宽严相济刑事司法政策，一方面，依法打击非法集资类犯罪，维护金融秩序，批准逮捕非法集资类犯罪，开展立案监督和追捕活动。另一方面，保护企业、企业主的合法权益，对于从合法金融渠道得不到资金而误入歧途，未经有关主管部门批准向不特定对象集资用于正常经营，情节轻微的，可以不作为犯罪处理；以企业能够持续发展、不特定公众的财产利益能够得到挽回为原则，对企业及主要负责人员体现宽宥的一面，严格区分需要追究刑事责任的对象，不能因为办案将企业搞垮，对犯罪嫌疑人采取的强制措施也尽量要能保障企业的正常经营。二是通过检察建议积极为处置非法集资建言献计，为非公有制企业寻求出路。碧江区检察院在配合公安机关办理多起非法集资案件，遏制当地非法集资不断蔓延的势头。

二、贵州检察机关服务和保障非公有制经济发展存在的不足

（一）思想认识尚需提高

一是认识不到位。少数检察官缺乏经济思维，对中央和高检院保障和促进非公经济健康发展的政策掌握不透，对非公经济主体平等法律地位的认识没有入脑入心，保障非公经济发展的自觉性不高。二是基层院案多人少的矛盾突出。平日工作重心和主要精力用于办理案件，而要主动开展服务非公经济工作，去发现线索、开展监督，在时间和精力方面无法保障。尤其是在面临涉及重大利益集团、复杂社会背景的案件过程中，需要投入的人力多，时间长，人手不足的问题更为突出。比如，碧江区检察院人均办案100件以上，远远超过人均办案50件的标准。三是干警素能与服务非公经济发展的要求还不相适应。少数干警在办理侵害非公经济发展案件中深挖案件线索、经营案件线索等方面经验缺乏，开展跟踪监督、延伸办案效果工作较为被动；少数干警对合同诈骗与经济纠纷的界限、聚众扰乱社会秩序与过度维权之间的界限把握不准，案件定性处理难，该依法予以打击的没有打击，该保护的没有保护。由于人手、能力的差距，导致在服务非公经济发展工作的开展上也极不平衡。

（二）体制机制不完善

部分地方对检察机关服务民营企业发展的职责使命认识不清，检察机关与民营企业及有关协会、商会没有建立沟通、信息通报机制，工作衔接存在一定障碍，检察机关对影响非公经济发展的线索来源渠道窄，没有正式渠道掌握民营企业在经济发展中的涉及检察业务的突出困难，一些民营企业遭遇到敲诈勒索、职务侵占等犯罪侵害，公安机关没有立案的，没有及时向检察机关反馈信息；民营企业出于种种顾虑，对于涉及行政执法人员、政府工作人员职务违法犯罪方面的线索也不轻易向检察机关反映。各业务部门在服务非公经济过程中，还没有普遍建立起涉企案件风险评估机制，存在机械办案、就案办案等现象。

（三）经营环境需要进一步治理

贵州省非公经济发展面临以下挑战：一是行政效能和政府公信力方面，个别地方行政不作为或者审批程序环节多、耗时长、收费乱、垄断性强，在一定程度上影响了非公企业的市场准入，加重了企业负担。二是不公平竞争现象在不同地方不同程度的存在。主要表现为在招投标领域"提篮子"、围标串标、虚假招投标、利用公权力影响招投标结果、破坏正常招投标秩序以及一定范围内存在的商业贿赂行为，影响了非公经济正常参与市场经营活动。三是企业、

工程周边环境欠佳，部分企业、工程周边的"砖霸""石霸""沙霸""工程霸"现象未彻底铲除，施工过程中老百姓阻工的现象时有发生，而执法部门对非公企业重视程度一般，导致一些影响生产经营的案件久拖不决，影响了企业的正常经营活动。四是少数民事判决不公，执行不到位。五是非公有制企业普遍存在内部监管措施不完善、管理不到位、风险防范机制不健全、法律人才不足等问题。对上述几个方面的问题，更多地需要检察机关全面履职，充分发挥检察机关的审判监督、民事行政检察、控告申诉等职能，主动融入服务非公经济发展工作。同时也要看到，检察机关多是通过执法办案产生辐射效应，影响范围有限，无法解决一些普遍性和深层次的问题。

三、贵州检察机关服务非有制经济措施和建议

（一）统一思想，强化队伍建设

检察机关之所以突出对非公经济的服务与保障，从政治上说，是贯彻落实党的治国理政方略的需要。党的十八大提出："毫不动摇鼓励、支持、引导非公经济发展，保证各种所有制经济依法平等使用生产要素、公平参与市场竞争、同等受到法律保护"。从经济上讲，"非公经济是社会主义市场经济的重要组成部分，也是推动我国经济转型升级的重要依托，对于支撑增长、促进创新、扩大就业、增加税收等发挥重要作用"，在经济下行压力下，非公经济生存空间被压缩，需要加大扶持的力度。从法律上来讲，主要是因为在非善意的管理方式下，很多行政机关仍然将非公经济主体看作不平等的对象，对其合法权益不予保障，对其正当利益诉求予以漠视，甚至向非公企业"吃拿卡要"、索贿受贿。这就需要法律监督机关来特别保障非公有制企业及个体工商户在市场经济中理应享有的平等主体地位。检察机关服务非公经济，首要的就是依法维护所有非公经济参与主体的平等地位，保障他们的合法权益，依法救济他们的受损利益。主动把握经济新常态，适应新常态，把保障和促进非公经济健康发展作为服务经济社会发展大局的重要切入点。坚决纠正和解决服务意识不强、不愿服务、不会服务的问题，使服务非公经济健康发展成为广大干警的思想自觉和行为习惯。检察机关要通过业务培训、岗位练兵、开展办案总结、评选优案传导等方式不断提升服务经济发展的层次，提升检察干警服务非公经济发展的能力和水平，推动形成服务优非公经济发展的新常态。

（二）及时走访，开展精准调研

主动联系走访当地政府办、发改委、商务局、工商联、个协等部门以及重点项目，认真听取各方的意见和建议，全面了解和掌握本地区非公经济的布局

和发展情况，特别是支柱产业和骨干企业的发展态势。要注意结合本地实际，深入开展走访宣传和发动工作，与当地非公企业进行走访座谈，了解民营企业和企业家的需求，收集意见、建议，通过深入细致的调查研究，准确分析影响当地非公经济发展的主要症结和问题。要立足本地实际，创新工作方法，突出侦查监督工作服务经济发展的要求，使检察机关保障和促进非公经济发展的工作能够有的放矢，尽力把属于检察机关职能范围内的工作全力做好，对不属于检察机关职能范围内的事项要做好线索移送、跟踪落实和解释说明工作。

（三）把握方向，突出工作重点

一是坚决依法打击强买强卖、欺行霸市、敲诈勒索、盗窃、侵占公司、工地财物、聚众阻工等违法犯罪。特别是对破坏企业生产经营秩序行为，以及扰乱企业发展环境的街匪路霸、市匪商霸等黑恶势力，要依法予以严厉打击。二是保持惩治破坏非公经济发展的职务犯罪的高压态势。全面贯彻落实好习近平总书记关于"亲""清"政商关系的要求，对充当影响当地发展环境的黑恶势力"保护伞"或者吃拿卡要、索贿受贿的线索要坚决移送，从严查处。三是弛而不息地开展法律监督。纠治公安机关不作为、乱作为，对有案不立、不该立而立以及侦查违法行为开展监督，督促行政机关依法履职。

（四）沟通协调，完善工作机制

在案件线索来源和沟通交流机制上，要有多种畅通便捷的渠道与民营企业及其行业协会、商会取得联系，进行交流，方便非公经济从业人员进行控告、申诉、举报，维护自身合法利益。与当地工商联建立健全联席会议、定期通报情况、共同开展调研等常态化机制；在两法衔接机制上，突破行政机关、公安机关执法信息衔接不畅的瓶颈，破解监督线索渠道狭窄的难题；建立健全与重点企业、重点工程的互动联络机制，密切关注企业在防范法律风险、法律服务方面的新需求；完善与公安机关办理涉企案件的沟通协调机制，在重点案件上加强协调，准确定性处理；完善快办机制，强化诉讼效率意识，在保证案件质量的前提下，加快办案节奏，尽可能缩短办案时间，充分保障企业的经营权。

（五）锐意改革，创新办案方式

办案过程中，要注重听取非公企业涉嫌犯罪人员及其律师意见，防止因为办案损害企业发展；对于有自首、立功表现，认罪态度较好，社会危险性不高、积极配合的非公有制企业涉案人员，一般不批准逮捕；要对进入诉讼程序的涉企犯罪案件，告知企业办案主体和时限，满足企业对办案信息公开的需求，对涉及知名的非公有制企业或者上市公司的案件一般不对外报道，必要时对外公开已经查明的案情和涉案人员范围，防止民营企业长时间受到负面舆情的不良影响；严格依照法定办案程序，严禁以办案为由干预涉案企业生产经营活动、插手经济纠纷、干预企业合法自主经济行为，严格保守办案中知悉的涉案企业商业秘密和技术秘密，不随意发表有损涉案企业形象和声誉的言论，防止给涉案企业生产经营造成不良影响。坚持始终立足检察职能，适度延伸办案效果，而不能"包打天下"；要强调规范执法，要按照习近平总书记"亲""清"新型政商关系的论述，既要旗帜鲜明、大胆地与非公有制企业家接触，服务非公有制企业发展，也要摆正位置，把握好分寸和度，廉洁司法，防止借机敛财和企业利益输送。

（六）通力配合，确保落实到位

保障和促进非公经济健康发展既需要各位干警依法履行法律监督职能，又需要主动开展调研、对外联络。工作开展的好坏，取决于检察官的主动性、积极性和是否具有高度的责任感。司法改革背景下，将形成以检察官为办案主体的扁平化的管理模式，在司法改革进程中，要加强研究应对，适时调整组织领导方式和指导方式。对于保障和促进非公经济健康发展工作，可以指定员额内检察官专司该项工作或者负责类案办理，其他检察辅助人员协助工作。同时建立以信息技术为支撑、符合检察工作规律、科学合理、简便易行的业绩考评机制，对服务经济发展工作和相关的两项监督工作设置一定的考核权重，同时强化考核结果在评先评优、晋职晋级等方面的导向作用，定期组织评选保障和促进非公经济健康发展优秀案件等评选活动，对工作业绩突出的检察官给予表彰奖励，激发干警立足岗位服务经济发展的荣誉感和责任心。

浅谈非法吸收公众存款罪与民间借贷的区分

林 敏[*]

2012—2014年,贵州某集团投资控股(集团)有限公司法人代表严某在未经金融监管机构批准、没有资格从事吸收公众存款业务的情况下,以向集团投资的名义,承诺每年给付30%-36%利息为诱饵,通过口口相传的方式,两年内非法向社会公众吸收存款共计8016.0316万元,所得款项主要用于公司的日常开销以及项目投资。在该案的办理中,严某的辩护律师提出,严某向公众的"借款"主要是用于公司的生产、经营活动,是民间借贷,不能以非法吸收公众存款罪论处。长期以来,如何区分非法吸收公众存款罪与民间借贷一直是一个热门话题。2017年12月12日,最高人民检察院下发通知,要求各级检察机关要关于充分发挥职能作用,支持企业创新创业。作为检察机关,应贯彻好最高检的要求,坚持罪刑法定,对于企业家所进行的正常民间借贷行为和非法吸收公众存款能正确区分。

一、非法吸收公众存款的法律界定

《刑法》第176条有如下规定,"非法吸收公众存款或者变相吸收公众存款,扰乱金融秩序的行为,处……"这一条便是非法吸收公众存款在我国刑法中的罪状描述。为更好地办理此类案件,最高人民法院《关于审理非法集资刑事案件具体应用法律若干问题的解释》(下文简称《解释》)第1条有如下规定,违反国家金融管理法律规定,吸收包括个人和单位在内的资金,若同时符合以下几种条件,那便构成了刑法所规定的"非法吸收公众存款或者变相吸收公众存款":(1)在吸收资金时未经有关部门依法批准或者借用合法经营的形式吸收资金;(2)通过媒体、推介会、传单或者手机短信等途径,向社会公开宣传;(3)承诺在一定期限内以货币、实物、股权等方式还本付息或者给付回报;(4)向社会公众即不特定对象吸收资金,归纳非法吸收公众

---

[*] 作者单位:贵州省盘州市人民检察院。

存款罪的客观构成要件,则分为"非法性、公开性、社会性、利诱性"四种,并在第2条设置兜底条款列举了十种认定为变相吸收公众资金的行为。

二、民间借贷行为的法律界定

近年来,由于融资手段和渠道相对单一,对于企业特别是一些中小企业而言,通过私人贷款融资已成为一种重要的发展手段。为了更好地规范民间借贷,最高法制定并实施了《关于审理民间借贷案件适用法律若干问题的规定》(以下称《民间借贷规定》),从一定程度上认可了企业间借贷的合理性。根据该规定,法人、各个组织之间,为了生产和经营的需要,相互借贷,并订立合同的,法人或者其他组织在单位内以贷款形式向职工筹集资金,不违反《合同法》第52条和有关规定的,借贷合同有效。

作为受法律保护的民事法律行为,民间借贷具备以下特征:一是借款方和放贷方有口头或者书面协议,已构成了合法的债务关系,两者之间存在权利和义务。二是民间借贷属于借贷双方的合意行为。他们之间是否形成了债务关系、借款的数量以及期限主要取决于他们之间是否有过书面或者口头协定。只要协议内容和法律不相抵触,就会受到相关法律的保护。三是民间借贷合同是实践性合同,也就是说只有在贷款人提供借款之后,合同才生效,只有双方当事人的合意,合同不能生效。四是民间借贷的标的物必须是出借人拥有所有权的财产,否则不在法律保护范围内。五是民间借贷属于一种民事关系,不管有偿无偿都可以,由合同双方自由约定。六是民间借资的利率不能超过国家规定,可适当高于银行利率,但不得超过同期银行贷款利率的4倍,否则不受法律的保护。

三、合法民间借贷与非法吸收公众存款的区分要点

不可否认,在企业的发展中民间借贷一直发挥着积极的作用,同时,负面因素也不断显现。由于对资金的大量需求,企业借款方式、范围很容易超出法律允许的界限,稍一不慎,"借贷"就会变成非法吸收公众存款。企业应当如何融资才能避免其陷入"非法吸收公众存款"的尴尬?在实践操作中,又应当如何区分合法民间借贷以及非法吸收公众存款呢?

(一)精准地理解"社会公众"的内涵

民间借贷不同于非法吸收公众存款罪的地方在于借款对象。《刑法》规定,非法吸收公众存款罪主要指吸收或者变相吸收公众存款,可以看出非法吸收公众存款必须面向"社会公众"。只有面对"社会公众"这个不特定、不可控的对象借款,才可能危害国家金融秩序。那么,如何区分哪些情况下的出借

人属于社会公众呢？笔者认为，要和我国刑法在制定时的本意相结合，对其做一理解。

一是存款吸收方式的确认。若是在吸引出借人时采用了相应的宣传手段，并且在吸收存款的过程中对"吸金对象"完全不加甄别，只要给钱就要，那么毫无疑问是向社会不特定对象即"公众"吸收存款。除了媒体、推介会、传单、短信等宣传方式外，还应当注意"口口相传"这一隐秘隐蔽性较强的宣传方式。"口口相传"，既包括自己直接对他人宣传，也包括他对他的宣传。行为人通过此种方式宣传，其吸金对象往往"只认钱不认人"。在熟人之间，口头介绍和传播对他人更具备欺骗性，扩散很广。文章开头所举例子中，严某所采用的正是口口相传的方式，其在公司内部会议中宣传，只要员工能找亲戚、朋友拿钱来借给公司，除了给债权人2.5%的利息外，还给联系人3‰的报酬。在这种情况下，出借人随时可能增加，而大部分的出借人也并不认识严某，这也是本案何以认定严某的行为是非法吸收公众存款，而不是民间借贷的根据。

二是从吸收对象来认定。实践中，不乏向身边的亲戚、朋友、单位职工"借款"的情形。两高一部《关于办理非法集资刑事案件适用法律若干问题的意见》明确规定，如果有以下情形，则不构成《解释》第1条第2款中所规定的"针对特定对象吸收资金"的行为，应该将其视作向社会公众吸收资金：（1）在向亲友或者单位内部人员吸收资金的过程中，明知亲友或者单位内部人员向不特定对象吸收资金而予以放任的；（2）以吸收资金为目的，将社会人员吸收为单位内部人员，并向其吸收资金的。那么，身边的亲戚、朋友、单位职工能否认定为"不特定对象"，笔者认为，需要因案而异。如果行为人针对联系较少、彼此并不熟悉的亲友"借款"，虽然他们之间存在特定关系，但这些人并不算是特定对象；若是借款方借钱是受到了高息的诱惑，那他也不能算是特定对象。严某非法吸收公众存款一案中，经查实的借款对象共有115人中，其中27人是严某的亲戚、曾经的朋友、邻居、同事。庭审中，严某提出了这部分借款是向特定的人所借，严某与他们有特殊的关系，这部分"借款"属于民间借贷，不应该纳入其非法吸收公众存款的范围。可是纵观这部分出借人的借款利率，月利率均在2.5%－3%的范围内，明显高于同期银行存款利率。出借人也证实，之所以拿钱借给严某，就是因为其给的利息高。可见，这部分出借人在决定将钱借给严某时所考虑的是高利率的回报，是比较纯粹的资金运营和交易，并不是亲友间的互助行为。虽然谈钱伤感情，但是在区分针对亲戚、朋友的这部分借款是否构成非法吸收公众存款时还是应该理性看待。

（二）准确把握"扰乱金融秩序"的内涵

在刑法中对于非法吸收公众存款罪的解释中，将"扰乱金融秩序"当作重要构成要件，然而，在所吸收存款主要被使用于企业的正常生产和经营中，是否可以将其认定为非法吸收公众存款？国内刑法学界不乏学者认为："非法吸收公众存款罪的特征之一就是将所'借'存款用于资本运营。所以，只有当行为人非法吸收公众存款是用于货币和资本的经营，那'非法吸收公众存款罪'才能成立。若是所'借'款项是用于企业生产、经营，不应以本罪论处。"

可是，在山东青岛市中级人民法院审理的一起非法吸收公众存款款罪的案件中，被告遂某向15人贷款，吸收资金共计2.9亿余元，用于偿还银行贷款和维持企业经营。该案中，虽然被告人有充分证据证明其借款目的是用于企业运营，但依然被定罪。同样案例还有安徽省六安市中级人民法院审判的王某某非法吸收公众存款罪一案、绍兴市上虞区人民法院审判的虞某某非法吸收公众存款罪一案、山东省胶州市人民法院审判的李某某非法吸收公众存款罪一案等案例，被告人都将所筹资金用于维持企业运转，但依然被定罪，可见，借款的用途并不会影响非法吸收公众存款行为的性质。从理论上也可以解释此类判决，非法吸收公众存款对金融管理秩序的侵害，不仅仅发生在所筹集资金的用途上，还包括对不特定的群体进行资金吸纳的过程，因此即使是为了企业的生产经营而吸收公众存款，也应当以非法吸收公众存款罪论处。

（三）构成非法吸收公众存款罪的例外处理

《解释》第3条第4款有如下规定，若是非法吸收的公众存款，应用在了企业的日常生产经营中，并及时偿还的，那就不用受到刑事处罚；如果情节较轻，也不用作为犯罪行为进行处理。可见，对于企业为了生产经营不得不选择吸收公众存款的，由于其本身的社会危害性小，过度打击会对企业造成毁灭性后果。考虑到刑法的谦抑性，如果被告人能够认识到自己行为的违法性，及时返还"借款"，就不再适用刑法来处罚。

四、面对P2P——一种新型的民间借贷，我们该何去何从

近年来，越来越多的个人网上贷款出现在人们的生活中。个人网络贷款和P2P网络贷款是个人与个人通过网络平台直接贷款，属于私人借贷的范畴。具有以下特点：第一，中介的性质。P2P只是提供投资者之间的信息交换、融资方、评估等服务，具有中介的性质。第二，第三方存储。P2P平台应选择合适的金融机构作为资金管理机构，对资金、客户资金和自有资金进行管理和监

督,实行独立的账户管理。

　　实践中,P2P平台分为两种:一种是该平台严格依法运营,仅提供借贷的信息中介服务,并不形成"资金池",不直接操纵客户资金,而是采取资金托管的方式,将客户资金交给第三方托管。这种运作模式因为不介入资金吸纳和投资的交易过程,行为性质是居间服务,不可能构成非法吸收客户资金。另一种是设立投资平台,向社会公众推广其P2P信贷模式,通过互联网、电话和投资人团伙诱惑投资人进行投资,吸收资金后形成"资金池",再以投资名义向借款人出借贷款,将吸收的客户资金投向房产、信用贷款、企业经营借款等。在这种情形下,行为人未采取客户资金第三方托管的形式,违反国家融资管理的法律、法规的规定,未取得金融机构许可证即吸收、截留客户资金,并直接运用通过一对一的借款吸收来的客户资金,打包或者拆包后进行投资、信贷活动,其行为扰乱了金融市场,具有违法性,在符合本罪其他构成要件的情况下,即应当以"非法吸收公众存款罪"论处。

基层检察院如何依法保护企业家合法权益

李兴加[*]

一、企业家和企业家精神含义

企业家一词是从法语"entrepreneur"中翻译而来,其原意是指"冒险事业的经营者或组织者"。企业家精神:指企业家组织建立和经营管理企业的综合才能的表述方式,它是一种重要而特殊的无形生产要素。例如,伟大的企业家、索尼公司创始人盛田昭夫和井深大,他们创造的最伟大的"产品"不是收录机,也不是栅条彩色显像管,而是索尼公司和它所代表的一切;沃尔特·迪斯尼最伟大的创造不是《木偶奇遇记》,也不是《白雪公主》,甚至不是迪斯尼乐园,而是沃尔特·迪斯尼公司及其使观众快乐的超凡能力;萨姆·沃尔顿最伟大的创造不是"持之以恒的天天平价"而是沃尔玛公司——一个能够以最出色的方式把零售要领变成行动的组织。

二、企业家在社会发展中的作用

企业家是创业创新的主体,是推动经济社会发展的中坚力量,在社会主义市场经济中发挥着无可替代的关键作用。企业家以事业为重,他们具有艰苦奋斗、勤俭节约、开放的心态和与时俱进的创新精神;具有较强的社会责任感和历史责任感。2014 年 11 月 9 日在亚太经合组织工商领导人峰会上,面对来自数十个国家和地区的 1500 多位工商界代表,国家主席习近平就特别提及了企业家精神:"我们全面深化改革,就要激发市场蕴藏的活力。市场活力来自于人,特别是来自于企业家,来自于企业家精神。"习近平总书对企业家精神的论述,深刻阐明了企业家及企业家精神在当今社会的重要作用。

---

[*] 作者单位:贵州省晴隆县人民检察院。

企业家群体作为一个特殊群体，在实现伟大复兴中国梦的伟大征程中，发挥着特殊的作用。他们拥护党的政治领导地位，并为社会主义事业的发展发挥了不可磨灭的贡献。在改革开放以前，以荣毅仁为代表的一大批企业家把自己所经营的企业无偿交给国家，使新中国仅仅用了4年时间，就完成了对农业、手工业和资本主义工商业的社会主义改造，中国从新民主主义社会跨入了社会主义社会，正是由于有一大批企业家的无私奉献，才能为中国的社会主义现代化建设奠定了基础。改革开放以来，大批的民营企业如雨后春笋般涌现，他们在促进就业、税收上发挥了不可磨灭的作用，正如中央统战部副部长冉万祥在党的十九大新闻中心举行第三场记者招待会时表示：非公有制经济发展很快，确实已经成为我国国民经济的重要力量。现在我国的民营企业近2500万户，它的作用和贡献可以用五个数字来概括，就是"56789"。"5"就是民营企业对国家的税收贡献超过50%，"6"就是国内民营企业的国内生产总值、固定资产投资以及对外直接投资均超过60%，"7"就是高新技术企业占比超过了70%，"8"就是城镇就业超过80%，"9"就是民营企业对新增就业贡献率达到了90%。

今后，中国人民将在以习近平同志为核心的党中央坚强领导下，为实现中华民族伟大复兴的中国梦砥砺前行。但实现中华民族伟大复兴的中国梦离不开经济的快速发展。因此，对于经济起决定作用的企业和企业家至关重要。正如习近平总书记在致全国个体劳动者第五次代表大会的贺信表示："深化供给侧结构性改革，实施区域协调发展战略，发展实体经济，推进精准扶贫，对个体私营经济发展提出了新的更高的要求。广大个体私营企业经营者要认真学习贯彻党的十九大精神，弘扬企业家精神，发挥企业家作用，坚守实体经济，落实高质量发展，在全面建成小康社会、全面建设社会主义现代化国家新征程中作出新的更大贡献。"

党的十八届三中全会审议通过的《中共中央关于全面深化改革若干重大问题的决定》指出："改革开放是党带领全国各族人民在事业大踏步赶上时代的重要法宝。但我们也要清醒地看到，三十多年的改革开放，我们在取得巨大成绩的同时，我们应清醒的看到，收入分配差距拉大、经济社会之间、城乡之间、地区之间发展不平衡，自然资源紧缺、环境污染严重等一系列问题接踵而来。"解决这一些问题靠什么？正如邓小平所说："发展才是硬道理"，只有发展，才能在不断深化改革中加以解决。发展靠什么？依靠稳定的社会环境、依靠公平竞争诚信经营的市场环境和依靠良好法治环境。服务和保障大局，是党中央对政法工作的明确要求，检察机关作为国家法律监督机关，服务保障经济社会发展是其中心工作。因此，为企业家创造良好的法治环境，促进企业健康发展，实现伟大复兴的中国梦的作用不可代替。

三、发挥检察职能依法保护企业家合法权益

最高人民检察院 2016 年 2 月 19 日印发了最高人民检察院《关于充分发挥检察职能依法保障和促进非公有制经济健康发展的意见》，为各地检察机关如何就如何充分发挥检察职能依法保护非公经济勾画了宏伟蓝图，指明了方向。因此，根据最高人民检察院印发的最高人民检察院《关于充分发挥检察职能依法保障和促进非公有制经济健康发展的意见》，基层检察机关内设各部门如何发挥检察职能依法保护企业家合法权益，笔者提出以下几点建议：

（一）充分发挥公诉职能依法保护企业家合法权益

一是充分发挥公诉职能。《刑事诉讼法》第 177 条第 2 款规定：对于犯罪情节轻微，依照刑法规定不需要判处刑罚或者免除刑罚的，人民检察院可以作出不起诉决定。对于所办理的涉及企业营管理者和关键岗位人员案件，对于犯罪情节轻微的、认罪态度较好、双方当事人在达成刑事和解的基础上，可以根据法律相关规定对涉案企业营管理者和关键岗位人员作出不起诉决定，以避免因起诉对企业正常生产带来的负面影响。同时，在证据确实、充分的条件下，依法对侵犯企业及企业家合法权益的合同诈骗、强迫交易、故意损害商业信誉的案件提起公诉，充分保护企业及企业家合法权益，为企业及企业家在本地投资创造良好的法治环境。二是认真总结发案规律。公诉在办理企业经营管理者和关键岗位人员犯罪案件时，要认罪总结本地区该类人员发案规律，及时提出检察建议，帮助企业建章立制，堵塞漏洞，完善内部监督职业和管理机制。同时，联合本院其他内设机构开展送法进企业活动，强化法治宣传，避免因同类问题在企业内再次出现。对于所办理的涉及其他管理者和关键岗位工作人员的犯罪案件，要主动加强与涉案企业及有关部门的沟通协调，合理掌控办案进度，避免因案件久拖不决对企业造成负面影响。

（二）充分发挥公益诉讼、民事行政职能依法保护企业家合法权益

2017 年 6 月 27 日，十二届全国人大常委会第二十八次会议表决通过了关于修改民事诉讼法和行政诉讼法的决定，检察机关提起公益诉讼明确写入这两部法律。这标志着我国以立法形式正式确立了检察机关提起公益诉讼制度。《中华人民共和国民事诉讼法》第 55 条第 2 款规定：人民检察院在履行职责中发现破坏生态环境和资源保护、食品药品安全领域侵害众多消费者合法权益等损害社会公共利益的行为，在没有前款规定的机关和组织或者前款规定的机关和组织不提起诉讼的情况下，可以向人民法院提起诉讼。前款规定的机关或

者组织提起诉讼的,人民检察院可以支持起诉。《中华人民共和国行政诉讼法》第25条第4款规定:人民检察院在履行职责中发现生态环境和资源保护、食品药品安全、国有财产保护、国有土地使用权出让等领域负有监督管理职责的行政机关违法行使职权或者不作为,致使国家利益或者社会公共利益受到侵害的,应当向行政机关提出检察建议,督促其依法履行职责。行政机关不依法履行职责的,人民检察院依法向人民法院提起诉讼。基层检察机关民事行政部门,要充分发挥《民事诉讼法》和《行政诉讼法》在破坏生态环境和资源保护诉讼中的作用,充分发挥民事行政在检察建议、督促履职、公益诉讼等方面的优势,为企业及企业家投资本地创造"生态美"的自然环境。民事行政机构要充分发挥其在民事诉讼、行政诉讼的法律监督中的作用,加强与法院、企业、工商联等部门的联系,通过联席会议形式,及时发现本地区中涉及企业及企业家的相关行政、民事判决,发现确有错误的,要依法及时提出抗诉。

(三) 充分发挥检察机关整体优势依法保护企业家合法权益

强化重大情况报告、通报制度。对于办案工作中发现的体制性、政策性、策略性、方向性等重大问题,要及时向党委报告,提出解决的建议。对于机制性、管理性以及政策执行中的问题,要及时向政府通报,积极协助政府完善制度、强化管理。

一是加强工作宣传。增强主动宣传的意识,充分利用门户网站、微信、新闻媒介平台,加强宣传检察机关在保护企业及企业家合法权益的取得的成功、经验及相关政策。让企业家了解检察机关在保护企业家及企业中的作用和坚强决心。二是加强与企业的联系。通过"检察开放日"、联席会议等形式,及时全面把握企业及企业家在在司法的需求,不断增强服务的针对性和有效性。

"重商崇企"背景下如何正确发挥检察职能

马贵明[*]

近年来,随着国民经济的不断发展,企业数量激增。企业在国民经济发展中扮演着越来越重要的角色,对法治环境的需求也越来越高。但是,由于我国市场经济起步较晚,法治化程度尚不够高,导致企业的法治进程受到了一定的束缚。在此背景下作为国家法律监督机关的检察机关,如何正确发挥职能,为企业的发展营造良好的环境,维护企业的正当权益就变得尤为重要。

一、检察机关依法履职对企业的意义

(一)有利于营造良好的企业环境

企业作为国民经济的重要组成部分,是经济社会发展的重要推动器,企业的成长以及壮大需要良好的法治环境为支撑。而检察机关作为我国的司法机关,能否正确发挥其职能,依法打击各种束缚企业发展的违法犯罪行为,维护企业及其员工的正当权益,营造良好的法治环境就至关重要。

(二)有利于推动和谐社会的建设

和谐社会的建设是我国全面建成小康社会的重要内容,而和谐社会的构建又与经济的法制具有密不可分的关联。企业作为国民经济发展的重要主体,依法治企,既有利于为企业营造良好的法治环境,又是适应现代经济发展的必然要求,同时也是构建和谐社会的重要举措。检察机关作为国家治理的工具,其所有职能活动都必须为国家经济发展服务,因此,检察机关依法履职有利于推动和谐社会的建设。

(三)有利于落实检察机关的职能

检察机关是否正确履职,检察干警工作效率的检验,是通过维护社会稳定、维护社会主义经济稳定、促进社会主义经济发展的成效来衡量的,从实质

---

[*] 作者单位:贵州省六盘水市六枝特区人民检察院。

上来说检察职能的主要功能就是服务经济发展、服务社会稳定。当今社会稳定的基础在于经济稳定发展，而经济稳定发展在于企业的发展，所以检察机关在服务于企业发展履职过程中，能够充分发挥其职能，检察机关打击侵害企业合法利益的各类犯罪，为企业发展保驾护航，检察机关打击其他犯罪，履行法律监督，为企业发展营造了一个良好的法治环境。总之，在检察机关服务于企业发展的同时，不但充分发挥了自身的检察职能，同时运用自身检察职能促进了经济的繁荣，保护了社会的稳定。

(四) 有利于树立良好的检察形象

检察机关依法履行检察职能为企业发展保驾护航，不但在企业中树立了良好的检察形象，而且关系到整个社会对检察机关的印象。企业是社会经济的重要构成，我国的社会主义经济就是主要由众多的企业组成的，企业的发展从不同程度是代表社会的发展，企业的稳定关系到社会的稳定，企业的繁荣决定了人民群众的生活质量。所以检察机关依法履行检察职能在为企业保驾护航的同时，也是为社会稳定保驾护航；促进企业发展的同时，也是促进社会的发展；维护企业繁荣的同时，也是服务于人民群众，提高了人民群众的生活质量。检察机关依法履行检察职能在企业中树立了良好形象，也代表着在人民群众树立了良好形象，在社会上树立了良好形象。

二、"重商崇企"背景下检察职能的定位

(一) 全面打击刑事犯罪，重点打击各类涉企犯罪

检察机关的基本职能是法律监督功能，主要业务是打击一切刑事犯罪，凡是违反刑法规范的行为均属检察机关打击范围，当然各类涉企犯罪也属于检察机关打击的范围。涉企犯罪在表现形式上通常有多种犯罪类型。但概括来讲，涉企犯罪侵害的利益主要表现为侵害企业合法利益、侵害企业职工合法利益、企业侵犯其他企业合法利益、企业侵犯职工合法利益等形式，从犯罪类型上来讲主要包括侵害财产类犯罪、破坏企业秩序类犯罪、伤害企业职工人身权利类犯罪。检察机关全面打击刑事犯罪，为企业发展营造了一个良好的法治环境，企业的良好发展不但决定于企业自身内部因素，同时也受外部社会环境的影响，良好的社会环境是企业发展的温床，好的环境能够让企业致力于自身发展，不用担心外部环境给企业带来不利的因素。在企业发展过程中，虽然社会环境较为良好，但因企业大多是在不断的创造利益，利益的驱使让一些不法分子冒着被惩处的风险把罪恶之手伸向企业，在这种情形下，作为履行打击犯罪职能的检察机关应该重点出手打击侵害企业犯罪的行为。对于那些盗窃、抢劫

企业生产资料和企业财产的犯罪行为，检察机关的刑事检察部门应当快准精的处理该类犯罪，尽力为企业挽回损失，惩戒犯罪分子；对于那些破坏企业正常经营秩序的犯罪行为，检察机关应该以雷霆手段制止此类犯罪行为，严格惩戒此类犯罪分子，从而震慑不法分子，保护企业正常运行；对外部侵犯企业的犯罪行为要快准精的处理，对企业内部侵犯企业的犯罪行为也要同等对待，对于那些企业内部职工侵犯企业的犯罪行为检察机关应当依法进行处理。对于上述侵犯企业犯罪的行为，检察机关依法履职打击犯罪是其本职工作，为了更好为企业的发展保驾护航，检察机关可以通过成立批捕、公诉联合办案机制专门处理涉企犯罪，为保护企业的合法利益，打击侵犯涉企犯罪开辟快速通道。

（二）严格监督诉讼行为，重点关注涉企诉讼

检察机关的主要业务是打击犯罪，但其本质职能是法律监督，宪法赋予检察机关法律监督的职能，凡是涉法行为，检察机关均有权监督，诉讼监督是检察机关履行法律监督一种主要监督方式。诉讼行为分为刑事诉讼、民事诉讼、行政诉讼三大类诉讼。就刑事诉讼而言，检察机关是刑事诉讼主要参与者，全程参与并监督整个案件过程，检察机关依法公平公正打击涉企犯罪就是最直接有力的刑事诉讼监督。企业所涉及的诉讼基本包含以上三类诉讼，但在现实社会中，企业直接涉及的刑事诉讼虽然不少，但是企业涉及更多的是民事诉讼和行政诉讼，而参与的主体一般是诉讼双方当事人和审判机关，就现在我国民事诉讼和行政诉讼的情况而言，这两类诉讼的监督是较为薄弱的，检察机关内部虽然设置有民事行政诉讼监督部门，但对该两类诉讼履行的是形式上的诉讼监督，对审判机关的监督力度不够，不能够完全有效利用检察职能来保护企业的正当利益。所以检察机关应当主动出击，重点监督涉企的民事诉讼和行政诉讼，可以在诉讼过程中监督，也可以诉讼完成后监督。检察机关对涉企诉讼的监督主要可以从涉企诉讼当事人不服法院判决、裁定而提出申诉进行监督，对经审查认为法院审判过程中可能存在枉法裁判、徇私舞弊、滥用职权、判决裁定失职等影响公正判决的行为，检察机关应当依法提出抗诉或者建议同级人民法院再审；检察机关也可以监督人民法院受理依法应当受理的涉企民事行政诉讼案件，或者督促人民法院对无正当理由超过法定期限仍未审结案件以及其他违反法律规定的行为依法纠正。检察机关通过重点关注、主动出击对涉企民事行政诉讼的监督，给涉诉企业创造一个公平公正的审判环境，这不但是检察职能的正确履行，同时也是为企业创造了优质的法治环境。

（三）开展犯罪预防和法治宣传，重点宣传涉企犯罪预防和法治宣传

检察机关不但具有打击犯罪的职能，同时检察机关作为法律监督机关，开

展犯罪预防和法治宣传教育也是其职能之一。一个地方企业发展的好与坏，关系到一个地方的经济发展和社会发展，所以检察机关在开展犯罪预防和法治宣传工作的时候，可以重点宣传涉企犯罪预防。检察机关重点对外宣传涉企犯罪预防，可以震慑那些想侵害或者正在侵害企业合法利益的犯罪行为，为企业的良性发展"站台"；检察机关重点到企业宣传涉企犯罪预防，可以让企业规范自身的行为，避免企业为了非法的利益而碰触法律的底线，也可以预防企业内部职工做出侵害企业利益的犯罪行为。通过对企业进行法治宣传，可以引导企业运用法律来保护自身的合法利益，也可以通过法治宣传加强企业用法律来规范自身的行为。所以重点宣传涉企犯罪预防和法治宣传，不但让企业能够用法律武装自身头脑，也可以通过法律来规范自身行为。

三、"重商崇企"背景下检察机关正确发挥职能的途径

（一）重视打击职能，塑造良好的法治环境，保护企业的合法权益

打击犯罪是检察机关运用职能塑造良好法治环境最直接的表现方式，打击涉企犯罪是检察机关运用职能为企业发展保驾护航最直接的手段。检察机关在打击涉企的各种犯罪的时候，始终应该以保护企业合法利益为主要目标，打击犯罪是手段，保护企业合法利益是目的，更不能因为打击犯罪而打垮一个企业。检察机关对外部侵害企业的犯罪行为应当快准精的进行打击，及时消除外部对企业正常运行的影响，并全力为企业挽回损失，保障企业正常、健康发展。对于抢劫、盗窃、抢夺、敲诈勒索、诈骗等侵害企业生产资料和企业财产的犯罪行为，检察机关在依法严格惩罚犯罪分子的同时，要全力为企业追回被侵害的生产资料和财产，为企业挽回损失是打击此类犯罪的根本目的。对于打砸企业生产资料和财产、侵犯企业知识产权、故意破坏企业正常经营秩序等犯罪行为，检察机关依法及时制止侵害行为，并严格惩罚犯罪分子，为企业正常经营是打击此类犯罪的根本目的。对于侵害企业管理者和企业职工人身财产的犯罪行为，检察机关依法快捕快诉惩治犯罪分子，极力消除不良影响，避免出现影响企业正常经营的事件。

总之，对侵害企业的犯罪行为要依法严格查处，要给企业塑造一个良好的法治环境。检察机关对企业自身的犯罪行为应当依法查处，但查处犯罪是为企业祛除"毒瘤"，是为了企业能够轻装上阵、健康、良性的发展，绝不能发生因查案而查垮企业。企业自身可能涉嫌偷税、漏税、制造假冒伪劣产品、单位行贿等违法犯罪的行为。企业如果涉嫌犯罪，检察机关应当依法打击，但是在打击犯罪的同时，检察机关要充分考虑到企业即使涉嫌犯罪，并不一定代表该企业就是一个坏企业，企业作为法人并没有好坏之分，影响企业行为的是企业

决策者的主观意图,所以检察机关在打击企业犯罪的时候,切记不要戴"有色眼镜"去看待企业,更不能以先入为主的思想认为企业就是一个危害社会的"毒瘤"。检察机关在打击企业犯罪的时候要避免影响到企业正常的经营,因为一个企业并不仅仅代表着股东的权益,它也代表着是全体职工的权益,涉及了千家万户的利益。所以检察机关在对企业采取查封、扣押、冻结等强制措施的时候一定要慎重,要区分清楚需要采取强制措施的种类和总量,尽量保留企业能够正常运行的生产资料和资金,尽力保障企业能够正常经营,避免因为采取的强制措施而将企业拖垮或者打垮。检察机关对企业涉嫌犯罪的调查也要尽量考虑到稳定因素和社会影响,进入企业调查尽量做到轻车简从,不能影响企业正常经营,更不能搞得人心惶惶;对企业的调查过程尽量做到快速、精准、低调,避免引起轩然大波给企业带来覆灭式的舆论。总之,对企业自身犯罪要依法严格查处,但前提是保障企业正常经营,要注重保护企业的合法利益。

(二)完善监督制度,为企业塑造公平公正的司法环境

完善诉讼监督制度,特别完善对涉企民事行政诉讼监督制度,检察机关的民事行政检察部门切实履行好民事行政诉讼的监督职能,为企业在参与民事行政诉讼过程中处于公平公正的司法环境。

目前,在我们国家审判机关在民事诉讼和行政诉讼过程中处于主导地位,具备相对的裁判优势,虽然检察机关设置了民事行政检察部门对诉讼过程进行监督,但一定程度上还处于被动监督和形式监督。目前我国民事行政检察部门的抗诉、督促判决、纠正建议等行为在大量的民事行政诉讼活动中所占的比例很小,监督方式较为单一,监督力度比较薄弱。

检察机关要加强民事行政诉讼监督,特别加强民事行政诉讼监督。可以从以下几个方面完善民事行政诉讼监督制度:一是可以考虑建立派驻制度,由检察机关派检察官入驻法院,专职负责监督民事行政诉讼活动,派驻检察官可以随机选择或者重点选择涉企民事行政诉讼作为监督人参与诉讼,并在诉讼当事人一方或者双方的邀请下作为监督人参与诉讼,在诉讼参与中发挥监督作用,确保双方当事人在公平公正的环境下行使诉讼权利;二是可以考虑建立巡查机制,由检察机关专门成立民事行政诉讼巡查机构,巡查机构分定期和不定期对民事行政诉讼活动进行检查监督,既要对正在诉讼的案件进行检查监督,也要对已生效判决的诉讼检查监督,特别关注监督涉企诉讼案件,在巡查过程中发现影响公平公正的诉讼行为,检察机关应当依法纠正或者督促落实,如若发现确实有失公平公正的判决或者裁定,检察机关应当依法提出抗诉或者建议同级人民法院再审,确保企业在公平公正的司法环境下完成整个诉讼活动;三是完

善接访制度,可以建立专门的涉企民事行政诉讼接待办公室,专门接待企业来访,对企业反映的在民事行政诉讼中遭受到的不公正待遇、不公平的判决和裁定,检察机关应当特别重视做到反映一个问题答复一个问题,反映一个问题解决一个问题,杜绝推、拖现象,切实认真有效的帮助企业解决问题,对于无误的判决和裁定,检察机关要依法说明,对于确实有失公正的判决和裁定,检察机关要坚决的履行监督职能,切实做到在民事行政诉讼活动中检察机关是企业可以依靠的"大树"。

检察机关监督制度的完善不但包括诉讼监督的完善,还应该完善企业涉法其他监督制度,检察机关在法律监督过程中还应该特别关注那些用刑事手段干预企业民事活动的行为,及用行政手段干预企业民事活动的行为,对于这些非法干预行为,检察机关应当运用自身的法律监督职能制止这种不法行为,为企业营造公平公正的司法环境。

(三)强化涉企违法犯罪预防职能,做好涉企法制宣传

检察机关应当加大打击涉企犯罪的宣传,通过宣传打击涉企犯罪的活动震慑不法分子,从而预防涉企犯罪行为的发生。检察机关主动做好企业法制宣传,有利于企业用法律来保护自身的合法利益,并且有利于企业依法经营。检察机关可以采用定期和不定期搞涉企法制宣传,可以采用多种方式进行涉企法制宣传。比如采取法律讲座形式,讲座内容主要包含涉企法律知识,邀请辖区内所有企业参与讲座,通过讲座给企业灌输法律知识,让企业懂得如何运用法律保护自身合法权益;采取法律培训形式,引导企业树立用法律武装自己、维护自身权益;采取墙面宣传方式向人民群众宣传涉企犯罪预防和涉企法治宣传,让人民群众了解侵害企业合法利益的危害性;开展"送法入企"活动,让企业了解检察机关的各项职能,了解如果受到侵犯该如何向检察机关寻求救济,让企业能够深切的感受到检察机关就是企业合法利益的"保护伞"。同时,检察机关要向社会大力宣传打击涉企犯罪的成效和措施,突出检察机关对企业合法利益的重点保护,以引导社会各界对企业的重视和减少对企业的侵害。总之,要让企业了解检察机关保护企业合法利益的各项职能,也要让人民群众了解检察机关对企业合法利益保驾护航的决心。

扫黑除恶

论从宽区别对待黑恶势力犯罪中不同诉讼阶段的认罪认罚

刘伟琦[*]

在黑恶势力犯罪中,根据涉黑涉恶行为人开始认罪认罚所处的诉讼阶段不同,其认罪认罚分为三种类型,即始于侦查阶段的认罪认罚、始于审查起诉阶段的认罪认罚、始于审判阶段的认罪认罚,本文所述的不同诉讼阶段的认罪认罚特指此三种类型的认罪认罚。关于认罪认罚案件的处罚,最高人民法院、最高人民检察院会同公安部、国家安全部和司法部发布的《关于在部分地区开展刑事案件认罪认罚从宽制度试点工作的办法》(下文将其简称为《办法》)仅仅笼统地规定"可以依法从宽",[①]并没有规定对不同诉讼阶段的认罪认罚分别如何从宽。受此影响,关于如何从宽黑恶势力犯罪中不同诉讼阶段的认罪认罚,实践中出现了同等从宽处罚和从宽区别对待之争。那么,同等从宽处罚是否有违认罪认罚从宽制度的目的?从宽区别对待是否契合认罪认罚从宽制度的目的?其具有哪些实践价值?是否具有充足的法理根基?本文拟针对以上问题展开讨论。

一、从宽区别对待黑恶势力犯罪中不同诉讼阶段认罪的实践价值

关于认罪认罚从宽制度试点的目的,理论界与实务界普遍认为是为了

---

[*] 作者单位:贵州省玉屏县人民检察院。
[①] 第1条规定:"犯罪嫌疑人、被告人自愿如实供述自己的罪行,对指控的犯罪事实没有异议,同意量刑建议,签署具结书的,可以依法从宽处理。"

"合理配置司法资源""降低诉讼成本"。① 那么，如果对不同诉讼阶段认罪认罚的涉黑涉恶行为人给予同等从宽处罚，能否实现"合理配置司法资源""降低诉讼成本"？

趋利避害是人的天性，② 特别在决定是否以及何时认罪认罚的过程中，涉黑涉恶行为人往往会权衡如何选择才能对自己最为有利。如果认罪认罚的结果不会从宽，涉黑涉恶行为人往往不会认罪，因为，其至少有这样的侥幸：不供述罪刑或许司法机关找不到证据，兴许有无罪释放的可能。正是为了化解行为人此种侥幸的心理，立法才规定对认罪认罚者给予从宽处罚，以引导、鼓励行为人自愿认罪认罚。据此，认罪认罚从宽制度得以实施的心理基础是趋利避害的人之天性。如果对不同诉讼阶段的认罪认罚给予同等从宽处罚，涉黑涉恶行为人同样会基于趋利避害的本性来权衡在哪一阶段开始认罪认罚对自己最为有利。当然，权衡需要对每个诉讼阶段认罪认罚可能产生的结果有个大致的预判。

如果涉黑涉恶行为人计划并决定在侦查阶段认罪认罚的，那么，侦查机关在涉黑涉恶行为人的配合下，特别是根据涉黑涉恶行为人如实供述的情况，往往能够较为准确地还原犯罪经过，发现侦查线索，进而能够顺利地查清犯罪事实，收集、查明犯罪证据，不仅能够达到侦查终结所要求的"犯罪事实清楚，证据确实、充分"，而且还可能到达定罪所要求的"案件事实清楚，证据确实、充分"。最后，涉黑涉恶行为人面对的结果可能只有一个，就是被判有罪，获得从宽处罚。

如果涉黑涉恶行为人计划在审查起诉阶段认罪认罚的，根据侦查终结的情况可能有不同的结果。一种情况是，有些案件犯罪现场已经破坏，又没有其他目击证人，侦查机关通过其他途径也采集不到证据或采取不到充分的证据，若侦查期限届满仍达不到移送审查起诉的标准，就不得不作出撤案的决定。此种情况涉黑涉恶行为人便获得无罪释放。另一种情况是，侦查机关通过努力侦查使案件达到了移送审查起诉的标准，并将案件移送检察机关审查起诉。此种情况，涉黑涉恶行为人可以审时度势，决定在审查起诉阶段认罪认罚，同样可以获得同等从宽处罚的待遇。

---

① 陈卫东：《认罪认罚制度研究》，载《中国法学》2016年第2期；陈瑞华：《认罪认罚从宽改革的理论反思——基于刑事速裁程序运行经验的考察》，载《当代法学》2016年第4期。

② 参见［英］吉米·边沁：《立法原理》，李贵方等译，中国人民公安大学出版社2004年版，第2页。

如果涉黑涉恶行为人计划在审判阶段认罪认罚的，根据审查起诉的情况同样可能有不同的结果。其一，检察机关经过案件的审查，认为证据不足，经公安机关补充侦查或自行侦查后仍然证据不足，不符合起诉的条件，此时，检察机关可能作出不起诉的决定。其结果是涉黑涉恶行为人无罪释放。其二，检察机关认为符合起诉的条件的，并向法院提起公诉。此种情况，涉黑涉恶行为人仍然可以审时度势，决定在最后的审判阶段认罪认罚，同样可以获得同等从宽处罚的待遇。

不难发现，涉黑涉恶行为人计划在哪一诉讼阶段认罪认罚，其可能获得的结果并非相同。涉黑涉恶行为人计划在审判阶段认罪认罚的，有两次无罪释放的机会：[1] 可能因侦查机关撤销案件而获得无罪释放，也可能因审查起诉机关作出不起诉的决定而获得无罪释放。虽然这两次无罪释放的机会只能实现一次，但是，多了一次机会就增加了实现的可能。这正如两次摇号买车总比一次摇号获得的机会大些。涉黑涉恶行为人计划在审查起诉阶段认罪认罚的，仅有一次无罪释放的机会，即因侦查机关撤销案件而获得无罪释放。涉黑涉恶行为人计划并决定在审判阶段认罪认罚的，基本上没有无罪释放的机会。

以上预判的机理并不复杂，特别是在"尊重和保障人权"以及"排除非法证据"被写入《刑事诉讼法》的背景下，国家日益重视人权的保障，对案件的办理提出了更高的质量要求，加上新闻媒体的宣传，越来越多的普通公民知悉即使司法机关对犯罪嫌疑人采取了强制措施，但在证据不充分的情况下，仍然不得不作出无罪释放的决定。此外，在这个传播日益便捷的新媒体时代，随着法律的普及以及公开审理使越来越多的公众零距离接触庭审，法律的一项艺术性追求已基本实现，即"引导人们去享受最大限度的幸福，或者说最大限度地减少人们可能遭遇的不幸"。[2] 当涉黑涉恶行为人知晓即使在最后的审判讼阶段认罪认罚仍然可以获得同等的从宽处罚，并且越晚认罪认罚对自己最为有利，一个理性的行为人显然会选择对自己最为有利的认罪认罚时机，即审时度势，观察侦查和审查起诉阶段有无被释放的幸运机会，若没有，就在审判阶段认罪认罚，从而获得同等从宽处罚的待遇。

但是，如果每个涉黑涉恶行为人都选择在最后的审判阶段认罪认罚，那

---

[1] 需要说明的是，这里行为人有两次无罪释放的机会是互相排斥的，若因侦查机关撤销案件而获得无罪释放的，就不再进入审查起诉环节，就不再出现因审查起诉机关作出不起诉决定而获得无罪释放；若侦查机关没有撤销案件，而是将案件移送检察机关审查起诉，这时，则可能出现因审查起诉机关作出不起诉决定而获得无罪释放。

[2] ［意］贝卡利亚：《论犯罪与刑罚》，黄风译，北京大学出版社2008年版，第102页。

么，认罪认罚制度的目的必将大打折扣，甚至有落空的风险。众所周知，刑事诉讼绝大部分是公诉案件，公诉案件进入审判程序之前均需要经历侦查机关的侦查和检察机关的审查起诉，进入审判程序的案件基本上做到了"案件事实清楚，证据确实、充分"，法院在审判阶段的主要任务是根据定罪的标准作出有罪还是无罪的判决，根据责任的大小决定是否判处以及判处何种刑罚。这就意味着，就刑事诉讼而言，国家在侦查阶段和审查起诉阶段往往投入较多的司法资源。涉黑涉恶行为人在审判阶段开始认罪认罚的，主要节省了程序从简的审判资源，并没有给投入司法资源较多的侦查阶段和审查起诉阶段节约司法资源，这样，"合理配置司法资源""降低诉讼成本"的目的必然大打折扣。可见，同等从宽处罚黑恶势力犯罪中不同诉讼阶段的认罪认罚，无法最大限度实现认罪认罚从宽制度的目的。

根据我国《刑事诉讼法》的规定，侦查、审查起诉、审判三大诉讼阶段的核心任务是实现"案件事实清楚、证据确实、充分"，如果涉黑涉恶行为人每个阶段都能认罪认罚，那么，司法机关在涉黑涉恶行为人的配合下往往能够较为顺利地完成各自所承担的任务。据此，涉黑涉恶行为人越早认罪认罚，国家由此节约的司法资源、降低的诉讼成本就越明显。所以，涉黑涉恶行为人尽早认罪认罚才能最大限度地实现认罪认罚从宽制度的目的。而要实现此目的，就要给涉黑涉恶行为人提供尽早认罪认罚的驱动力，就应当对不同阶段认罪认罚的从宽幅度给予区别对待而不是同等对待，并且要提供激励尽早认罪认罚的制度设计，即"认罪认罚越早，从宽幅度越大"，反之，认罪认罚越晚的，给予的从宽幅度就越小。根据这一原则，涉黑涉恶行为人在侦查、审查起诉、审判三个阶段开始认罪认罚的，对其从宽的幅度应当依次从严。唯有这样，涉黑涉恶行为人基于趋利避害的心理才会选择在较早的诉讼阶段认罪认罚，从而最大限度地实现"降低诉讼成本"以及"合理配置司法资源"的目的。这正是从宽区别对待黑恶势力犯罪中不同诉讼阶段认罪认罚的实践价值。

二、从宽区别对待黑恶势力犯罪中不同诉讼阶段认罪认罚的预防刑根据

虽然人们对刑罚的目的存有争议，但"当今刑法理论均将预防犯罪作为刑罚的正当性目的"，[①] 我国《刑法》关于刑罚具体运用的立法也体现预防目的。比如，由于"累犯在经受刑罚体验之后仍然无视刑罚痛苦的体验而再次

---

① 张明楷：《责任刑与预防刑》，北京大学出版社2015年版，第44页。

犯罪，表明其再犯的危险性大"，① 只有适用较重的刑罚才能对其改恶迁善，实现预防犯罪的目的。所以，我国《刑法》第 65 条规定累犯"应当从重处罚"。与此相反，有些犯罪，如果行为人犯罪较轻，犯罪情节也较轻，有悔罪表现，没有再次犯罪的危险的，说明不执行刑罚也可以实现预防犯罪的目的，于是，我国《刑法》第 72 条规定对其"可以宣告缓刑"。此外，2017 年 3 月最高人民法院就刑罚的具体运用发布的《关于常见犯罪量刑指导意见》（以下简称《量刑指导意见》）第 3 条明确规定量刑要做到罪责刑相适应，实现惩罚和预防犯罪的目的。

既然刑罚的正当性目的是预防犯罪，那么，刑罚的裁量也应当以预防犯罪为目的，并且，在量刑阶段，"刑罚的主要目的是特别预防"。② "基于预防犯罪目所裁量的刑罚，属于预防刑。"③ 根据预防刑理论，在不违背罪责刑相适应原则的基础上，对改善难度较大的犯罪人应当裁量较重的刑罚改善其恶性，以实现特殊预防的目的；对改善难度较小的犯罪人，如果适用较轻的刑罚就可以矫正其恶性，实现特殊预防的目的，就不必裁量较重的刑罚。因为，既然刑罚的正当性目的是预防犯罪，那么，凡是超过预防限度的刑罚就丧失了正当性根据，就变成不公正的刑罚。④

在黑恶势力犯罪的案件中，涉黑涉恶行为人在不同诉讼阶段开始认罪认罚的，能否征表其教育改善的难度不同？若回答是肯定的，那么，基于预防目的，就应当从宽区别对待不同诉讼阶段的认罪认罚。

通常，教育改善的难度是指通过对犯罪人进行教育改造而使其正常复归社会的难易程度。一般认为，衡量犯罪人是否正常复归社会的评判标准是不致再危害社会，⑤ 没有再次危害社会的，就实现了教育改善的目标。但是，不致再危害社会过于抽象，既不易理解，也不便于衡量。刑法理论一般认为，犯罪是侵害或威胁法益的行为，⑥ 或者说"是违反规范进而造成法益侵害的行为"，⑦ 这就意味着犯罪是用法规范对行为人作出的评价，所以，用法规范来解释不致再危害社会或许较为准确，也便于衡量。从法规范的角度来表述，不致再危害

---

① 张明楷：《责任刑与预防刑》，北京大学出版社 2015 年版，第 340 页。
② ［德］考夫曼：《法律哲学》，刘幸义译，台湾五南图书出版有限公司，第 163 页。
③ 张明楷：《论预防刑的裁量》，载《现代法学》2015 年第 1 期。
④ 参见邱兴隆：《刑罚理性导论——刑罚的正当性原论》，中国政法大学出版社 1998 年版，第 253 页。
⑤ 参见陈伟：《教育刑与刑罚的教育功能》，载《法学研究》2011 年第 6 期。
⑥ 参见张明楷：《新刑法与法益侵害说》，载《法学研究》2000 年第 1 期。
⑦ 周光权：《行为无价值论与犯罪事实支配说》，载《法学》2015 年第 4 期。

社会就是按法规范行事，不逾越法规范划定的边界，即做一个守法的人。要做到守法必须具有规范意识，而犯罪人正是因为抛弃了规范意识才走上犯罪的道路。正是从这个角度而言，犯罪人是丧失规范意识的人。对一个丧失规范意识的人进行教育改善，其核心就是唤醒并恢复其规范意识。① 对犯罪人适用刑罚正是为了唤醒并增强其规范意识，强化其法律认同，② 以实现预防其再次犯罪，因为，只有行为人树立了规范意识，养成守法观念，才有可能消除其未来再犯可能性，使其正常复归社会。③ 累犯正是因为先前的惩罚没能唤醒其规范意识，才致使其再次犯罪。可见，唤醒犯罪人的规范意识对其正常复归社会相当重要。据此，犯罪人规范意识唤醒的难易度可以用来衡量犯罪人教育改善的难易度。若行为人的法规范意识越容易被唤醒，那么对其教育改造，使其复归社会的难度就越小，反之，则对其教育改造，使其复归社会的难度就越大。这说明，法规范意识唤醒的难度与教育改善的难度成正比关系。

在黑恶势力犯罪的案件中，涉黑涉恶行为人在不同诉讼阶段开始认罪认罚的，征表其规范意识被唤醒的难易度不同。具体而言，一个典型的刑事诉讼依次经历侦查、审查起诉和审判三个阶段，《办法》规定在每个诉讼阶段，司法人员都应当告知犯罪嫌疑人、被告人"认罪认罚可能导致的法律后果"。④ 司法人员告知涉黑涉恶行为人认罪认罚可能导致的法律后果的过程实际上是一个严肃的法治教育，一个法规范意识唤醒教育。涉黑涉恶行为人分别在侦查、审查起诉、审判阶段开始认罪认罚的，意味着其分别经过1个轮次、2个轮次、3个轮次严肃的法治教育，其法规范意识才被唤醒。法规范意识被唤醒所需教育的轮次越多，说明被唤醒的难度就越大，进而说明：涉黑涉恶行为人分别在侦查、审查起诉、审判阶段开始认罪认罚的，其法规范意识被唤醒的难度逐渐增大。由于法规范意识被唤醒的难度与教育改善的难易度成正比，据此，涉黑涉恶行为人分别在侦查、审查起诉、审判阶段开始认罪认罚的，其教育改善的难度逐渐增大。

既然涉黑涉恶行为人分别在侦查、审查起诉、审判阶段开始认罪认罚的，其教育改善的难度逐渐增大，那么，若对三个阶段的认罪认罚判处同等从宽处

---

① 参见陈金林：《刑罚的正当化危机与积极的一般预防》，载《法学评论》2014年第4期。
② 参见张明楷：《论预防刑的裁量》，载《现代法学》2015年第1期。
③ 参见李川：《修复、矫治与分控：社区矫正机能三重性辨证及其展开》，载《中国法学》2015年第5期。
④ 参见《办法》第8、10、15条。

罚，就意味着对教育改善难度不同的涉黑涉恶行为人适用了同等的刑罚。如此存在三个问题：其一，如果裁量的刑罚是以教育改善难度最大者为参照，那么，对教育改善难度较小者而言，则意味着处罚过重，因为，原本对他们适用较轻的刑罚即可实现特殊预防的目的，超出预防目的的刑罚便丧失了正当性，就变成不公正的刑罚。被执行刑罚者对丧失正当性、缺乏公正性的刑罚充满抵触情绪，因而，对其很难实现特殊预防的目的；其二，如果裁量的刑罚是以教育改善难度最小者为参照，那么，对教育改善难度较大者而言，则意味着刑罚过轻，无法唤醒其规范意识以及矫正其恶性，就不能实现特殊预防的目的；其三，如果裁量的刑罚是以教育改善难度中等者为参照，那么，对教育改善难度较大者，则意味着处罚过轻，对教育改善难度较小者，则意味着处罚过重。处罚过重便丧失公正性，容易激发犯罪人走向国家的对立面，因而不利于特殊预防；① 处罚过轻丧失了刑罚应有的报应性痛苦，既不能矫正犯罪的恶性而不利于特殊预防，也容易纵容他人犯罪而不利于一般预防。可见，无论刑罚过重还是过轻，都不利于预防目的的实现。所以，对从侦查、审查起诉、审判阶段开始认罪认罚的，只有给予的从宽幅度依次从严，才能矫正教育改善难度逐渐增大的涉黑涉恶行为人的恶性，才有利于实现特殊预防的目的。

三、从宽区别对待黑恶势力犯罪中不同诉讼阶段认罪认罚的司法效益

刑事司法大多需要"公检法"三机关依次办理，往往需要投入大量的司法资源，因而，在有效惩处犯罪的基础上，对刑事司法经济性的考量也是不可忽视的因素。② 虽然涉黑涉恶行为人犯罪之后其与司法机关合作的举措不会对已经造成的社会危害性有任何的减少，但可能给司法机关侦查、审查起诉以及审理案件提供较大的作用，为司法机关节约大量的司法资源，因而"具有更大的效益价值和社会价值"。③ 所谓"为司法机关节约司法资源"，是指司法机关因涉黑涉恶行为人的认罪认罚而节约了办理案件所投入的人、财、物、时间等司法成本。涉黑涉恶行为人在不同诉讼阶段开始认罪认罚的，其为司法机关办理案件节约的司法资源显著不同。

首先，从微观层面即节约具体司法资源的种类予以分析。众所周知，刑事

---

① 参见李冠煜：《量刑规范化改革视野下的量刑基准研究——以完善〈关于常见犯罪的量刑指导意见〉规定的量刑步骤为中心》，载《比较法研究》2015年第6期。
② 熊秋红：《刑事诉讼法学的未来发展》，载《法学论坛》2011年第2期。
③ 储槐植，闫雨：《刑事一体化践行》，载《中国法学》2013第2期。

诉讼的主要任务是查清犯罪事实、定性（罪与非罪以及此罪与彼罪）与量刑（是否判处刑罚以及判处何种刑罚），上述任务能否完成以及完成的质量如何，证据是关键，因为，若没有"确实、充分"的证据，既无法查清犯罪事实，也不能作出正确的定性，更不能给予恰当的量刑。所以，刑事诉讼的核心任务是做到"证据确实、充分"。但是，由于负责侦查、审查起诉以及审判的司法机关在刑事诉讼的职责定位不同，其各自承担的"证据任务"不同。具体而言，侦查机关承担的"证据任务"是发现、收集证据，审查起诉机关承担的"证据任务"是审查、充实、完善证据，审判机关承担的"证据任务"是审查、认定证据。在侦查阶段，侦查机关发现、收集证据并非易事，尤其是有些案件没有线索，不知赃款、赃物与犯罪工具藏于何处，若涉黑涉恶行为人认罪认罚的，侦查机关基于涉黑涉恶行为人的供述可以发现侦破案件的线索，找到被藏匿的赃款、赃物与犯罪工，从而节约了繁重而艰巨的查证过程，由此节约发现、收集证据的侦查资源。在审查起诉阶段，审查起诉机关为了完成审查、充实、完善证据的任务，不仅要做到证据确实充分，还要努力达到排除一切合理性怀疑，证据互相印证，形成一条完整的证据链，否则，有可能在庭审时被审判机关以疑罪从无判处无罪。在这种严格的证明标准下，有时，涉黑涉恶行为人的供述"往往是其证据体系中至关重要的一个环节，甚至对公诉机关的证明发挥着无可代替的作用"。① 因而，此阶段的认罪认罚，为司法机关节约了审查、充实、完善证据的审查起诉资源。在审判阶段，若涉黑涉恶行为人拒不认罪认罚，审判机关就要为审查、认定证据进行充分的法庭调查和辩论，若认罪认罚的，就可以简化相应的程序，比如，选择简易程序，对认可的事实和证据不再进行质证和辩论，从而加速了案件的审理，由此节约了审判资源。不难发现，涉黑涉恶行为人在侦查阶段开始认罪认罚的，不仅为司法机关节约了发现、收集证据的侦查资源，而且节约了审查、充实、完善证据的审查起诉资源以及程序从简的审判资源；涉黑涉恶行为人在审查起诉阶段开始认罪认罚的，为司法机关节约了审查、充实、完善证据的审查起诉资源以及程序从简的审判资源；涉黑涉恶行为人在审判阶段开始认罪认罚的，主要为司法机关节约了程序从简的审判资源。由此观之，涉黑涉恶行为人分别在侦查、审查起诉、审判阶段开始认罪认罚的，其为司法机关节约司法资源的种类逐渐递减。

其次，从宏观层面即节约司法资源的总量予以分析。涉黑涉恶行为人在侦查阶段开始认罪认罚的，为司法机关节约了侦查、审查起诉、审判三个诉讼阶段的司法资源；涉黑涉恶行为人在审查起诉阶段开始认罪认罚的，仅节约审查

---

① 王敏远：《认罪从宽制度疑难问题研究》，载《中国法学》2017 年第 1 期。

起诉、审判两个诉讼阶段的司法资源；涉黑涉恶行为人在审判阶段开始认罪认罚的，仅仅节约了一个诉讼阶段即审判阶段的司法资源。可见，涉黑涉恶行为人分别在侦查、审查起诉、审判阶段开始认罪认罚的，其为司法机关节约司法资源的总量逐渐递减。

综上，无论是节约具体司法资源的种类还是节约司法资源的总量，涉黑涉恶行为人分别在侦查、审查起诉、审判阶段开始认罪认罚的，其为司法机关节约的司法资源均逐渐递减（涉黑涉恶行为人在不同诉讼阶段开始认罪认罚为司法机关节约的司法资源如图1所示），这正是从宽区别对待黑恶势力犯罪中不同诉讼阶段认罪认罚的司法效益根据。

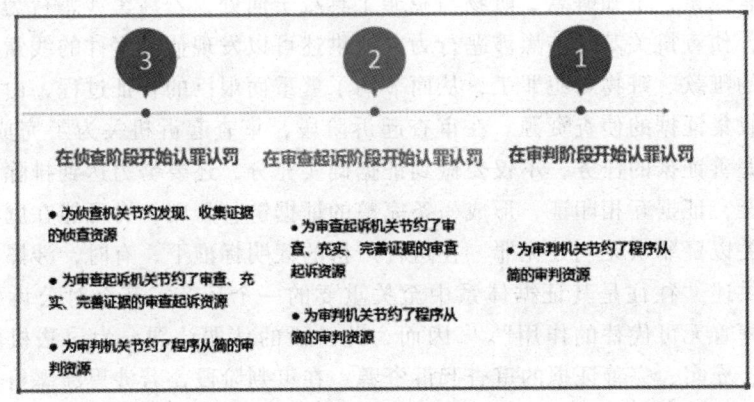

图1 涉黑涉恶行为人在不同诉讼阶段开始认罪认罚为司法机关节约的司法资源

论寻衅滋事罪在应用中存在的问题

任 维 冉 强[*]

寻衅滋事罪是从1979年刑法的流氓罪分解独立形成，是司法实践中的遇到比较多的一类犯罪，在刑法罪名的适用过程中，其争议焦点也颇多。为进一步追求刑法的统一性准确性，依法惩治寻衅滋事犯罪，更好地维护社会秩序稳定，本文对寻衅滋事罪在适用中存在的问题及处理方法进行分析，以期有利于指导具体办案实践。

一、寻衅滋事罪四种类型认定问题

（一）随意殴打他人型寻衅滋事罪认定

"情节恶劣"在应用中界定时存在的问题。《刑法》第293条随意殴打他人型寻衅滋事行为，所引起的结果非常严重的，才会被判定为寻衅滋事罪，针对这一"情节恶劣"的要求，最高人民法院、最高人民检察院《关于办理寻衅滋事刑事案件适用法律若干问题的解释》（以下简称《解释》）第2条对随意殴打型寻衅滋事作了详细的阐述，简单归纳后主要有如下几种情形：一是行为给被害人造成严重后果；二是行为本身有极大危险性；三是多次实施寻衅滋事行为；四是寻衅滋事的对象是弱势群体；五是严重影响他人社会生活。"情节恶劣"是区分随意殴打型寻衅滋事罪与一般寻衅滋事行为的关键。在司法实践中，证明行为人构成寻衅滋事罪，就必须有证据证明行为人实施了寻衅滋事的行为，同时还必须能够证明该寻衅滋事的行为达到非常严重的程度，主要问题表现为：一是"随意殴打他人"情节恶劣行为与随意殴打他人构成行政违法行为的差别细小，容易混淆；二是"多次随意殴打他人"的"多次"因为没有明确具体次数，不易把握；三是"持凶器殴打他人"的"凶器"的认定应如何把握。这些问题都需要司法人员对寻衅滋事行为是简单的行政违法行为还是已经构成寻衅滋事罪进行界别。笔者认为应从以下几点予以综合考量：

---

[*] 作者单位：贵州省铜仁市人民检察院。

1. "随意殴打他人"型情节恶劣的解决对策

随意殴打他人型寻衅滋事的,最主要的应考虑行为人的社会危害性是否达到严重扰乱社会秩序。假如行为人虽然进行了殴打滋事的等的活动,但是并未给社会秩序化运行带去明显影响,则就不会将其视为刑事案件进行处理,而应该纳入行政处罚范畴。如:2011年7月26日凌晨零时许,杨某甲、杨某乙在一闹市KTV旁被杨某随意殴打致轻微伤。杨某随意殴打他人的行为时间发生在凌晨的闹市区,人流众多,其达到了在"公共场所"的要件,其殴打他人的行为表现为无故殴打他人,体现了"随意性",造成杨某甲、杨某乙轻微伤,已经达到《解释》第2条第1项规定的两人以上轻微伤结果。但是对于是否达到严重扰乱社会公共秩序,就要仔细考量。实践中如果杨某的殴打行为,导致KTV旁发生人员混乱,造成民众安全感严重缺失。那么杨某的殴打行为完全可以按照《解释》第2条第1项,"随意殴打他人,致一人以上轻伤或者二人以上轻微伤的按照刑法第293条第1款第1项规定的"情节恶劣"处罚,将其随意殴打他人的行为认定为寻衅滋事罪。如果杨某的殴打行为,没有造成相应的混乱,且两受害人表示原谅的话,考虑刑法的谦抑性,此时杨某的行为按照《治安管理处罚法》第43条,更为合理,更有利于维护社会的和谐稳定。

2. "多次随意殴打他人型"寻衅滋事的"多次"界定模糊的解决对策

《解释》第2条第3项规定多次随意殴打他人的属于"情节恶劣";但是具体操作时,《解释》对"多次随意殴打他人"中的"多次"次数要求没有明晰具体的表述,对多次行为发生的时间范围也没有限制,在本文的观点中,可以结合之前的类型司法解释上,对"多次"进行解读和认定,比如可以参考《关于办理敲诈勒索刑事案件适用法律若干问题的解释》第3条和《关于办理盗窃刑事案件适用法律若干问题的解释》第3条中的内容,将本《解释》中的"多次"可以理解为三次以上,同时,因为该罪行为给社会秩序带去扰乱,和侵犯财产的罪行在性质上不一样,前者产生的影响要更为广泛,而刑法具有谦抑性,同时防止犯罪圈的进一步扩张,需要将多次进行殴打寻衅滋事活动限制在两年时间里,前后两次寻衅滋事行为时间超过两年的,也不能够将行为人视为"严重"寻衅滋事行为人。

3. 持"凶器随意殴打"情节"凶器"如何认定

《解释》第2条第4项将"持凶器随意殴打他人"作为衡量行为人的寻衅滋事行为是否构成"情节恶劣"的情节,那么对"凶器"认定成为了行为人构成寻衅滋事罪的关键。对"凶器"理解,法学界目前没有明确的定论,但是可以参考最高人民法院2000年《关于审理抢劫案件具体应用法律若干问题的解释》第6条的规定。第一，法律中不允许居民携带的器械；第二，为了达到犯罪目的而携带的其他类型器械。假如将其他器械视为凶器，那么该器械应该在"实施犯罪"的主观行为上扮演着重要角色。如2014年2月7日19时许，蔡某等三人在铜仁市玉屏县某餐馆溜冰场玩耍，期间与同在溜冰场玩耍的杨某等人发生口角，后双方被劝离开。约晚上22时，蔡某与朋友一起到夜市吃宵夜，又遇见杨某，双方又发生争执，后演变为撕扯，蔡某因力气没有对方大，遂拿起宵夜摊的一把铁勺砸向杨某，蔡某的两位朋友见状亦对杨某拳脚相加，导致杨某身体受伤，经过医院鉴定，属于轻微伤。当事人用铁勺子殴打他人，在这个过程中，采用的勺子第一并非国家禁止携带的器材，第二也并非当事人故意拿到现场的器材，所以不应被认定为"凶器"；另一方面蔡某不具有寻衅滋事的犯罪动机和主观方面，他拿起勺子殴打他人的行为，是临时的随意的，并不是事前为了犯罪而有预谋的携带到现场的。所以该案中"铁勺子"不应认定为"凶器"，蔡某殴打他人的行为也就不构成寻衅滋事罪。综上，具体应用"持凶器随意殴打他人"时，需要对"凶器"有个客观的认知，针对现场本来就存在的，行为人并非故意将其放置在现场的，或者国家法律并未禁止携带的器件，都不得视为"凶器"。

（二）在公共场所起哄闹事型寻衅滋事罪认定

1. "公共场所"的范围界定问题

"公共场所"，是指具有公共性的特点，是实际生活中人们容易集聚的地方，人流量大，有人员聚集的可能性等特点，如：车站、码头、机场、集市等，公共性的对立面是私密性，在具体案件中，公共场所的界定可以从是否具有私密性来判断。在公开场合起哄闹事的寻衅滋事犯罪行为中，行为人的行动必须要给社会公众场所秩序带去明显的干扰，产生严重后果，才属于情节严重。2013年两高《关于办理利用信息网络实施诽谤等刑事案件适用法律若干问题的解释》第5条第2款将在公共场所起哄闹事型寻衅滋事罪的"公共场所"进行扩大化解释，认为网络平台也是"公众场所"包含的部分，基于此，寻衅滋事罪的"公共场所"既从有形场所扩张到了网络的虚拟世界，而在实践中，要认定行为人"造成公共秩序严重混乱"指的是给社会秩序带去明显的干扰，或者促使网络秩序遭到影响而失序，两者并性还是两者只要具备一个，不是很好把握。另外，这里的"公共秩序"是否包括网络道德秩序和价值引导，都很模糊笼统。

2. 网络寻衅滋事罪单立罪名的必要性

如前所述，两高发布的《关于办理利用信息网络实施诽谤等刑事案件适用法律若干问题的解释》中已经将网络空间纳入刑法规定的公共场所的范畴，但是司法解释是对刑法罪名在具体应用中予以阐释的过程，不应该当然认定司法解释就是符合刑法设立罪名的立法本意。在适用刑法的过程中，最应该注意的是，想当然的将刑法罪名予以随意扩大化。目前，针对网络空间属不属于公共场所，学界大致有两种对立的观点。一种观点认为，网络空间本质上是虚拟的社交场所，没有具体的空间感，不能具象化，且网络空间的寻衅滋事行为多表现为语言、图片等形式，不具备有实质的杀伤性。假如将网络空间发言行为视为寻衅滋事行为，则会给公民言论自由权带去侵害。寻衅滋事罪侵犯的客体是社会的正常秩序，需要有具体的介质存在和物理空间作为依托，那么，寻衅滋事当然就只有在现实生活中才会造成对社会秩序的破坏。在部分学者的观点中，寻衅滋事罪中的公共场所应该涵盖虚拟场所。信息化时代的到来，人们越来越依靠网络，各种购物和休闲平台使得大部分人认为网络已经是社会属性中属于必须存在的部分，所以网络空间于情于理都属于公众场所。笔者认为，从近年来寻衅滋事各种表现趋势来看，的确有向网络空间延伸，网络虚拟空间的一部分人的确也存在故意发布言论，引起民众恐慌的行为，传统的寻衅滋事罪遭遇到了挑战。这一类型的犯罪，相较于传统的寻衅滋事更加不易衡量和认定，其本质上是一种新的犯罪类型。故而，将这一部分行为强行划入寻衅滋事罪的办法，只能当作是法律实务界对网络空间进行管理的权宜之计。社会的发展速度越来越快，法律的滞后性决定了某一部分新兴领域存在法律的留白区域，这就需要立法者根据实际的社会需要不断更新法律。网络寻衅滋事罪单独设立为另一新的罪名是法律本质属性的要求，也是更好地保护公民法益，进一步净化网络风气的必然要求。

（三）追逐、拦截、辱骂、恐吓他人型寻衅滋事罪认定

1. 对追逐、拦截、辱骂、恐吓他人行为认定

这一类型的寻衅滋事，在适用中比较好认定一点，但还是应该要注意以下三点：一是追逐、拦截、辱骂、恐吓的过程有没有导致社会失去秩序，如果没有达到该结果，当然不构成寻衅滋事罪，最多只能认定为是寻衅滋事行为，要将其作为刑罚案件处理；二是追逐、拦截、辱骂、恐吓的行为过程中，是否对他人实施心里控制，行为人以某种特定的言语让被害人心灵承受巨大压力，对被害人造成精神伤害的，应该视为已经构成寻衅滋事罪；三是追逐、拦截、辱骂、恐吓他人的行为并不存在暴力因素，假如有暴力因素，则这种行为属于给他人财产和安全带去侵害的行为，后果更加严重，不应该以寻衅滋事罪来定性。

2. "情节恶劣"在应用中如何认定

两高《解释》对追逐、拦截、辱骂、恐吓型寻衅滋事中"情节恶劣"的

定罪标准，作了比较详细的列举。列举部分内容可以简单概括为次数、手段、对象和造成的结果四部分内容。那么对于该类型寻衅滋事"情节恶劣"笔者认为应主要把握以下四点：一是行为人是否多次实施该行为，行为实施的次数之间时间间隔。因为从是否多次实施和次数之间的间隔时间，能够体现出行为人的主观恶性，可以实现行为人行为的顺利定性。二是行为人开展该行为的方式，有没有拿着凶器追逐、拦截、辱骂、恐吓行为，是否多人参与实施追逐、拦截，是否对被害人实施心理强迫，若都具备了前述行为，则必然可以认定其寻衅滋事的主观恶性。三是行为人实施该行为的对象。假如行为人是弱势群体，比如身体残疾或者有精神疾病，则其行为引起的后果将会更加严重。四是行为人行为导致的后果中，促使他人不能够正常工作，身体和内心受到极大伤害，甚至走向自杀道路的，则行为人的行为已经给社会秩序带去严重干扰，侵害他人合法权利。

（四）强拿硬要或者任意毁损、占用公私财物型寻衅滋事罪客观要件问题

两高《解释》第4条第1项规定强拿硬要公私财物价值超过1000元的，抑或者故意毁损、占用公私财物价值在2000元之上属于情节严重。在适用该条解释中，笔者认为这种观点值得商榷：第一，寻衅滋事罪保护的是复杂客体，既保护公共社会秩序，又保护他人的人身权利、公私财产权利等，但是其行为性质最主要表现的还是对社会正常秩序的破坏，那么，理所当然的在考察本罪情节恶劣或者情节严重时，首先的关键点应是关注行为人的行为对社会秩序扰乱程度是否严重；第二，强拿硬要或者任意损毁、占用公私财物的数量或数额的大小根本不能直接反映行为扰乱社会秩序的水平，则抢占公共产品和毁损公共产品价值进行量化，在该罪的认定上并不科学；第三，多次强拿硬要或者任意损毁、占用公私财物的行为如何认定价值，价值是否可以重复计算。《解释》将多次强拿硬要或者任意损毁、占用公私财物数量或数额大与多次强拿硬要或者任意损毁、占用公私财物并列在一起，可以看出，这里的强拿硬要或者任意占用、损毁公私财物数量或数额较大是指一次强拿硬要或者占用、损毁的数量或数额大，价值数额当然不能累计，应根据具体案情认定。认定强拿硬要或者任意占用、损毁公私财物，情节严重不能单纯的根据公私财物的数量或数额来量化，最终还是需要综合考量行为扰乱社会秩序的程度而定。

二、寻衅滋事中"多次"情节的定性问题

从《解释》的内容来看，不难看出《解释》将"多次"作为寻衅滋事"情节严重"或"情节恶劣"情况中的一种，但是如何对"多次"进行有效

认定,并没有给出具体的认定标准。现实中,司法人员在认定"多次"的时候所选择的标准各异,这加大了办案难度,也不利于办案的科学性,下面通过两则案例予以说明:

(一)基本案情

案例一:2011年5月25日凌晨4时许,犯罪嫌疑人杨某某向吴某某、杨某、熊某提出心里不舒服想找人泄愤。四人随后到了一网吧,被网吧网管被害人伍某要求出示身份证,随即其遭到四人殴打,后杨某某等人受到行政处罚;2012年11月11日21时许,犯罪嫌疑人杨某某等认为某西饼屋收费过高,经共谋后赶至正在营业的该西饼屋一阵打砸后离开,后杨某某等人受到行政处罚(被砸物品受损价值低于2000元);2013年3月13日凌晨,犯罪嫌疑人杨某某酒后与熊某、杨某甲、杨乙来到一发廊"消遣",杨某某因不满发廊服务人员态度,随即对店内物品进行打砸后离开(被砸物品受损价值低于2000元);2014年5月24日凌晨,犯罪嫌疑人杨某某因琐事在某休闲广场随意辱骂被害人张某。

案例二:2005年2月5日21时许,驾驶员吴某某在某招待所门口与杨某发生争执,被害人罗某某见状上前询问情况,犯罪嫌疑人杨某闻讯后纠集张某、郭某等人赶至现场,随即殴打罗某某致其轻伤;2011年7月26日凌晨零时许,被害人杨某甲、杨某乙在一KTV旁被他人误打,被害人张某得知后赶至现场询问情况,随即被犯罪嫌疑人杨某殴打致伤(未达轻伤、轻微伤);2013年10月5日凌晨1时许,犯罪嫌疑人杨某的朋友与他人在某银行门口发生争吵,被害人姚某某、罗某上前劝解,驾车路过的犯罪嫌疑人杨某随即持啤酒瓶、板凳等物上前殴打姚某某、罗某,致姚某某轻微伤;2015年7月29日21时许,犯罪嫌疑人杨某到某县某镇的一理发店洗头,该店经营者被害人赵某某称停水无法为其提供服务,被杨某纠集张某、郭某等人殴打。被害人黄某某见状上前劝解,被杨某某殴打致轻微伤。

(二)案件处理存在的分歧

案例一中,犯罪嫌疑人杨某某于2011年实施随意殴打他人寻衅滋事行为一次,2012年、2013年共实施任意毁坏公私财物寻衅滋事行为两次,2014年实施辱骂他人寻衅滋事行为一次。杨某某所实施的寻衅滋事行为有三种,即随意殴打他人、任意毁坏公私财物、辱骂他人,时间跨度达四年。且杨某某于2011年实施随意殴打他人寻衅滋事行为和2012年实施任意毁坏公私财物寻衅滋事行为受过行政处罚。该案的处理存在以下几个问题:一是犯罪嫌疑人杨某某的寻衅滋事行为类型不同,不同类型的寻衅滋事行为是否可以叠加,进而对其予以法律评价。如果"多次"行为必须是同类型行为，认为"情节恶劣"或"情节严重"是指《刑法》第293条规定的四种情形中的同一类型要反复多次，才属于寻衅滋事罪，不然就不属于情节严重。二是犯罪嫌疑人杨某某的寻衅滋事行为，在多长时间跨度内实施几次才能算作是"多次"。《解释》将"多次"视为寻衅滋事中"情节严重"或"情节恶劣"认定的一种方式，然而在"多次"的时间跨度并未作出规定。三是犯罪嫌疑人杨某某有两次行为已经受到过行政处罚，这两次受过行政处罚的寻衅滋事行为能否入"多次"之中。

案例二中，犯罪嫌疑人杨某于2005年纠集他人随意殴打他人致轻伤、2013年、2015年纠集他人随意殴打他人致人轻微伤，2011年随意殴打他人致人受伤。所实施的寻衅滋事行为只有一种，但时间跨度达10年之久。该案处理中存在的问题如下：一是犯罪嫌疑人杨某2005年实施的纠集他人随意殴打被害人致使被害人受轻伤的行为，能否予以追究刑事责任，是否已过追诉时效；二是犯罪嫌疑人杨某某的行为是否构成"纠集他人多次实施寻衅滋事犯罪行为"，其法定刑应否升格到5年以上10年以下，从而计算其2005年的寻衅滋事罪追诉时效。

三、如何把握寻衅滋事罪中的"多次"情节认定

在法律的实施过程中，由于实施法律的具体条件千差万别，人们的法律意识也不尽相同，人们对于法律条文的理解也就大不相同。如果出现上述差别，对法律的理解也就会出现偏差，导致实施的标准不统一。司法实践中，我们对法律条文的理解及适用过程，其实就是对法律条文的解释过程，只不过这种解释属于任意解释。对寻衅滋事罪中多次情节如何认定，即是对法律的理解及适用，在这过程中，笔者认为可以从如下几点去把握：

（一）寻衅滋事的"多次"情节认定的时间跨度问题及处理办法

《刑法》第87条明确指出，犯罪如果出现如下期限就不会进行再次的追诉：第一，法定最高刑为不满5年有期徒刑的，经过5年；第二，法定最高刑为5年以上不满10年有期徒刑的，经过10年；第三……结合理论进行分析，行为人罪行的相同条文中给出几个量刑幅度的时候，要选择量刑幅度最高刑来明确追诉时效期限，对于一般性质的寻衅滋事罪，最高刑是5年，因此追诉时候，其时效期限也应该是5年。纠集他人多次实施寻衅滋事犯罪，其最高刑为有期徒刑10年，则其追诉时效为10年。"多次"寻衅滋事行为是一个持续性的活动，这项活动的时间跨度上，发了没有给出具体规定，因此如果在追诉时效期限中发生的，则应该接受刑事处理。笔者认为针对寻衅滋事犯罪的特殊

性，未构成法律规定的"纠集他人多次"的，其寻衅滋事行为不应该简单以追诉时效来认定"多次"情节时间跨度，应该综合追诉时效和参照两高有关司法解释来认定。结合 2013 年给出的《关于办理敲诈勒索刑事案件适用法律若干问题的解释》第 3 条内容，二年内敲诈勒索次数超过三次以上的，应该构成刑法第 274 条规定的"多次敲诈勒索"；《关于办理盗窃刑事案件适用法律若干问题的解释》第 3 条的内容中，指出两年内进行盗窃的次数超过三次的，则属于"多次盗窃"。寻衅滋事罪的多次情节可以按照二年内寻衅滋事三次以上来认定。如案例一中犯罪嫌疑人杨某某于 2011 年实施随意殴打他人寻衅滋事行为一次，2012 年、2013 年共实施任意毁坏公私财物寻衅滋事行为两次，2014 年实施辱骂他人寻衅滋事行为一次，时间跨度为 4 年，在 5 年的追诉时效内，没有达到两年三次寻衅滋事，故不应计入寻衅滋事"多次"情节内。

（二）不同种类的"多次"可否叠加追究责任的问题

通过考察寻衅滋事罪制定的经过及其沿革情况，比较已经废止的流氓罪，我们可以看出，立法者设立寻衅滋事罪的目的是保护公民人身权利和社会公共秩序。从该罪保护的法益来看我们可以得出对寻衅滋事罪中"多次"情节的理解，不应只限于字面解释，而应该将《刑法》第 293 条放在《刑法》整个体系当中去，不能脱离《刑法》对该条文进行枯燥的文字理解。2013 两高《解释》第 2 条第 3 项规定多次随意殴打他人的属于情节恶劣；第 3 条第 1 项规定多次追逐、拦截、辱骂、恐吓他人，造成恶劣社会影响的属于情节恶劣；第 4 条第 2 项规定多次强拿硬要或者任意损毁、占用公私财物，造成恶劣社会影响的属于情节严重。可以看出司法解释将不同种类的寻衅滋事行为都单独设立"多次"条款。因此在本文中看来，寻衅滋事的"多次"并不是各种类型的寻衅滋事行为叠加，不得将其次数累加起来进行"情节恶劣"或"情节严重"的认定，此举才符合刑法罪刑法定原则，避免了刑法适用的扩张解释。如案例一中犯罪嫌疑人杨某某于 2011 年实施随意殴打他人寻衅滋事行为一次，2012 年、2013 年共实施任意毁坏公私财物寻衅滋事行为两次，2014 年实施辱骂他人寻衅滋事行为一次。杨某某所实施的寻衅滋事行为有三种，即随意殴打他人、任意毁坏公私财物、辱骂他人，这三种行为因寻衅滋事的类型不一，故不能认定为任何一种寻衅滋事行为的"多次"情节，当然也就不应该以寻衅滋事罪追究责任。

（三）寻衅滋事行为受过行政处罚后应否计入"多次"情节

《行政处罚法》第 24 条指出，相同的违法行为上，行政处罚必须是一次，不得进行重复性的处罚。这一规定的含义是：（1）行为人的一个行为，同时违反两个以上的法律法规，可以给予两次以上的处罚。（2）行为人只做出另一个行为，违法的法律法规同时规定施罚机关可以并处两种处罚的，不违背一事不再罚原则。（3）违法行为引起的后果非常严重，属于犯罪性质的，就要对当事人进行刑事责任的追究，但是这里行政处罚依然有着适用性，并不意味着直接跳过行政处罚。（4）相同的行为，需要分别对单位和相关责任人进行处罚的，并非一事再罚。《行政处罚法》中第28条指出，违法行为非常严重，形成犯罪的，人民法院经过处理后判处有期徒刑或者拘役的，行政机关在当事人身上已经进行了行政拘留的，可以结合法律进行其刑期的折抵。如果人民法院会进行罚金的收取，行政机关已经收取了一定罚金的，则也应该根据法律进行罚金的折抵。因此可以发现，法律上的刑事处罚与行政处罚并不是完全独立开来的，在具体问题的处理上会相互结合，在已经进行行政处罚的寻衅滋事案件处理上，可以通过处罚期限和罚金折抵的形式进行处理。根据《刑法修正案（八）》将寻衅滋事的法定刑升格的立法目的来看，是本着对寻衅滋事行为"打早打小"的打黑效应。也就是说如果公安机关给予行为人寻衅滋事行为行政处罚后，又发现其屡教不改且行为涉嫌刑事犯罪，当然可以追究刑事责任。如案例一中犯罪嫌疑人杨某某于2012年、2013年实施任意毁坏公私财物寻衅滋事行为两次，这两次受过行政处罚的寻衅滋事行为也就当然能够计入"多次"情节之中。

当前黑恶势力犯罪的特征及防控对策分析

秦 晔[*]

黑恶势力是黑势力与恶势力的通称，对应《刑法》第 294 条"黑社会性质组织罪"（恶势力犯罪惩治参照此条规定）。"黑社会"是一个外来词，即英语 under - word society，直译为"下社会"。旧中国，黑社会组织在当时特殊的历史条件下，同反动政权相互勾结，彼此结成盘根错节的复杂关系，形成了旧中国特殊的"黑金统治"。新中国成立后，中国共产党在争取一切可以争取的帮会组织和帮会分子的同时，结合当时的清匪反霸、镇压反革命、肃毒禁娼等运动，对于依附于国民党而又不思悔改的反动帮会和黑社会邪恶势力进行了坚决打击和镇压。到 1953 年，黑社会势力在中国内地基本绝迹，而且在以后的近 30 年里，黑社会犯罪在中国内地基本是一段历史空白。改革开放以后，由于经济利益的驱动和社会管理的暂时性滞后，黑恶势力犯罪呈死灰复燃之势，经过 20 世纪 80 年代量的积累，90 年代质的跨越，进入 2000 年后，黑恶势力犯罪不断呈现新的特征，渐趋成为刑事犯罪打击的重点之一。至 2018 年 1 月，中共中央、国务院发出《关于开展扫黑除恶专项斗争的通知》，决定在全国开展扫黑除恶专项斗争，2018 年 2 月 2 日，最高人民法院、最高人民检察院、公安部、司法部等四部门联合发布《关于依法严厉打击黑恶势力违法犯罪的通告》，至此扫黑除恶斗争进入新的阶段。

一、当前黑恶势力犯罪的特征

（一）现行《刑法》及相关法律性文件对黑恶势力犯罪的特征描述

《刑法》第 294 条针对黑社会性质组织犯罪，涉及"组织、领导、参加黑社会性质组织罪"、"入境发展黑社会组织罪"、"包庇、纵容黑社会性质组织罪"三个罪名。依此条规定，可以将黑社会性质犯罪作出两种划分：第一，从犯罪行为的角度，黑社会性质犯罪可分为与其自身直接相关的犯罪和其组织

---

[*] 作者单位：贵州省人民检察院。

直接实施的犯罪，前者主要指组织、发展、操纵黑社会性质犯罪，后者指黑社会性质组织直接实施的诸如杀人、抢劫等犯罪行为；第二，从其组织的源头、层次及犯罪的行为方式上可分为现代型黑社会性质犯罪和传统型黑社会性质犯罪，前者多为土生土长，类似于封建会道，带有浓厚的封建家长式色彩，实施的犯罪也是以暴力形式为主，后者多为外来传入或者以境外黑社会组织为蓝本，以暴力为基础，以利益制衡为纽带，多披有合法外衣，犯罪能量巨大，隐蔽性很强，是涉黑犯罪打击的重点、难点。

"恶势力"现行《刑法》未做明确规定，依最高人民法院、最高人民检察院、公安部、司法部等四部门联合发布《关于依法严厉打击黑恶势力违法犯罪的通告》中相关表述归纳，恶势力是指经常纠集在一起以暴力威胁或者其他手段，在一定区域或者行业内多次实施违法犯罪活动，为非作恶、欺压百姓、扰乱经济社会生活秩序，造成较为恶劣的社会影响，但尚未形成黑社会性质组织的违法犯罪组织。恶势力一般为三人以上，纠集者相对固定，违法犯罪活动主要为故意伤害、非法拘禁、强迫交易、聚众斗殴、敲诈勒索、故意毁坏财物、寻衅滋事，同时还可能伴随实施开设赌场、组织卖淫、强迫卖淫、运输毒品、贩卖毒品、制造毒品、抢夺、聚众扰乱社会秩序、聚众扰乱公共场所秩序和交通秩序，以及聚众打砸抢的。文件明确规定，在相关法律文书中的犯罪事实认定部分，可以使用恶势力等表述加以描述。文件还相应规定，恶势力犯罪集团是指符合犯罪集团法定条件的恶势力犯罪组织，其特征表现为有三名以上的组织成员，有明显的首要分子，重要成员较为固定，组织成员经常纠集在一起，共同故意实施三次以上恶势力惯常实施的犯罪活动或者其他犯罪活动。

（二）当前黑恶势力犯罪一般特征

总体而言，黑恶势力犯罪特征很多，而且从不同角度看，其特征的突出点又有所不同，但有四个特征是黑恶势力犯罪所共同具备的：一是不择手段积累并扩大自己的经济基础，经济基础是黑恶势力存在与发展的命脉，对一个黑社会性质组织和恶势力组织而言，经济利益是它追求的最终目标，在其发展的任何阶段都离不开经济活动，它所实施的任何形式的犯罪也均是围绕经济活动展开的；二是有严密的组织，从古至今，黑社会成立的主要目的之一便是联合对抗国家机器，犯罪从其本源上来讲便是一种个人对抗国家的行为，由于国家所要保护的人口、资源众多，难免出现漏洞，犯罪人针对的便是这个漏洞，而且漏洞越大，他们获取的利益便越多。因此，带有黑社会犯罪诸多因素的黑恶势力犯罪，亦会以各种形式联合起来，订立攻守同盟，共同对抗打击；三是以暴力为后盾，如同国家要有暴力机关的支持一样，黑恶势力犯罪团伙同样也以暴力作为后盾，无论是政治经济利益的摄取，还是组织体系的维持，或是逃避对抗国家的打击，暴力均是不可或缺的因素；四是向主流社会渗透，黑社会被视为处于正常生活和经历之下的社会区域或社会层，由此可见，带有黑社会色彩的黑恶势力作为一个群体是游离于主流社会边缘的，但是他所向往的各种利益均来源于主流社会，这就决定了他们若要存在发展就会不断地向主流社会渗透甚至于取代主流社会，故而他们不遗余力的寻求"保护伞"。

（三）当前黑恶势力犯罪的突出特征归纳

当前黑恶势力犯罪的突出特征归纳起来有以下几个方面：

1. 犯罪亚文化渐趋形成

一个社会所有成员平等共享和接受的文化，称之为主流文化，当在主流文化之下又形成了一些其他群体所不具备的文化要素与生活方式时，就形成了另一种群体文化——亚文化。所谓犯罪亚文化是犯罪者群体所持有的，其他群体所不具备的文化要素与生活方式。中国历史上犯罪亚文化是及其丰富的，古典四大名著之一的《水浒传》便是一部描绘犯罪亚文化的代表作，古人通称的"江湖"便是"犯罪亚文化"存在的载体，他们拥有自己的语言（黑话）、生活方式（游荡）、生活理念（义气、武功）、组织观念（门派高于国家）。进入现代，以暴力、色情为主的新犯罪亚文化通过高度发达的大众传媒广泛传播。改革开放四十年间，我国引进了不少外国的影视作品、文学作品，其中不乏一些糟粕，在这种社会背景下，中国的黑恶势力群体（集团）在 2000 年后，渐趋形成犯罪亚文化。如四川宜宾的"狄绍伟犯罪集团"曾专门制定了《员工手册》，这本手册内容丰富，涉及意识基础（江湖义气、有福同享、有难同当、有罪同受）权利、义务、行为规则，俨然一部黑社会"宪法大纲"。犯罪亚文化渐趋形成是一种可怕的趋势，因为意识的形成，标志着黑恶势力犯罪由自发走向自觉，黑恶势力犯罪的进一步升级将给我们打击此类犯罪造成极大的困难。

2. 黑恶势力犯罪的智能化程度不断升高，隐蔽性不断加强

传统的涉黑犯罪是以"打、砸、抢"为主要手段，但随着科学技术的不断发展。黑社会发展的智能程度也不断升高，犯罪领域也更会倾向于以暴力为基础的诈骗、走私等，甚至暴力因素很多时候被完美隐藏。与此同时，犯罪成员的个人素质也不断提高，有的甚至接受过正规的高等教育。

3. 有与邪教、恐怖主义相结合的意向

邪教、恐怖主义、黑社会可谓一丘之貉，从根源上就千丝万缕的联系。当今世界全球化趋势明显加快，世界各国在打击犯罪等方面加强了协作，作为被打击的三个典型的有组织犯罪渐渐走向联合，他们互相利用，以谋取自身利益的最大化。这一类型的犯罪在我国某些边境地区及热点民族地区表现较为突

出，如新疆地区与"东突"有关的系列犯罪。

4. 毒品甚至军火渐趋成为黑恶势力的衣食父母

毒品利润丰厚，又能以此实现对人的人身控制，军火即有丰富利润、又是权力的支柱，因此毒品与军火渐趋成为黑恶势力犯罪追逐的重点。改革开放后，毒品与军火走私在我国境内大幅增长、各地黑恶势力势力均不同程度参与，以此获取财源和武器。2000年后，全国公安机关查获的典型黑社会性质组织，几乎全部参与过毒品与枪支交易，有的甚至主要从事的就是毒品或军火交易。

5. 洗钱

"洗钱"系外来语，英文称"money laundering"，是指为了掩盖非法收入的真实来源和存在，而通过各种手段使其合法化的过程。洗钱一般是黑恶势力犯罪的后续行为，通过洗钱将非法所得合法化，同时给案件查办和案款追缴造成了极大困难。国外黑社会犯罪后，通常将非法所得通过洗钱漂白，俄罗斯的黑社会头目莫吉洛维奇，在1998年10月到1999年3月短短半年时间里洗钱42亿美元。洗钱在我国方兴未艾，较早的"远华案"中，赖昌星便与香港某洗钱组织相互勾结，前前后后将近50亿港币，洗白之后流入加拿大。也正因为此，赖昌星在逃至加拿大多年后，几经协商才引渡回国受审。大量的洗钱，给我国的经济造成极大损害，也给我们的追逃、追缴工作带来了极大障碍。

二、对当前黑恶势力犯罪特征的深度分析

当前黑恶势力犯罪特征源于其自身形成的特殊环境，对其特征形成的深度分析是有效防控犯罪的基础。

（一）依附式的保护关系

我国现今的黑恶势力犯罪带有诸多黑社会犯罪因素，但较之典型的黑社会犯罪尚有"数步之遥"，很重要的原因就是黑恶势力与保护伞之间本质上是一种依附式的关系，而不是黑社会组织与保护伞之间的利益共享关系，两者最主要的区别是前者形成的成员范围和规模远远小于后者。我国社会是较为典型的熟人社会，人身依附的理念根深蒂固，亲属、师生、同乡等各种关系错综复杂，由此形成了强度不等的信任度，构成保护关系的基础。正是由于需要信任度的支撑，较之国外"黑金政治"中明码实价的保护关系，依附式的保护关系一定程度上限制了黑恶势力的发展速度和规模。加之，我国特有的党委（组）领导体制和人事制度，阻绝了黑恶势力渗透或控制干部选任的可能，致使黑恶势力与保护者的关系始终处于不稳定状态。即便是改革开放以后，行政管理相对减弱的农村基层组织，虽然偶有曝光黑恶势力控制基层选举的案例，

但是其影响多只到县级,换言之,问题反映到县里就基本能够予以解决。

(二)添空式的行业垄断

经济利益是黑恶势力存在的基础,黑恶势力形成的垄断多是对改革过程中产生的行业空缺和某些新兴行业的垄断。举例如原来国有、集体企业退出的服务行业领域,笔者调研时曾经遇到群众反映,某县的客运线路,基本被交警队长、运管所所长、交通局局长等相关人员的亲朋瓜分,这种"近水楼台先得月"式的行业垄断是多数黑恶势力获取经济利益的惯用手段。值得庆幸的是,我国的国有经济依然牢牢掌控国民经济命脉,并且相对于黑恶势力涉足的垄断行业,国有经济的体量是极其巨大的,正因为此,黑恶势力是绝难撼动我国固有的政治经济体制的,这也是我们能够有效防控和打击黑恶势力犯罪的重要基础。但是,也必须提高警惕,近年来在某些县域、某些行业,如房地产行业,渐趋出现大规模联合垄断趋势,并伴有诸多黑恶势力因素存在,暴力拆迁、哄抬房价事件偶有曝光,甚至影响政府的决策,此类苗头必须予以有效控制。

(三)传承式的犯罪理念

我国黑恶势力犯罪的文化传承可谓"源远流长",自盗跖庄蹻始,犯罪亚文化贯穿了中国历史。现今黑恶势力犯罪总体划分为传统型和现代型,重要依据便是对传统犯罪亚文化的认可度。这种传承式的犯罪理念,带来两方面突出问题:一是为黑恶势力的组织构建提供了温床,很多黑恶势力成员就是因为受到了犯罪理念的传承而加入犯罪组织;二是为黑恶势力的组织维系提供了便利,很多黑恶势力直接将传统的犯罪理念作为激励成员的依据,以此维系犯罪组织关系。

三、当前黑恶势力犯罪的防控对策

针对上述对当前黑恶势力犯罪特征的分析,提出如下防控对策:

(一)构建防控黑恶势力犯罪体系的基础在基层

如前所述,我国特有的经济政治体制有效抑制了黑恶势力的发展,我国并不存在能够对抗一方政权的黑社会组织,从目前查办的案件情况看,黑恶势力多集中在把持基层政权、操纵破坏基层换届选举、垄断农村资源、侵吞集体资产的黑恶势力;利用家族、宗族势力横行乡里、称霸一方,欺压残害百姓的"村霸"等黑恶势力;在征地、租地、拆迁、工程项目建设的过程中,煽动闹事的黑恶势力;在建筑工程、交通运输、矿产资源、渔业捕捞等行业领域强揽工程、非法占地、乱开乱采的黑恶势力;在商贸集市、批发市场、车站码头、旅游景区等场所,欺行霸市、强买强卖、收保护费等黑恶势力;操纵"黄赌毒"等违法犯罪活动的黑恶势力；非法高利放贷，暴力讨债的黑恶势力；插手民间纠纷，充当地下执法队的黑恶势力等。这些黑恶势力多是直接性地侵害群众的切身利益，并常与基层腐败官员勾结，严重损害了党和政府在群众中的形象，长此以往危及我党的执政基础，因此必须予以系统整治。结合目前基层黑恶势力形成特征，整治的重点在于畅通群众举报申诉路径，针对群众反映的问题，保证核实清楚、及时处理、按时反馈，以此将黑恶势力犯罪暴露在阳光之下，扼杀在萌芽状态。

（二）以行业为条线的专项整治

鉴于目前黑恶势力在某些行业渐成垄断之势，因此以行业为条线的专项整治已经迫在眉睫。我国地域辽阔，加之各地政治经济发展不平衡，差异较大，可以采取因地制宜的方法，逐一整治。如前所述，我国目前大部分黑恶势力的行业垄断集中在县域范围，因此此项工作需地市以上部门牵头领导，辅之跨地区回避等制度，收效会更为显著。

（三）对恶性犯罪的重点打击

针对黑恶势力中威胁政治安全特别是政权安全、制度安全以及向政治领域渗透的黑恶势力；境外黑社会入境发展渗透以及跨国跨境的黑恶势力，在严厉查办的同时，深挖其"保护伞"，彻底阻断其犯罪经济来源和洗钱渠道，进而从根本上消除其再生的可能性。

（四）对主流文化的针对性宣传

近代中国动荡迭起，主流文化形态经历了"主变、主斗"到今天的"尚进、求和"的转变，改革所带来的暂时性管理缺失业已弥补，以社会主义核心价值观为基础的主流文化基本成型。以上为防控黑恶势力犯罪，对抗犯罪亚文化侵袭提供了基础。通过树立主流文化理念，使黑恶势力犯罪失去存在与发展的土壤，是防控黑恶势力犯罪的治本之策。

扫黑除恶多方协作机制研究

苏 维[*]

为了整合多方力量开展黑恶势力违法犯罪的综合治理工作,2018年1月,中共中央、国务院印发了《关于开展扫黑除恶专项斗争的通知》(以下简称《通知》),"《通知》要求,在各级党委领导下,发挥社会治安综合治理优势,推动各部门各司其职、齐抓共管,综合运用各种手段预防和解决黑恶势力违法犯罪突出问题",这实际上提出了扫黑除恶多方协作的理念。由于扫黑除恶多方协作涉及不同区域、众多部门的合作,为了保障不同区域、众多部门形成合力,产生"1+1>2"的协作效果,必须建构科学、合理的多方协作机制。本文拟对扫黑除恶多方协作机制展开探讨,以期为推动扫黑除恶多方协作理念的实践应用提供参考。

一、扫黑除恶多方协作机制的模式选择与内容设计

(一)扫黑除恶多方协作机制的模式选择

关于扫黑除恶多方协作机制的模式选择,在全国层面,应当采取由中央政法委统一协调的模式,即由中央政法委组织、协调全国各级纪检监察机关、党委组织宣传部门、公检法机关以及政府职能部门等单位(以下将上述各单位简称为"各部门")之间开展扫黑除恶多方协作。

关于扫黑除恶多方协作机制的模式选择,在地方层面,宜采取地方政法委为主导的多方协作模式和地方多部门横向联席会议为主体的协作模式并行的二元模式。

地方政法委为主导的多方协作模式是指,地方政法委组织、协调地方"各部门"之间开展扫黑除恶多方协作。地方政法委为主导的多方协作模式有两种情形。第一种适用情形是跨行政区域的多方协作,这又包括两种情况:(1)跨省级行政区域的多方协作,此种多方协作一般适用于在省际结合部或

---

[*] 作者单位:贵州省玉屏县人民检察院。

者在人员交流较为频繁、经济融合较深入的跨省际区域之间的协作。在省际结合地带，黑恶势力往往利用公检法机关较少在跨行政区域协作打击犯罪的漏洞进行跨区域作案，甚至有些黑恶势力长期渗透到省际结合部，因此，省际结合部在开展扫黑除恶斗争中，往往更有必要开展多方协作；（2）省级行政区域内的多方协作。此种情形主要适用于在本省级行政区域内，交通便捷、人员交流较为频繁、经济融合程度较高的跨市（县）行政区域的多方协作。

地方多部门横向联席会议为主体的协作模式是指，在同一个行政区域内，各部门之间以召开联席会议的形式开展扫黑除恶多方协作。《通知》和最高人民法院、最高人检察院、公安部、司法部《关于办理黑恶势力犯罪案件若干问题的指导意见》（法发〔2018〕1号）都要求扫黑除恶要坚持"打早、打小"。要实现"打早、打小"，就得及时发现、掌握涉黑涉恶人员及其动向，公检法机关的主要业务是对已然犯罪的侦查、审查起诉、提起公诉和审判，其工作性质很难第一时间发现、掌握涉黑涉恶人员及其动向。但是，有些部门在开展业务的过程中可能较早发现、掌握涉黑涉恶人员及其动向，比如，监察机关在监察村基层组织组成人员的过程中可能发现哪些人员属于涉黑涉恶人员；党委组织部门和民政部门在指导、监督村基层组织选举的过程中可能知悉哪些涉黑涉恶人员涉嫌操纵选举、利用家族宗族势力横行乡里、欺压残害村民，交通运输管理部门在管理交通运营的过程中可能获悉哪些涉黑涉恶人涉嫌控制了某地的交通运营，综合行政执法局在城市管理过程中可能知悉哪些涉黑涉恶人涉嫌控制了某地段的经营。因此，公检法机关要实现"打早、打小"的要求，就需要与上述各机关协作，争取他们的配合，其协作的有效方式就是公检法机关与上述各机关召开定期和不定期的横向联席会议。

（二）扫黑除恶多方协作机制的内容设计

扫黑除恶多方协作机制是指引各级政法委、纪检监察机关、组织宣传部门、公检法机关、政府各职能部门等单位之间围绕惩治黑恶势力犯罪展开协作的一种规范性制度，即其在本质上是一种指导性的规范性文件，如何设计其协作机制，可以从一般法规范的设计规律中寻找答案。纵观许多具有指引功能的法律，其规范的设计主要有实体运作规范和法律责任两部分组成。比如我国《公司法》一共13章，除了第13章附则不涉及实体权利义务外，在其余的12章中，前11章是调整公司的组织和行为的实体运作规范，第12章是法律责任，是为了保障上述实体规范得以实施的外部保障机制。据此，应当从实体运作机制和外部保障机制两方面设计扫黑除恶多方协作机制。

之所以构建扫黑除恶多方协作的实体运作机制，是因为，实体运作机制为协作参与方提供了明确的行动指南，相反，若没有实体运作机制，协作参与方就无所适从，扫黑除恶多方协作的目的必将落空。之所以构建扫黑除恶多方协作的外部保障机制，是因为任何制度若缺乏相关配套的保障机制，只是纸面上的制度，而很难在实践中得以实施，其制度初衷最终难以避免沦为空中楼阁。从我国区域警务合作的实践看，凡是区域警务合作事项有外部保障机制的，公安机关参与协作的积极性就高，相反，"无约束条件下地方公安机关更倾向于消极参与协作"。比如，《毒品案件侦查协作规定》对责任问题的规定较为详细，各公安机关面对毒品案件参与协作的积极性就高，但是，那些区域警务合作协议对责任问题只字不提的，公安机关在接到协作邀请时，往往不愿积极协作。鉴于此，为了促使各部门积极主动参与扫黑除恶专项斗争的协作，有必要构建扫黑除恶多方协作外部保障机制。

二、扫黑除恶多方协作实体运作机制

（一）多方协作预防机制

1. 明确预防责任

明确行政主体的责任清单才能督促其依法履行其职责。多方协作开展黑恶势力违法犯罪预防涉及不同部门的协同配合，只有明确各自的预防责任清单，才能约束各部门各履其职，各尽其责。根据《通知》、《意见》以及当前扫黑除恶的惩治重点，建议各部门的预防责任清单如下：（1）国家安全机关负责预防黑恶势力威胁政治安全特别是制度安全、政权安全以及向政治领域渗透；（2）党委组织部门以及乡镇人民政府负责预防黑恶势力把持基层政权、插手、操纵、破坏基层换届选举以及操控要挟党政、乡村基层干部为其"保驾护航"；（3）纪检监察部门负责预防公职人员为黑恶势力充当"保护伞"；（4）民政部门以及乡镇人民政府负责预防黑恶势力垄断农村资源、侵吞集体资产以及利用家族、宗族势力横行乡里、欺压残害群众；（5）公检法机关负责预防黑恶势力插手民间纠纷、充当"地下执法队"以及实施操纵、经营"黄赌毒"、非法高利放贷、暴力讨债等违法犯罪活动；（6）网信办负责预防黑恶势力组织、雇用网络"水军"在网上实施威胁、恐吓、侮辱、诽谤、滋扰等违法犯罪行为；（7）国土资源与房产管理部门负责预防黑恶势力在征地、租地、拆迁中实施煽动闹事等违法犯罪行为；（8）综合行政执法部门负责预防黑恶势力在商贸市场、批发市场、车站码头、旅游景区等场所实施欺行霸市、强买强卖、收取保护费等违法犯罪行为；（9）其他部门负责预防黑恶势力在其管理的业务范围内实行违法犯罪行为。

2. 研讨预防对策

犯罪预防对策是否合理直接影响其预防的效果，因此，开展预防黑恶势力犯罪必须制定有针对性的预防对策。根据犯罪预防原理，只有准确把握犯罪原因和犯罪的形成机理，才能确保预防对策成功阻断犯罪。又由于不同行业、领域内黑恶势力违法犯罪的原因及其形成的机理不同，因此，不可能制定适用于所有行业、领域的统一预防对策，而是应当具体分析、研判不同行业、领域内黑恶势力违法犯罪的原因及其形成的机理，在此基础上提出有针对性的预防对策。在实践中，有两类部门基于各自的业务可以分析、研判不同行业、领域内黑恶势力违法犯罪的原因及其形成的机理：其一，不同行业、领域的行政主管部门通过分析、研判其日常监管获取的数据，容易发现本行业、领域内黑恶势力违法犯罪的原因及其形成的机理；其二，办案的公检法机关通过对比分析不同行业、领域内黑恶势力犯罪现象与特征，也容易发现不同行业、领域内黑恶势力违法犯罪的原因及其形成的机理。但是，上述行政主管部门与公检法在分析、研判黑恶势力违法犯罪的原因及其形成的机理时，有各自的优势，亦有各自的劣势，因而，仅仅依靠本部门很难得出较为客观、准确的结论。

（二）多方协作惩处机制

1. 涉黑涉恶案件线索排查机制

收集、发现涉黑涉恶案件的线索是惩治黑恶势力犯罪的关键，而发现线索有赖于建立完善的线索排查制度，因此，扫黑除恶多方协作机制要解决的一个重要问题就是建立涉黑涉恶案件线索排查机制。按照前述一体化协作的理念，涉黑涉恶案件线索排查机制宜采取统筹协调、分口把关、依靠群众的原则。

统筹协调易于形成"1+1>2"的效果，对此，有必要由政法委负责组织协调各部门对当前涉黑涉恶案件的特征、产生发展规律以及如何精准甄别涉黑涉恶案件等问题展开交交流与讨论，在涉黑涉恶案件线索的排查方面互相配合，形成合力。

分口把关是指纪检监察机关、组织宣传部门、公检法机关、政府各职能部门等单位分别在日常的纪检监察、监管选举、司法、执法检查过程中注意涉黑涉恶案件线索的收集、排查。

依靠群众是指甄别、排查涉黑涉恶案件线索要紧紧依靠人民群众。黑恶势力犯罪的直接受害者是人民群众，"一个地方是否存在黑恶势力，人民群众最为清楚"，可以说，只要人民群众踊跃举报，公检法以及相关部门给予依法严厉惩治，黑恶势力犯罪就没有生存的空间。

2. 涉黑涉恶案件线索快速移送、反馈机制

涉黑涉恶案件线索快速移送、反馈机制实际上包含涉黑涉恶案件线索快速移送机制和涉黑涉恶案件线索移送后的反馈机制两方面的内容。

涉黑涉恶案件线索快速移送机制是指协作方的各单位发现涉黑涉恶案件的

线索后应及时向有关部门移送的一种制度。涉黑涉恶案件线索是开展扫黑除恶斗争的重要情报，根据情报信息学原理，情报信息的效用在于利用，即经过分析后能够解决特定问题。当协作方发现涉黑涉恶案件线索，若其不负责案件的侦办或对该案件没有管辖权，就应当及时向归口单位移送线索，使案件线索在侦办涉黑涉恶案件中发挥效用。在案件线索移送时，要注意区分案件线索的归口单位，一般情况下，其归口单位为案件发生地的公安机关，若涉及黑恶势力"保护伞"的职务犯罪，则应当将涉嫌职务犯罪的线索移送案件发生地的监察机关。

涉黑涉恶案件线索移送后的反馈机制是指，涉黑涉恶案件线索归口单位接收案件线索后，应当将案件线索的来源、基本情况、获取时间、移送单位等基本情况进行格式化登记，并及时将案件线索的利用情况向移送单位反馈。据了解，在我国警务合作中，缺乏案件线索移送后的反馈机制，其造成的影响是挫伤了移送单位的积极性，也不利于约束案件线索归口单位及时分析研判案件线索。涉黑涉恶案件线索移送后的反馈机制可以避免类似的情况发生，因为，一方面，涉黑涉恶案件线索接收单位及时将案件线索的利用情况向移送单位反馈，是对线索移送单位排查、移送线索的肯定，能够维持案件线索移送单位协作的积极性；另一方面，反馈机制对案件线索接收单位而言，在客观上发挥督促、监督其及时分析研判案件线索是否涉及黑恶势力违法犯罪。或许正是基于此，《通知》明确要求纪检监察机关以及公检法等机关要"建立问题线索快速移送反馈机制"。

3."异地用警、异地办案"机制

所谓"异地用警、异地办案"是指，从黑恶势力的发源地、生成地和主要犯罪地之外的行政区域调集警力，侦办黑恶势力犯罪，再由异地的检察、审判机关进行公诉、审判的一种办案制度。在涉黑涉恶案件中采取该机制具有如下几方面的原因：

首先，以往"打黑除恶"的实践常常出现，本地办案机关屡打不掉当地黑恶势力，但"异地用警"却可以屡建奇功。这是因为，黑恶势力在当地的社会网络盘根错节，仅靠本地公检法开展惩治工作往往举步维艰，"易出现打不掉、判不了、刑期轻等现象"，"异地用警、异地办案"可以使公检法摆脱黑恶势力社会关系网络的干扰，可以依法、公正地开展侦查、审查起诉、提起公诉、审判。

其次，"异地用警、异地办案"机制可以给黑恶势力及其背后"保护伞"带来巨大的震慑作用，减少或消除查办的阻力，同时，黑恶势力及其背后"保护伞"也较难对域外办案人员实施打击报复，因此，建立"异地用警、异地办案"机制既是深入开展惩治黑恶势力及其背后"保护伞"的现实需要，也是保护办案人员及其家属生命财产安全的客观要求。

最后，《刑事诉讼法》设立的指定管辖制度以及异地管辖的司法实践为"异地用警、异地办案"机制提供了法理支撑和实践根据。我国《刑事诉讼法》第27条设立了指定管辖制度，依据该规定，2013年《人民检察院刑事诉讼规则（试行）》第16、18条以及2013年《公安机关办理刑事案件程序规定》第19、20条分别规定了检察机关的指定管辖和公安机关的指定管辖，根据上述条款的规定，为了使办案司法机关免受犯罪地的不当干扰，上级公安机关、检察院、法院可以指定犯罪地之外的公检法机关对案件进行异地侦查、公诉、审理，犯罪地之外的公检法机关便获得了异地管辖权。在打击醉酒驾驶、制贩假火车票、以及此前的"打黑除恶"专项斗争中，许多地方都有异地用警的实践。

三、扫黑除恶多方协作外部保障机制

（一）督促机制

关于督促的主体，由各级政法委负责督促扫黑除恶多方协作比较适宜。具体而言，若属于同一行政区域内的协作，即协作方都在同一个行政区域内，则由本行政区域的政法委负责督促；若属于跨行政区域的协作，则由协作方的共同上级政法委负责总体督促，下级政法委负责督促本行政区域内的协作参与方。

关于督促的内容，主要包括三个方面：（1）督促涉黑涉恶案件线索排查，即各级政法委定期或不定期检查本行政区内的协作方排查涉黑涉恶案件线索的情况，以此督促协作各方认真开展涉黑涉恶案件线索的排查；（2）督促涉黑涉恶案件线索快速移送、反馈，即各级政法委定期或不定期检查协作方发现涉黑涉恶案件的线索后是否及时向有关部门移送，接收单位是否及时对线索进行分析、研判以及是否及时将案件线索的利用情况向移送单位反馈，以此督促协作各方认真履行涉黑涉恶案件线索快速移送、反馈；（3）督促协作各方依法开展"异地用警、异地办案"，即各级政法委定期或不定期检查协作各方是否积极配合开展"异地用警、异地办案"，协作过程中有无受到不当的干扰和阻挠。

（二）问责机制

问责机制既有事后惩罚的功能，也具有事前、事中威慑的功能，而无论惩罚还是威胁，都可以迫使责任主体严格履行其职责，所以，扫黑除恶多方协作

的问责机制可以促使协作各方积极履行其协作的职责。或许基于此,《方案》明确规定,对开展扫黑除恶工作不力的部门和人员将"严格责任追究"。一般认为,清晰明确且具有可操作性的问责机制是保障其具有执行力的基础,为此,可以从问责的原则和问责的构成要件两方面构建扫黑除恶多方协作的问责机制。

所谓问责原则,是指对开展扫黑除恶斗争的协作方失职进行问责所要坚持的指导思想。为了保障扫黑除恶斗争的协作各方积极履行其职责,首先应当坚持失职必问责的基本原则。失职必问责具有巨大的威慑力,这正如贝卡利亚所言,"刑罚的威慑力不在于刑罚的严酷性,而在于其不可避免性",失职必问责的原则主张失职必有惩罚,它可以有效杜绝"有令不行、有禁不止"的现象在扫黑除恶多方协作中出现。其次,应当坚持根据失职的主观态度及其造成的后果轻重给予不同的处罚,一般情况下,故意不履行职责的责任重,过失不履行职责的责任轻;造成严重后果的,责任重,尚未造成严重后果的责任轻。

所谓问责的构成要件,是指对扫黑除恶的协作方启动问责程序所必须具备的条件。一般而言,问责的构成要件是扫黑除恶的协作方存在失职。但为了使问责机制清晰明确且具有可操作性,需要根据协作方承担的具体职责细化失职的情形:

其一,涉黑涉恶案件线索排查的失职情形。建议具有下列情形之一的,应当认定为存在失职:(1)在规定的期限内未完成线索排查的;(2)接到请求协助排查后,逾期不予排查或不予答复的;(3)被督促排查后,逾期不予排查的;(4)在负责排查的领域内发生黑恶势力犯罪,有证据证明排查存在失职情况的。

其二,涉黑涉恶案件线索快速移送、反馈的失职情形。建议具有下列情形之一的,应当认定为存在失职:(1)发现涉黑涉恶案件线索后逾期移送的;(2)发现涉黑涉恶案件线索后不予移送的;(3)线索归口单位拒绝接收移送的案件线索的;(4)线索归口单位接收移送的案件线索后,不予登记的;(5)线索归口单位接收移送的案件线索后,不对线索进行分析研判或者故意拖延分析研判的;(6)线索归口单位接收移送的案件线索后,逾期不予反馈的。

其三,"异地用警、异地办案"的失职情形。建议具有下列情形之一的,应当认定为存在失职:(1)接到指定管辖通知后逾期或者明显超过合理期限不予侦查、公诉、审理的;(2)接到请求予以协助后逾期或明显超过合理期限不予协助的;(3)故意拖延办案时间的;(4)故意或过失透漏办案信息的;(5)为涉黑涉恶人员及其背后"保护伞"通风报信的;(6)具有其他不配合办案的情形的。

此外，为了提高问责体系的完备性和严厉性，应明晰严重失职以及追究刑事责任的情形，据此，我们建议：具有上述情形之一，并导致重大涉黑涉恶案件发生、致使人民群众的生命、健康、财产遭受重大损失或造成严重恶劣的社会影响的，应当认定为存在严重失职；若情节严重，构成窝藏、包庇罪以及其他失职渎职犯罪的，依法追究刑事责任。

浅析黑恶势力犯罪的证据标准与审查指引
——以"白龙会"涉黑案为例

彭 琴[*]

2018年年初,党中央提出要在全国范围内开展扫黑除恶工作,同年1月,"两高两部"下发了《关于办理黑恶势力犯罪案件若干问题的指导意见》(以下简称《指导意见》)。随即,与法律关联的众多微信公众号迅速反应,不断发布相关的辩护方略、辩护点和技巧。对此,作为承办和即将承办大量黑恶势力犯罪案件的检察机关,除了院党组高度重视、成立专案组的人员准备,还应当在业务需求上做好充分准备,确保黑恶势力犯罪检察工作准备充分、应对得当,以统一执法思想为标准,以提高执法效能为目标,最终实现案件办理政治效果、法律效果、社会效果的有机统一。

一、黑恶势力犯罪中检察机关的提前介入

(一)提前介入的意义

在刑事案件中,检察机关提前介入有利于提高案件的打击质效,也有利于通过监督保护司法办案人员。通过提前介入,可以更加全面地了解案情,监督、指导、规范证据的收集,为后续的审查逮捕、审查起诉环节做好基础工作;同时也可同公安机关形成初步合力,在打击黑恶势力犯罪时更为精准、高效。

(二)黑恶势力犯罪提前介入的节点

各基层公安机关应当主动对接检察院,由检察院派出资深检察官在合理时段介入案件。黑恶势力犯罪案件的初步介入时机以公安机关摸排线索(初查)已经成熟时较为妥当,便于案件的初步定性、下一步走向、证据收集的精准性。之后的介入随着案件侦查的动态随机而定,原则上阶段性的进展、重大案

---

[*] 作者单位:贵州省桐梓县人民检察院。

件的发生应当及时通知检察机关介入。

（三）黑恶势力犯罪提前介入过程中的要求

一是要坚持讲政治。扫黑除恶专项斗争既是一项法律工作，更是当前的一项重大政治任务，检察工作要站在维护政权安全和人民权益的高度，检察官必须时刻在脑中、心里把讲政治、讲党性这根弦绷紧，以利于指导、帮助总体把握案件的定性、个案的处理。二是要坚持讲法律。检察官的提前介入系代表检察机关充分发挥职能作用，一方面与公安机关既要搞好配合，支持依法有序的侦查活动，同时也要发挥监督作用，及时以法律监督手段制约、防范非法取证、瑕疵取证，尽可能防止"问题"证据出现在法庭上，用监督规范侦查活动，最终利用符合"三性"的证据形成打击犯罪合力，精准打击犯罪。三是要坚持高度敏感。黑恶势力犯罪具有对抗和规避国家管理的自觉或不自觉的表现，因此，案件往往具有隐秘性，检察官介入在听取案件进展情况时要保持对案件的高度敏锐性，不但要注意成型的刑事个案，还要注意一般违法案件和案件中浮出的线索。容才能融，融会方能贯通，才善于串并研判、深挖彻查，防止出现就案办案、机械办案。

二、黑恶势力犯罪的入罪与定性

办理黑恶势力犯罪案件有许多难点：一是怎样把握定性？二是如何区分涉黑与涉恶？三是个案中参与者的罪与非罪的把握。

（一）黑社会性质组织案的四个特征

2010年的"白龙会"案，该案在办理过程中有很大的争议，从社会影响来看，似乎并没有那么严重的社会影响力；从一个犯罪组织来看，其知名度似乎没有那么"强大"到人尽皆知，多个律师也以此为由提出了应以恶势力性质处理的意见。但是该案最后还是以黑社会性质组织案判下来，原因系该案具备"四大特征"："组织特征"、"经济特征"、"行为特征"和"危害性特征"。

1. 组织特征：2004年下半年至2009年下半年，"白龙会"有明确的领导者、组织者刘某、徐某，经过多年发展形成了组织领导者明确、骨干成员固定的、参与人员较多的黑势力犯罪组织。一是在刘某、徐某之下有相对稳定的管理层，这些积极参与者又各自带一帮"小弟"。二是刘徐二人在该组织发展中逐步形成了系列帮规，并用帮规维系组织成员的稳定和发展；给帮内成员提供经济支持。

2. 经济特征："白龙会"有组织地通过违法犯罪活动或其他手段获取经济利益，具有一定的经济实力，并用以支持该组织活动。

3. 行为（暴力）特征："白龙会"以暴力、威胁或其他手段，有组织地多次进行违法犯罪活动，为非作恶，欺压残害群众。

4. 危害性特征："白龙会"通过实施系列的有组织的违法犯罪活动，称霸一方，在正安县城学校、体育场等区域、部分娱乐场所、赌场、运输行业、地下贩毒行业造成严重影响，严重破坏地方经济、社会生活秩序。

（二）恶势力犯罪案件的把握

实务中存在两个难点：一是恶势力与黑社会性质组织的界限在哪里？二是恶势力与普通犯罪团伙的区别又如何把握？

根据《指导意见》的第3条规定，恶势力犯罪集团的构成在实务中可以简化为"三人三案"：有三名以上的组织成员，有明显的首要分子，重要成员较为固定，组织成员经常纠集在一起，共同故意实施三次以上恶势力惯常实施的犯罪活动或者其他犯罪活动。还是以个案来分析："班竹帮"是相对比较典型的恶势力犯罪组织，但是当年并没有很大的影响力：一是因为被同时存在的两大黑社会性质组织打压住；二是起步晚，被"打早打小"的刑事政策早早的打掉了。

这个恶势力团伙已经有了基本的组织结构：三人以上，纠集者相对固定；暴力特征明显：发生过斗殴、滋事、伤害案；和其他帮派组织抢地盘，扰乱社会公共秩序，在社会上逞强斗狠的团伙组织名声已经形成。

但其尚未形成黑社会性质组织的违法犯罪组织：没有形成行业控制特征和稳定的经济支撑，其对社会的危害和对国家的管理的破坏也还没有达到特别严重的程度。那么《刑法》对其按照个案比照刑法规定对其定罪、对其反社会型人格下的突出的暴力特征的从严处罚能够体现罚当其罪的原则。

（三）黑社会性质组织案和恶势力犯罪案中羁押必要性审查的把握

在普通寻衅滋事案中，行为人的寻衅滋事行为，只要没有造成法定的后果，被害人及周边群众一般情况下不会产生恐惧心理或后遗症，这是治安案件的处罚范畴；一旦其行为造成轻伤以上、大额财损或有多次随意殴打、持凶器殴打等行为，除了外化的损害后果，对被害人和周边群众的身心影响会存在较长的时间；而黑恶势力的此类犯罪行为，因其组织长期形成的恶名和威慑力，即使是滋扰、恐吓行为，除了会在不特定群众（包括被害人）心理造成惊恐，并辐射对社会管理秩序的不安、怀疑或不信任。

这强调的是对这一类案件中的羁押必要性的把握要放在整个案件中来考量，不可再适用平时就看普通单案中的危害性和是否谅解来把握捕或不捕、诉或不诉。

同时，在审查黑恶势力犯罪案件时，一旦组织成员涉及的个案构罪，应当考虑该成员是否还有他罪尚未浮出水面，考虑该组织其他成员是否在逃、是否会串供、会否通风报信等可能性，这也是《指导意见》明确要求严把不捕不诉关的重要意义之一。

三、黑恶势力犯罪案件的证据标准及审查

（一）黑社会性质组织四个特征证据

1.组织特征。黑社会性质组织一般可以绘成一个金字塔形的层级结构图。如下：

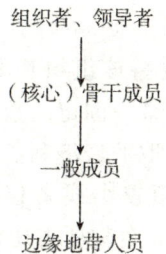

这是一个基本结构，中间可以增加层级。

（1）组织关系相对稳定，有明确的组织者、领导者（1至3人）。明确性的证据标准：帮内人员认可，知晓组织存在的人明确知晓——帮内人员的言词证据、案外人士（如村居委人员、行业老板、发案区域内的店铺老板等人）的证言。

（2）骨干成员基本固定，一般应在3人以上，组织成员人数较多。这些证据在刑事个案或者一般违法事实中均会有所反应，我们应当注意审查成员在个案或违法事实中的作用以明确固定其在组织中的地位。在办理个案时要注意收集帮类的言词证据，还要注意案外人的证明。

（3）被组织和成员认可的帮规、戒律、家法等行为规则或约定俗成的规矩，但不要求必须具有明确的组织名称、纲领、章程、文字规约等作为必要条件。比如：24小时不能关机、遇到有重大事件，统一服装或某种装饰（比如在手臂上拴一条白毛巾、白布带等），有些有奖励、提成，还有的有惩戒规定等。既然称之为有组织的犯罪，建议可以从管理的角度去发现、审查这些"规矩"存在与否。

（4）一般成员的定性：要审查其参加该组织的主观（知道或应当知道该组织具有一定规模，且是以实施违法犯罪为主要活动的即可），同时审查其在

该组织的活动中积极程度，除了一般违法事实外，一般要求至少参与一起刑事案件。一般成员接受组织任务一般只是和第二层级及以下的成员接触，与组织者、领导者鲜有接触。

2. 经济特征。有组织地通过违法犯罪活动或者其他手段获取经济利益。是否将所获经济利益用于违法犯罪活动或者维系犯罪组织的生存、发展，是认定经济特征的重要依据。无论获利后的分配与使用形式如何变化，只要在客观上能够起到豢养组织成员、维护组织稳定、壮大组织势力的作用即可认定。

（1）组织及其成员通过违法犯罪或者其他手段获取的利益，"其他手段"包括正常的经营活动，犯罪组织及其成员以非法收益进行投资以及通过其他合法渠道获取的经济利益，只要将获取的经济利益用于该组织的活动，均可视为"其他手段"。

（2）组织的经济实力能够支持该组织基本活动或组织成员的部分生活开支，并不要求其经济实力需达到某一固定的数额标准，也不论经济实力是较为雄厚还是较为薄弱，只要将其获取的经济利益用以支持该组织的活动，就可以认定该特征。但是，审查时数额较小或者仅提供使用权的应当除外，这是《指导意见》明确的要求。如果涉案款项占比极小，与维持该组织的生存、发展有着本质的区别。

（3）获取的不法经济利益一般由犯罪组织者、领导者或骨干成员管理、分配，也不排除由部分成员掌握的情况。

3. 行为特征。是指以暴力、威胁或者其他手段，有组织地多次进行违法犯罪活动，为非作恶，欺压、残害群众。所以又称暴力特征，这是黑社会性质犯罪组织的基本特征，所以，暴力性、威慑性一定是黑社会组织具备的基本特点。

（1）暴力性的行为特征：如杀人、伤害、抢劫、敲诈勒索、强迫交易、寻衅滋事、聚众斗殴等违法犯罪活动，为非作恶，欺压、残害群众，比较突出的是伤害、寻衅滋事、聚众斗殴，敲诈勒索、抢劫。

（2）威慑性的行为特征：以黑社会性质组织的暴力威胁为后盾，足以对群众形成心理强制的手段；滋扰正常的社会、经济秩序的非暴力（软暴力）手段，如围堵。

但并不是每个个案都一定要有实际伤害后果的发生。有些个案从行为性质上看，情节似乎轻微，甚至有些聚众斗殴有中止的法定减轻或免处情节。比如两个帮派相约持械斗殴以确定控制地盘、行业、声望相约在某市某地斗殴，在区域内造成很大的声势影响，但后来，双方组织人以座谈或其他方式解决了争议，聚众斗殴中止。这种个案依然应当被认定为有组织、有恶劣社会影响、有暴力特征的行为。还有些个案从后续进展来看，如果事后双方均达成了调解，事情似乎得到了妥善的处理——如果是组织成员的未超出该组织范畴的或被默认的行为，且与组织的"威望"、利益等相关的，应列入该组织的行为特征。

4. 非法控制特征。指称霸一方，在一定区域或者行业（既包括合法的行业，也包括色情、赌博、高利贷、毒品交易等非法行业）内，形成非法控制或者重大影响，从而严重破坏经济、社会生活秩序，又叫行业特征。是黑社会性质组织的本质特征，也是黑社会性质组织区别于一般犯罪集团的关键。

以下情形之一可以认定为"在一定区域或行业形成非法控制或者重大影响，严重破坏经济、社会生活秩序"：

（1）为组织争夺势力范围、确立强势地位，采取多种手段打击、打压竞争对手，或以杀害、伤害无辜、聚众闹事为组织造势；

（2）采用暴力、威胁手段或利用组织的强势地位三次以上代人强立债权、强索债务、非法拘禁，或受人雇佣实施杀人、伤害等违法犯罪行为的；

（3）长期在一定区域或者一定行业内采用暴力、威胁或者其他手段欺行霸市、强迫交易、操纵市场、敲诈勒索、寻衅滋事等并逐渐形成垄断地位或重大影响的；

（4）非法行使行业、市场经济秩序的管理权，强行收收保护费，或采用暴力、威胁或者其他手段对其他市场主体强行参股、占股，巧立名目强行摊派的；

（5）煽动、组织或强制其他市场主体采用暴力、威胁或者其他手段抗拒国家对行为、市场进行管理的；

（6）以提供保护为由，非法行使公共治安管理权，在一定范围内采用暴力、威胁手段或者利用组织的强势地位强收保护费、强行罚款、强行干预他人正常生产、经营、生活的；

（7）组织的暴力、威胁、滋扰或者其他违法犯罪活动在其势力范围内对群众造成心理强制，形成重大社会影响，使群众安全感下降，政府公共管理职能受阻的；

（8）其他严重破坏社会生活、经济秩序的——兜底条款，要求其行为对行业的影响程度类似前列情况。

（二）黑恶势力犯罪中的个案证据标准及审查方向

（1）旧案的证据审查：这类案件已经审结。一般采取调取整卷复印后建档；审查时，主要是注意该案和黑恶势力的关联性和漏犯的追捕追诉。

（2）陈案的证据收集：这类案件主要是指之前侦查部门未发现或仅作为一般违法事实处理的案件，审查时要注意追诉时效、证据要参照刑案标准补齐，注意已经灭失证据的补充。

（3）新案的证据标准：证据链条或体系必须得有，达到确定唯一性、排除其他可能性是把握个案不出错的标准。命案要按照命案的标准，须得精细且准确。

（4）违法事实的证据及审查：违法事实的罗列难点在于收集和提取表达。我们将侦查和审查的顺序反过来思考或许更高效：提取、表达的违法事实应当与该组织的构成特征紧密相连，这样提取出来的违法事实才具有证明价值。

如"白龙会"黑社会性质案件中：

一是在县城某赌场成立放水公司聚敛钱财。——体现控制县城第一大赌场的特征、违法收入经济特征、组织特征。

二是通过贩卖毒品聚敛钱财。——体现非法控制毒品销售市场特征（并不要求是垄断特征）、组织特征、经济特征。

三是"白龙会"部分人员到"嘉年华""红绿球"赌场看场子，从中收取保护费。——体现经济特征、行业特征、组织特征。

四是徐某拿出资购买旧角钢材加工砍刀10把，供作案使用。——体现组织特征、暴力（预备）特征。

五是两个帮派为抢占娱乐场所的看场子的非法管理权发生争斗，损失由娱乐场所支付。——体现暴力特征、行业控制特征、危害特征。

六是"白龙会"与"文家寨帮"在"嘉年华"斗殴，造成郑某杰、文某受伤，刘某为私了此事赔偿8000元。——暴体现力特征、组织特征、经济特征。

七是"白龙会"成员平时到餐馆就餐、歌厅饮酒、娱乐等开支，均由刘某、徐某二人负责开支为多，其余骨干成员也有负责开支的情况。——体现组织特征、经济特征。

八是对处置纠纷的警察发生抓扯、辱骂，并用脚踢警车门，还扬言要把派出所炸了，气焰十分嚣张。——体现危害性特征、暴力特征。

九是徐某安排两名成员在县城"天上人间"歌厅照看场子，徐每天可得收入100元，成员每天可得收入70元。——体现行业特征。

十是2005年"十三飞鹰帮"与"班竹帮"在"白龙会"照看的"嘉年华"歌厅准备持刀斗殴，刘某、陈某得知后立即前去进行告诫，使其斗殴没敢在该歌厅进行。徐某、陈某还利用"白龙会"的影响力在各乡镇的赌场安排专人抽头获利，参与分干股获取利益。——体现行业特征。

十一是2004年下半年，"文家寨帮"成员张进在正安县城"天上人间"歌舞厅看场子，白龙会的陈某、邹某等人喝酒、打砸后未买单即离开该歌舞厅。——体现危害性特征。

违法事实单列为个案是很难定性刑案，但可以非常集中的展现了作为黑社会性质犯罪组织的四大特征。

（三）黑恶势力犯罪案件中证据审查的注意事项

1. 证据全面性的审查。要查明犯罪动机、起因、目的，对其主观犯意、恶性、悔改真实性的判断更为精准；作案地点手段、过程、后果与主观证据是否相互印证；找出物证、书证、现场勘验、鉴定等客观证据与本案事实的关联性，才能避免依赖言词证据、口供定案；有罪或者无罪、犯罪情节轻重的各种证据都应当被重视、收集，不得隐匿对犯罪嫌疑人、被告人有利的证据，行为人的申辩和反证，应当被慎重对待、核查并连同核查情况附卷一并移送审查。

2. 证据合法性的审查。

一是讯问笔录：随案移送能够证明讯问过程合法性的全程同步录音录像、看守所体检表、押解出入所证明、身体检查记录等证明材料，对同号室人员的询问、监控的审查等。

二是被害人陈述、证人证言：注重陈述内容是否客观，是否符合常识性的认识、符合自然规律的认识。

三是客观证据的审查：重点是审查程序是否合法，如获取证据时的来源，转移过程中是否保存得当、合法，来龙去脉是否清晰，是否与主观证据相互印证，是否排除矛盾、可疑。

3. 证据关联性的审查：主要把握证据是否与我们要待证的事实有没有关联，能够证明程序的合法，能否证明案件事实的全部、部分或者链接点等。

4. 涉案财产的审查。

一是非法收入：组织及其成员通过违法犯罪活动或其他不正当手段聚敛的财产及其孳息、收益。

二是资助或主动提供的：其他单位、组织、个人为支持该组织活动资助或主动提供的财产。

三是第三方非基于善意取得的：违法所得已用于清偿债务或者转让给他人，具有下列情形之一的，应当依法追缴。

（1）财产混同的：依法应当追缴、没收的财产无法找到、被他人善意取得、价值灭失或者与其他合法财产混合且不可分割的，可以追缴、没收其他等值财产。

（2）没收特别程序的启动：黑社会性质组织犯罪嫌疑人、被告人逃匿，在通缉一年后不能到案，或者犯罪嫌疑人死亡的，应当依照法定程序没收其违法所得。

（3）应予以返还的被害人财产：对于依法查封、和押、冻结的涉案财产，有证据证明确属被害人合法财产，或者确与黑社会性质组织及其违法犯罪活动无关的。

四是涉案金额的精准确认。比如逃税罪中的金额确定，虽然有税务机关的案件证据和计算方式，但是我们承办人不但要知其然，还要知其所以然——在法庭上的质证和辩论是需要我们的承办人一一应对的。

谨防"校园欺凌"演变为社会"恶势力"
——关于预防校园内未成年人犯罪的思考

伍朝鹏　郭　杨[*]

校园内欺凌或未成年人犯罪案件一直是社会高度关注的热点话题,近些年来,检察机关针对校园内犯罪多举措打防结合,大力惩治和预防校园欺凌事件,取得了显著效果,校园内暴力案件明显下降。但是,由于多方面的原因,校园内欺凌事件仍不同程度存在,甚至个别"欺凌"行为向着"恶势力"的可能性演变,为祸一方,造成较为恶劣的社会影响,给未成年犯罪工作带来新的挑战和任务。笔者就该基层院在开展未成年人犯罪工作和惩治校园"欺凌"工作中发现的问题进行剖析,以期抛砖引玉。

一、近三年来辖区内校园暴力犯罪案件对比

笔者调取该基层院2015—2017年度办理的涉及校园或中小学生暴力犯罪的相关案件进行对比分析:2015年共有12件25人,其中抢劫(收保护费)3件8人,强奸1件3人,故意伤害8件14人;2016年共有9件13人,其中抢劫(收保护费)1件3人,故意伤害8件10人;2017年共有6件11人,其中盗窃1件2人,寻衅滋事1件3人,故意伤害4件6人。

从以上三年来的校园或中小学生暴力犯罪数据来看,可以发现有以下特性:一是校园内或中小学生暴力犯罪案件和犯罪人数逐年呈下降趋势(2016年比2015年下降25%,2017年比2016年下降25%);二是中小学生暴力犯罪案件多发、易发、高发集中在人身伤害方面(2015年占67%,2016年占88%,2017年占66%);三是校园内犯罪所涉及的罪名少、犯罪手段和犯罪形式单一。

从近三年来校园内犯罪的特性可总结出:一方面,社会防治体系初步建立。学校—社会—家庭的防治网络初步形成,网络各节点开始发力,效果逐步

---

[*] 作者单位:贵州省普定县人民检察院。

显现。另一方面，严打犯罪、学校管理、预防教育等重要手段取得明显效果，中小学生群体法治意识和对犯罪的界别意识不断增强。但我们也要清醒的看到，在近三年的犯罪中，故意伤害等人身伤害的犯罪仍不断发生，其比例居高不下，而恰恰是这类犯罪最易侵蚀学生心理，促使从一般暴力犯罪演化为严重暴力犯罪。

二、中小学生预防犯罪心理调查

2018年6月，笔者所在基层院针对校园内"欺凌"和未成年人犯罪开展了一次为期一月的大规模宣传、宣讲活动，范围涵盖全县十二个乡镇中学和中心小学，利用这次契机，针对校园内"欺凌"现象，笔者所在的基层院对100名教师和200学生做了一次预防犯罪心理调查，分别使用A、B卷。其中教师使用A卷，其中在"校园内是否存在"欺凌"现象和"欺凌"现象是否会演化为"严重暴力犯罪"两个选项中，教师调查卷几乎给出一致肯定性回答。另外，在学生问卷中，是否担心被"欺负"，绝大多数学生选择了"是"，而"受到欺负后会选择怎么办"，39%的学生选择"过了就算"，26%的学生选择"告诉老师"，15%的学生选择"告诉家长"、20%的学生选择"想报复回来"。

针对以上调查问卷分析，可推导出一些校园内"欺凌"的本质特性：一是校园内不同程度还存在校园欺凌现象不同程度存在；二是校园内"欺凌"演化成严重暴力犯罪，甚至于是恶势力犯罪的可能性存在；三是学生阶段的心理易受"欺凌"影响，且心态不稳定，不理智，有走极端的倾向；四是学生存在"报复回来"的心理极易加重事态朝着恶劣情况方向发展，从一般性演化为特殊性。如：2015年笔者所在的普定检察院办理一件故意伤害案，王某因琐事受到李某的欺负（王某被李某抽了一耳光），王某遂纠集陈某、洪某、张某，下晚自习时在宿舍楼梯道对李某进行殴打，造成李某脾脏破裂、重伤二级的结果。正是这种可怕的报复和虚荣心理，使得一般的校园欺凌二次升级为严重暴力事件。

三、一般性校园"欺凌"演化为特殊性"恶势力"的分析

2018年6月，笔者所在基层院收到一件涉嫌聚众斗殴、寻衅滋事案件证实了笔者的分析和推测。该案涉案人员13人，有辍学的未成年人、在校学生和社会人员等。该案中的涉案人员正是经长期的心理变化，从校园欺凌逐步纠结演化为恶势力，造成严重后果和社会恶劣影响。

该案中的组织者冯某，原是普定一中2016届学生，2017年9月辍学。其在校时因害怕在学校里受欺负，开始是与该校的周某、王某组织一个小团体，

明确谁被欺负另外两人要帮忙,后由冯某发起成立了一个组织"忠义社"并明确教义:一是要以讲义气为先,社团里的人受欺负其他人要义不容辞帮忙;二是社团不能吸纳吸毒人员或有前科的人参加。冯某辍学后,成为社会人员,整天无所事事,因其讲义气名义越来越大,其组织的"忠义社"成员越来越多,有辍学的社会人员、在校学生等。刚开始,社团只是帮社团的成员出出头,解解气,后来发展成为在普定县中心城区当街组织三起十几人的聚众斗殴和十几人追打几人的寻衅滋事等严重暴力犯罪,严重影响社会治安,社会舆论反响强烈。该案中朱某、贾某这两名涉案人员引起了笔者注意,该二人涉案时均为15周岁,为普定坪上中学初二学生,2017年10月加入"忠义社",因未达刑事责任年龄,未追究其刑事责任。笔者带着疑问:"该二人为什么要加入"忠义社"?又是怎样加入该社团,加入社会的目的是什么?"对该二人的家庭、学校等进行深入走访了解。通过了解,该二人的家庭背景、在校表现、心理动态高度相似,家庭方面:朱某、贾某的父母长年在外打工,从小是跟随着爷爷奶奶生活,长辈对其要求:"读点书、识点字、不要学坏"就行。学校方面:该二人成绩差、爱贪玩、虚荣心强、曾经受过别人的欺负,老师对其要求"别惹事"就行。心理动态:不想被别人欺负、逞威风、好面子,自我要求"不要让别人瞧不起"。朱某和贾某还称,他们在学校被别人欺负后,感觉很没面子,心理总不舒服,想要"找"回来,自从加入"忠义社"之后,没有敢在欺负他们,有时也可以欺负别人。

通过对这一特殊案例的分析,证实了从一般性的"欺凌"最终转变成为"恶势力"、暴力案件的可能性,这一转变的过程具有长期性、复杂性和不确定性,有心理变化、环境条件变化等因素,而我们的预防教育手段和社会体系治理往往忽略其量变到质变的内在联系和变化因素,下药不对症,导致对预防未成年人犯罪教育工作的误判,以至于工作开展了但目的未达到。

四、问题原因和对策分析

(一)问题原因

一是重视程度不够。虽然学校—社会—家庭的社会治理体系已初步建立,但各方思想不统一,投入不一致,各方的作用也不一致,对在校学生的预防教育工作只注重表面现象,不深挖本质根源,只走形式不走"心",面对一些出现的新问题反应迟缓,没有很好的举措。另外,家庭方面的作用严重缺少,负有监管和教育责任的父母、长辈对孩子要求低,教育无方。

二是教育手段单一。总体来说,针对未成年人犯罪预防教育手段和形式不足,笔者所在基层院这些年来开展了大量的预防未成年人犯罪宣传、宣讲,但大多数宣传、宣讲只是通过案例讲解、动漫演示和发放宣传资料等较为单一的模式。而学校的教育更加单一，学校主要重视的是应试教育往往忽略学生法治意识的培养，没有相应的法治讲堂，也没有专门的法治课案，对学生法治教育要么是靠政法机关的宣讲，要么是靠简单的资料解读。家庭方面的法治教育更是薄弱环节，一方面父母关注的是孩子的成绩，不注重法治教育，另一方面，孩子的法治意识也受限于父母的法律素质。

三是社会防治体系薄弱。基层社会防治体系虽已建立，但也只是在初步的基础上，治理体系还有很多不完备之处，体系的各方步调不一、治理方法简单大多停留在表面，不深入不具体，没有形成整体合力。同时，欠缺宏观、长远的规划，体系中各方的积极性、主动性没有很好调动起来，而且体系各方的人员松散，大多为兼职人员，没有固定的专业化团队，也没有形成有效的运行机制，导致社会治理体系工作滞后，效果不理想。

四是预防未成年犯罪教育投入较少。投入不够，是制约未成年犯罪预防工作开展的又一瓶颈。目前为止，我县各学校没有一个专门的预防教育基地，也没有学校开发出专门精品法治课程，既缺乏硬件设施，也缺乏软件品牌，使得抓预防教育工作的方法僵硬，尺度单一，没有把该项工作向深度和广度推进。

（二）对策建议

针对以上问题，笔者结合该县工作实际，谈几点建议和看法：

一是强化重视程度，筑牢思想意识。孩子是家庭的未来，是祖国的未来，提高和筑牢对预防未成年人犯罪的意识是开展这项工作的根本，不仅要强化政法机关和学校教师的意识，更要提高社会大众和家庭的普遍认识，一个孩子的失足，就是一个家庭的失足，甚至于是沉沦。抓好意识提高工作须重点从三方面入手：首先，提高教育工作者的认识，变"要我教育"为"我要教育"，增强积极性、主动性，从而推动法治教育在学校能全面开花；其次，提高政法工作者的认识，"谁执法谁普法"是当前的普法原则，而往往一些政法机关的执法者只执法不普法，或是只重视执法不重视普法，使得政法机关的普法工作流于形式；最后，提高家庭认识，这是尤为重要的，也是最难做到的，家庭是孩子成长的土壤，土壤中养分不足必然导致孩子的成长不足，利用学校、社区、工作单位等平台，大力灌输未成年犯罪预防的重要性、必要性，让平台中的每个个体根植于内心意识，提高认识。

二是教育形式多样化，变"走样"为"走心"。手段是为目的服务，而预防未成年人犯罪的目的是减少和杜绝未成年人犯罪，围绕这一目的普法者不应局限于仅仅是资料宣传、课堂宣讲等单一形式。一方面，用"正面教育"的形式，未成年人内心是喜欢"玩"，喜欢积极性强或探索性强的事物，那么除了一般常规宣讲外,还可以用"玩"的方式寓教于乐,如模拟法庭、益智游戏等方式,让他们感兴趣;另一方面,用"反面警示"的方法,组织观摩真实法庭审判、参观监狱、未成年人罪犯现身说法等形式,让他们身临其境,感同身受,在内心树立起"怕"的敬畏意识,从而达到教育目的。另外,要善于运用户外宣传,比如公园、街道、游乐中心、户外大屏幕等群众聚集地,这种宣传方式无论是对家长还是孩子往往能取到潜移默化、春风化雨的作用。

三是强化社会治理体系建设。社会治理体系全面发挥作用是抓好预防教育工作的重要举措,当前社会治理体系必须做到领导机构健全、分工协作机制完善,专业化团队明确的要求。首先,要成立专门的领导小组,明确牵头主抓部门,明确成员单位工作定位,明确各成员机构的分工配合,明确追责机制;其次,要建立完善的工作机制,明确工作方向、工作职责、工作步调等,做到工欲善其事必先利其器的准备;最后,专业化团队的组建,这是最重要的一环,有了机构有了职责,但没人落实一切就会成为空谈,而实践证明,这些年社会治理体系发力不足也正是因为没有专业化团队。组建一支由政法机关、社区工作者、教育工作者、青少年志愿者组成的专化业团队,根据预防教育工作的本质,有针对性地开展宣传、教育、预防工作,将政法机关办理的一个个未成年人犯罪案件及时转化成鲜活的教育产品,对预防教育工作中遇到的新情况、新问题及时研判、分析,并及时做出调整和回应,确保社会治理体系持续发力,发挥作用。

四是加大政府投入。兵马未动粮草先行,无论是社会治理体系的运转,还是预防教育基地的打造都需要政府投入,这些年来,我县在预防未成年人犯罪预防教育方向有很大投入,建立了青少年文化宫等,但随着社会和时代的发展,仍然还有一定差距,还不能满足工作需要,有时在开展该项工作时仍有"巧妇难为无米之炊"的感觉,使得有些工作只能停留在设计而无法推进,比如:建立专业化的预防教育警示基地等。所以,逐步加大对未成年人预防教育投入是推进该项工作的重要保障。

以上是笔者从校园"欺凌"演变为"恶势力"现象的角度,对预防校园内未成年人犯罪的粗浅观点,撰写本文是在当前"打黑除恶"的大环境下,探索未成年人"恶势力"的演变和发展规律,目的是引发社会对校园内未成年人预防教育工作的关注,从而防止和减少未成年人"恶势力"的出现。

检察机关扫除黑恶势力犯罪的对策探析

杨 勇[*]

当前，全国大力开展扫黑除恶专项活动，扫黑除恶已成为检察机关目前的重点工作。此次扫黑除恶用"扫"，比以往的"打"有较大区别，"扫"体现了中央打击黑恶势力是全面性的，彻底性的，同时在量刑方面也比同罪名的普通犯罪要处罚重一些。扫的不仅仅是"黑"，除的不仅仅是"恶"，这里对于"黑""恶"都是扫，都是除，是边扫边除的关系。这次扫黑除恶专项活动是全国性的，充分体现了中央的扫黑除恶的态度和决心，对维护国家安全，促进社会和谐稳定，保障人民安居乐业具有重大意义。

一、黑恶势力概述

黑恶势力包括黑势力和恶势力，黑势力就是黑社会性质的组织，恶势力也是实施违法犯罪组织，但这里的组织与黑社会性质的组织是不同的。要准确区分黑恶势力的概念还得从它们的特征中具体进行深入理解。根据《中华人民共和国刑法》关于黑社会性质的规定，黑社会性质的组织必须同时具备四个方面的特征，即组织特征、经济特征、行为的违法性特征、非法控制特征。以上四个特征必须同时具备，否则就不能称为黑社会性质的组织。恶势力是黑社会性质组织的雏形，黑社会性质组织往往由恶势力发展而来，恶势力在特征上没有黑势力那么明显，也没有黑势力要求那么高。根据 2002 年 4 月 28 日第九届全国人民代表大会常务委员会第二十七次会议通过的解释可以看出，黑势力就是具有一定经济实力，支持的人数较多，有明确组织者或领导者，骨干成员基本固定的犯罪组织，通过暴力、威胁或者其他手段，有组织地多次进行违法犯罪活动，通过实施违法犯罪活动，或者利用国家工作人员充当保护伞，称霸一方，在一定区域内或者行业内形成非法控制或者重大影响，严重破坏经济、社会生活秩序的犯罪组织。根据最高人民法院、最高人民检察院、公安部

---

[*] 作者单位：贵州省德江县人民检察院。

2009年印发的《办理黑社会性质组织犯罪案件座谈会纪要》解释，"恶势力是指经常纠集在一起，以暴力、威胁或其他手段，在一定区域或者行业内多次实施违法犯罪活动，为非作恶，扰乱经济、社会生活秩序，造成较为恶劣的社会影响，但尚未形成黑社会性质组织的犯罪团伙"。

二、黑势力与恶势力特征对比分析

（一）组织性特征比较

黑势力又称为黑社会性质的组织，具有明显的组织性，组织较为稳定，组织成员人数较多，虽然并没有对黑社会性质组织人数上限作出规定，但对骨干成员还是有一定下限要求。例如广东省《关于办理黑社会性质组织犯罪案件若干问题的意见》中对黑社会性质的组织要求骨干成员在3人以上，骨干成员基本固定，其他人数较多。四川省《关于办理黑社会性质组织案件若干问题的意见（试行）》中也要求黑社会性质组织必须要组织者或领导者、骨干成员达3人以上，其他人数较多的规定。陕西省《关于办理黑社会性质组织和恶势力犯罪案件具体适用有关法律规定若干问题的意见》中也同样规定黑社会性质组织必须要组织者或领导者、骨干成员达3人以上，其他人数较多的特征。由此可见，对于黑社会性质的组织，必须具备骨干成员3人以上，其他人数较多的特点，才能形成一定的势力，也反映了骨干成员具有稳定的特点，否则就不满足黑社会性质组织的组织性特征。黑社会性质组织结构层次分明，人员分工明确。而恶势力组织性不明显，有些恶势力有组织者，但有些恶势力只有首要分子，其他成员相对不固定，往往是一帮人临时聚集，组织人员具有随意性，人数较少，没有明确的职责分工，只有在实施违法犯罪活动时才临时聚集，因此对于恶势力不要求组织者必须达到3人以上，但作为一种势力，恶势力是以多人（3人以上，多则数十上百人）为前提的组织或群体。根据最高人民法院、最高人民检察院、公安部2009年印发的《办理黑社会性质组织犯罪案件座谈会纪要》的解释，恶势力是黑社会性质组织的雏形，有的最终发展成为了黑社会性质组织。恶势力一般为三人以上，纠集者、骨干成员相对固定。这里的三人不要求为组织者，这也是区别于黑社会性质组织的特征之一。按照2018年"两高两部"《关于办理黑恶势力犯罪案件若干问题的指导意见》对恶势力规定了"三人以上组织成员经常纠集在一起共同故意实施3次以上恶势力惯常实施的犯罪活动或其他犯罪活动"。然而，三人以上还要经常性的纠集在一起实施惯常性的犯罪活动，经常性纠集必须达到3次，如果3人以上，零时性实施犯罪，不足3次的不能认定为恶势力，不足3人，实施多次犯罪活动的也不能认定为恶势力，这也是恶势力犯罪区别与一般犯罪的地方。现实生活中，公安机关若不能把握人数和次数这个度，就会人为拔高，加重对被害人的处罚，不利于罪行相适应原则。黑势力和恶势力不是完全排斥的关系，黑势力往往是由恶势力发展而来，一帮人犯罪总比一个人犯罪效果明显，一个集团犯罪总比一帮人犯罪效果明显。这样，个人犯罪逐渐演化为恶势力犯罪，恶势力犯罪逐渐演化为黑社会性质组织犯罪。

（二）经济特征比较

黑社会性质组织主要是通过违法犯罪和其他手段获取经济利益，目的明显，具有一定经济实力作为支撑，经济实力相对比较雄厚，获取经济利益主要以开公司、企业，投资房地产等合法形式获取经济利益，利用保护伞的作用渗透到各个行业，采取不公平的手段获取国家投资项目，或者以开设赌场，制毒、贩毒，走私等违法犯罪的方式获取财物并用来运行组织，作为犯罪活动的经济支撑。而恶势力是一个经济实力相对较弱的组织，往往在实施犯罪之前或实施犯罪之时有组织人员或成员临时筹集，或从事于灰色经济地带，如开设宾馆、开设赌场、组织卖淫，或者靠自己在黑道上长期以来形成的影响力投标竞争一些小型项目获取利益，一般没有稳定的经济来源，大部分还是靠个人筹集财产，或者强拿硬要所得财产实施犯罪活动，经济实力较弱。

（三）犯罪目的和行为特征比较

黑社会性质的组织犯罪目的比较明确，主要以获取经济利益为目的，在获取经济利益的基础上使用暴力等手段来实现自己的目的。其行为主要是以暴力、威胁为主要手段，但不限于暴力、威胁手段，比如黑社会性质组织犯罪既可以通过抢劫、杀人、故意伤害、绑架、敲诈勒索等暴力手段来获取经济利益，也可以通过开设公司、赌场、制作走私毒品犯罪等非暴力的方式来获取经济利益。而恶势力犯罪，有的是为了获取经济利益，有的是为了逞强耍横，满足心理刺激，有的则是为了强拿硬要，或在小范围内收取保护费以维持自己的生存，其暴力威胁的外延相对比黑社会性质组织犯罪要小得多。

（四）社会危害性特征比较

黑社会性质的组织犯罪危害性要比恶势力犯罪危害性大，影响范围广。黑社会性质组织有组织团伙和管理制度，人数较多，控制范围广。主要通过实施违法犯罪活动，或者利用国家工作人员的包庇或纵容，称霸一方，在一定区域或者行业内，形成非法控制或者重大影响，严重破坏经济、社会生活秩序。而恶势力关系网不明确，人员相对较少，非法控制能力相对较低，控制区域较小，往往是实施违法行为和破坏社会秩序和违反治安的行为，对社会经济秩序破坏性较小。

三、扫除黑恶势力工作存在的难点

（一）犯罪流动性、跨区域性

黑恶势力犯罪往往具有流动性、跨区域性的特点，流窜于多个市县作案，有的存在跨省犯罪，比如黑社会性质组织组织实施的运输毒品、贩卖毒品犯罪，或通过利用互联网犯罪等都是跨省性的犯罪，外地公安机关也未必会全力配合，甚至有外地保护伞予以保护。基于黑恶势力犯罪的流动性，往往不利于公安机关的侦查和证据的收集，只能将黑恶势力犯罪作为简单的普通刑事案件进行打击。

（二）各部门之间配合度不高

长期以来，在打击黑恶势力方面效果之所以不明显，屡打不尽，跟各部门之间的配合有一定的关系，各部门之间信息共享不及时，共享不全面，公安机关证据收集不全、不及时，导致错失打击黑恶势力犯罪的最佳良机，以致让黑恶势力有喘气的机会。县内各单位配合不到位，区（县）市之间配合力度不大，证据跨区域取证难，异地机关不配合等。

（三）黑恶势力犯罪形式更加隐蔽

随着经济的快速发展，黑恶势力犯罪的暴力性渐渐减少，不在简单的以公开性的暴力实施犯罪，而是通过长期形成的影响和威胁等软暴力实施犯罪，犯罪形式更加隐蔽，通过利用企业作掩护实施违法犯罪活动，黑恶势力头目不再在前线带头实施违法犯罪活动，而是在后面指挥控制，雇佣马仔从事违法犯罪活动。黑恶势力犯罪分子长期实施违法犯罪活动，有很强的反侦查能力，反侦查手段多，抗审讯心理强，很难收集到有用证据，认定黑恶势力犯罪困难。黑恶势力犯罪手段更多采取软暴力，使用威胁的形式，使公安机关很难以刑事立案打击。

四、检察机关在扫除黑恶势力犯罪方面的对策建议

（一）提高政治站位，确保打击效果

扫黑除恶斗争活动是全国性的，必须提高政治站位，坚持在党中央的领导下，按计划层层落实。坚持上级院的领导，加强公检法司的配合，加大打击力度。不能只打老虎，不拍苍蝇。既要打击城市黑恶势力犯罪，又要打击农村村霸恶霸。全国扫黑除恶斗争就是一盘棋，必须站在整个棋局来看问题。

（二）宣传先行，宽严相济

打击黑恶势力犯罪，是一场人民战争，必须充分动员人民群众参与进来。

这就需要检察院加强宣传黑恶势力犯罪概念、特征、危害性、及举报途径等，让人民群众真正了解什么是黑恶势力犯罪，从而积极参与到扫黑除恶专项活动中来，提高打击效果。同时在打击黑恶势力犯罪的时候，要注重宽严相济的刑事政策，对黑恶势力要严打快打，在相应的罪名上应从重处罚。在打击黑恶势力犯罪的同时也要坚持宽严相济的刑事政策，对黑社会性质的组织犯罪，刑法主要惩处那些首要分子和积极参与者，对那些首要分子、组织者、积极参与者要严打。对那些自首，犯罪情节轻微的初犯、偶犯、未成年犯，要依法从轻处理，要综合看待黑恶势力中每个成员的在组织中发挥的作用、地位，即便是首要分子有重大立功的、自首的，可以相应的减轻处罚，但要保证刑法的公平公正，对未成年犯罪的，要坚持"教育为主、惩罚为辅"的原则和"教育、感化、挽救"的方针进行处罚，只有坚持宽严相济的刑事政策，才能收到良好的法律效果和社会效果。

（三）扫早扫小，扫黑除恶无死角

黑恶势力犯罪令老百姓深恶痛绝，经常采用滋扰、纠缠、哄闹、聚众造势等手段欺压百姓，让百姓有苦说不出。针对黑恶势力就要打早打小，什么时候算早，什么时候算小，笔者看来，早不是指有黑恶势力雏形的时候叫早，只要是有犯罪，哪怕是犯罪的准备阶段，就应该及时打击，让黑恶势力没有形成的机会。小不是指在形成势力阶段叫小，哪怕一个人犯罪，也应该及时打击，让黑恶势力没有萌芽的机会。打击黑恶势力，不仅打冒头的，而且要扫没冒头的，只要有黑恶势力的根，我们就应该将其连根拔起。打击范围大到中央机关，小到乡村角落。看得见的要扫，看不见的也要扫，做到角角落落一尘不染。

（四）思想统一，加强配合

开展扫黑除恶斗争，检察机关、公安、法院、政府要统一思想，统一步调，把扫黑除恶当作重点工作来抓，加强相互间的配合，黑恶势力犯罪线索信息共享，才能依法打击黑恶势力犯罪，打准黑恶势力犯罪，才能对黑恶势力犯罪形成震慑作用，不让黑恶势力有漏网之鱼。

（五）提前介入，实时跟踪，引导侦查取证

黑恶势力犯罪一般认定比较困难，在证据收集方面收集不齐全，黑恶势力犯罪分子往往也具有很强的反侦查能力，致使公安机关投入很大的人力物力，但效果不明显，有时候在证据收集方面不齐全，案件定性方面拿不准，侦查方向搞不清，这就需要检察机关提前介入，引导公安机关侦查取证，提出检察建议，为公安机关把好程序关和证据关，避免不必要的司法资源浪费。

（六）加强法律监督，严把证据关口

检察机关要充分发挥法律监督职能，在扫黑除恶的高压态势下要严把证据关口，确保证据确实、充分，对证据的客观性、合法性、关联性要严格审查，关于瑕疵证据要对公安机关口头纠正违法，要求公安机关予以说明补正，对证据不足的，建议公安机关继续侦查收集，对刑讯逼供获得的非法证据要严格排除，防止冤假错案的发生，加强对公安机关的法律监督，防止公安机关将普通犯罪人为拔高为黑恶势力犯罪打击，或迫于工作压力，将黑恶势力犯罪降格为普通犯罪或作治安处理。对重大的黑恶势力犯罪，检察机关在提前介入的同时，要实时跟踪，掌握案件的侦查进度，及时引导侦查方向，确保侦查效果。

（七）强化领导，及时汇报

打击黑恶势力犯罪，要在上级院的领导下，有步骤，有目标的进行，要服从上级院的领导，听从上级院的安排，统一行动。要按照上级院的要求认真贯彻落实扫黑除恶行动，对上级院的命令不能打半点折扣。同时下级院要及时向上级院汇报扫黑除恶贯彻落实情况，对办理黑恶势力犯罪案件遇到的疑难问题要及时上报，以提高解决问题的效果，对批捕的黑恶势力犯罪案件要及时备案。

（八）快捕快诉，提升人民群众安全感和满意度

人民群众的安全感来源于平静安详的生活，人民群众的满意度来源于公检法的公平正义，依法办案。检察院在审查批捕及提起公诉方面要做到快捕快诉，让人民群众感受到真正的公平正义，让人民群众知道检察院打击黑恶势力犯罪的态度。通过快捕快诉对黑恶势力犯罪形成威慑力，打击黑恶势力犯罪的嚣张气焰。对黑恶势力重拳出击，才能提升人民群众的安全和满意度，取得良好最好的政治效果、法律效果和社会效果。

浅谈基层检察机关如何打击
黑恶势力犯罪服务试验区同步小康

——以本院办理的案例为视角

李 威[*]

2018年1月，中共中央、国务院发布了《关于开展扫黑除恶专项斗争的通知》。从过去一直使用"打黑除恶"的提法提升到"扫黑除恶"，"扫黑除恶"意在强调有关机关要像"大扫除"一样，自觉、主动、积极地甄别发现各种黑恶势力，依法打击处理，体现出国家针对黑恶势力更具广度、深度的治理策略。深入开展扫黑除恶专项斗争，是我国在全面建成小康社会的决胜阶段、中国特色社会主义进入新时代的关键时期作出的一项重大部署，是坚持以人民为中心，保障和提升人民群众获得感、幸福感、安全感的必然要求，也是巩固党的执政根基，维护社会稳定的切实举措。现就检察机关在扫黑除恶专项斗争中如何发挥检察职能，打击黑恶势力犯罪服务试验区同步小康作探析。

一、案例简要情况

周某某等人案：2013年以来，犯罪嫌疑人周某某、何某某、焦某某、包某某、陈某某（均已判刑）、高某等人互相纠集，形成以周某某为首，以何某某、焦某某、高某为骨干成员，以陈某某、包某某等人为一般成员的恶势力团伙，长期在织金县鸡场乡、三塘镇一带实施聚众斗殴、寻衅滋事、敲诈勒索、强迫交易等违法犯罪行为，严重扰乱了社会秩序，在当地造成了恶劣的社会影响。

刘某等人案：2018年1月至3月，以刘某（在逃）为首，犯罪嫌疑人刘甲、刘乙、肖某某等人为成员的黑恶势力犯罪团伙为了获取非法利益，在织金县城关地区组织他人进行卖淫活动，在组织卖淫活动过程中非法拘禁他人，并实施强奸行为。

---

[*] 作者单位：贵州省织金县人民检察院。

二、黑恶势力犯罪案件的危害及呈现特点

（一）黑恶势力犯罪插足行业领域，社会危害面极大

从办理的黑恶势力案件来看，黑恶势力影响人民群众生活的方方面面，在矿产开采、娱乐消费、运输等领域，黑恶势力犯罪活动都插手干扰。如办理的周某某等人案件，其黑恶势力成员为谋取暴利，禁止他人在煤矿运输煤炭，并采取各种违法手段强迫煤矿方远低于市场价格售卖于自己，并禁止其他人员参与运输煤炭。

（二）黑恶势力违法事实多，多种犯罪合流，以暴力树威，压迫当地群众，影响一方社会稳定

黑恶势力犯罪的显著特点是靠暴力、威胁手段树立淫威、为害一方，经常在公共场所聚众闹事、寻衅滋事，其社会危害性远远超过普通刑事犯罪，对群众的安全感造成极大的损害。办理的周某某等人案中，涉及罪名有敲诈勒索、寻衅滋事、聚众斗殴、强迫交易。刘某等人案中涉及罪名有组织卖淫罪、强奸罪、非法拘禁罪。

（三）黑恶势力不择手段攫取经济利益，严重破坏经济秩序，危及当地经济安全

随着我国经济社会的发展，滋生恶势力犯罪土壤，导致恶势力团伙成员采取各种违法手段获取经济利益，如办理的周某某等人案件，采取敲诈勒索、强迫交易等手段获取不法利益，刘某等人案件中，非法拘禁他人并组织未成年人卖淫获取不法利益。其手段让人深恶痛绝。

（四）黑恶势力向政法领域渗透趋势，破坏了群众对党和政府的信任

近年来，随着经济实力的快速增长，黑恶势力千方百计向基层政权内部渗透，极力寻求政治靠山和"保护伞"，企图获取更大利益。在基层地区，一些恶势力通过竞选"村官"等手段侵蚀农村基层政权，危及执政基础。如周某某等案件中，其成员焦某某于2014年曾经为鲊瓦村村干部。

（五）组织特征难以认定

黑恶势力团伙犯罪涉案人员多，要求有明确的组织者、领导者，骨干成员基本固定，组织结构较为稳定，并有比较明确的层级和职责分工，但办理的案件中并未明确固定谁为组织者、领导者，也未规定明确规定过职责分工及地位，成员也是频繁替换。如办理的周某某等案件中，公安机关取证认定恶势力组织材料均为传来证据，听说某人为组织者，骨干成员有哪些，并无直接证据

能够证实具有组织特征。

(六) 隐蔽性强、发现线索难

黑恶势力犯罪靠暴力、威胁手段树立淫威、为害一方，其暴力对当地群众形成心理非法控制，当地群众害怕报复不愿举报，导致公安机关无法知晓该线索，就算知晓该线索，因害怕打击不愿配合公安机关查处取证。如周某某等案从2013年开始在当地实施违法行为，在当地造成恶劣影响，但直到公安机关在2016年办理另外一聚众斗殴案件中才发现线索，刘某等人案件中系非法拘禁的一名女子逃出报案才发现该案线索。

(七) 收集证据庞杂繁乱，调查取证难

第一，黑恶势力犯罪案件由于涉案人员多、作案时间长、违法事实多等特征，导致需要查证的事实及收集的证据庞杂繁乱。第二，黑恶势力犯罪团伙成员被抓获后都否认参与犯罪，且恶势力团伙对当地群众形成心理非法控制，证人、被害人担心被报复不愿配合证据取证工作，使侦查工作难上加难。第三，因涉嫌违法事实多，人员多，公安参与侦查人员也较多，在侦查中侦查人员未形成有效配合沟通，导致形成的证据材料参差不齐。

三、打击黑恶势力犯罪经验做法

(一) 加强领导，统筹部署工作

扫黑除恶工作并不只是一个部门的工作，也不是一个人的工作，要打击黑恶势力犯罪，就要摆正扫黑除恶工作位置，要将其始终放于突出位置，织金县人民检察院召开党组会研究部署扫黑除恶专项斗争实施方案，确立工作领导小组，明确工作措施和工作要求，明确检察长和分管副检察长要靠前指挥，亲自办理或督察督办黑恶势力案件，统筹全院力量投入扫黑除恶专项斗争，坚决铲除黑恶势力犯罪滋生土壤。

(二) 强化学习，统一思想认识

切实提高对打击黑恶势力犯罪特殊性、重要性、紧迫性的认识。从打黑除恶变为扫黑除恶，并不是一字之差的变化，更是思想认识上的变化，依法严惩恶势力犯罪不仅保障民生、维护社会稳定，更事关基层政权，不容松懈。因此在办理恶势力案件中在思想上始终与党中央的决策保持高度一致，坚决克服麻痹、松懈情绪。织金县人民检察院全院干警参加了全国扫黑除恶专项斗争电视电话会议，检察长组织全院干警学习了"两高两部"《关于办理黑恶势力犯罪案件若干问题的指导意见》，组织全体干警专题学习扫黑除恶相关文件精神，提高干警政治站位，充分认识到打击打击黑恶势力犯罪特殊性、重要性、紧迫性的认识,增强干警的责任感、使命感,切实把思想和行动统一到中央决策部署,统一到高检院、省院、市院的要求上来,同时掌握关于对黑恶势力犯罪案件法律政策及法律规定,确保精准打击。

(三)紧密协作,形成打击合力

织金县人民检察院加强侦捕工作衔接,充分发挥适时介入侦查、引导取证等职能,主动加强与公安机关之间的沟通联系,在办理黑恶势力犯罪中通过提前阅卷、联席会议、研讨会等形式引导公安机关固定完善证据,在办案中发现的难点、疑点及时进行沟通,明确侦查方向,确保办案质量和效率;在提起公诉后随时关注案件进展情况,保持与法院沟通,统一对黑恶势力犯罪案件的法律适用标准和量刑尺度,确保案件审结效果。周某某等案及刘某等案中织金县人民检察院均介入引导侦查,提出针对性意见使本案得以迅速进入诉讼程序,有效地瓦解恶势力团伙。

(四)强化监督,扩大打击成果

一是抽丝剥茧,查疑析微。通过追捕、追诉工作对发现遗漏的黑恶势力犯罪团伙人员,书面建议公安机关依法补充提捕、移诉,对黑恶势力犯罪一抓到底,绝不手软;如办理的周某某等案中,通过书面发出《应当逮捕犯罪嫌疑人意见书》,督促公安机关陆续抓获犯罪嫌疑人何某某、包某某、高某等人;二是注重对黑恶势力案件犯罪嫌疑人补充侦查情况的追踪,保证了对黑恶势力案件犯罪嫌疑人批准一批能及时起诉一批,能起诉一批就能判决一批。在办理周某某等人案件中,不但针对案件情况发出《逮捕案件继续侦查取证意见书》及《补充侦查决定书》等补查文书,并且多次和公安办案人员召开联席会议了解补充取证情况,即督促公安机关及时履行职责补充证据,也可以根据补查情况及时作出应对措施。通过侦查监督与侦查活动的配合,不断扩大打黑除恶斗争的战果。

(五)领导带头,确保诉讼实效

针对本地区影响较大的黑恶势力案件,领导带头办案、出庭公诉,确保了诉讼效果。在办理周某某等案件中,该案涉及人员多、罪名多、事实多,在当地影响较大,分管公诉副检察长主动申请办理该案件,通过介入引导侦查、批准逮捕、提起公诉、出庭公诉全程办理该案件,使周某某等人得到有罪判决,铲除了盘踞当地许久的黑恶势力,当地群众拍手称快。

(六)加大宣传,突出庭审效果

黑恶势力案件在当地造成恶劣影响,对群众造成心理强制,严重影响群众安全感满意度,因此如何扭转群众对恶势力案件观念,准确办理案件的同时,宣传到位尤为重要。因周某某等人黑恶势力案件在本地影响较大，决定在案发当地开展巡回法庭以达到宣传、警示效果，织金县人民检察院精心准备，在庭上展现了良好的精神风貌和司法机关打击恶势力的决心，使本次庭审效果在当地引起极大反响，达到了宣传、警示效果。

（七）落实上报，准确惩治犯罪

织金县人民检察院在办理黑恶势力案件中，及时将案件所处阶段办理情况形成工作专报上报，并就处理结果及时备案上级院审查，接受上级院监督指导，形成上下联调，准确惩治黑恶势力犯罪。

（八）更新理念，服务社会大局

织金县人民检察院在办理黑恶势力案件中，并不就案办案，而是勇于担当，发挥检察职能，服务社会发展，针对办案中发现的问题及时发出检察建议要求整改。如办理周某某等人案件中，针对黑恶势力成员焦某某选举任命为当地村干部情况，向案发地党委政府提出建议重视村基层组织建设，把好选任基层干部的入口关，同时应由院里正式向县委领导及组织部门报告该情况。针对当地派出所履职不力也向公安机关发出检察建议。

四、惩治黑恶势力犯罪的几点思考

检察机关作为法律监督机关，维护司法公正，在打击黑恶势力犯罪方面理应承担更大责任，除以上经验做法外，应做到以下几点：

（一）牵头推进完善衔接机制

一是建立线索移送备案机制，针对各乡镇、街道摸排出的黑恶势力、黑恶势力保护伞线索，各乡镇党委移送公安机关、监察机关依法处理的同时应当将摸排出的线索移送当地检察机关备案。二是完善信息共享机制，检察机关应主动与公安机关、监察机关保持信息沟通，及时了解对摸排出的黑恶势力线索的查处工作，防止出现有线索不查，不及时查的情况。检察机关在办理案件中发现的黑恶势力犯罪线索及"保护伞"线索及时移送公安机关、监察机关查处，要把扫黑除恶与反腐败、基层"拍蝇"相结合，防止就案办案。三是推进介入引导侦查工作机制，针对黑恶势力案件、黑恶势力保护伞案件应采取每案必介入原则，从源头上防止因证据流失导致打击不力情况发生。四是完善联席会议机制，针对案件的疑难点及分歧点进行协商，共同把好事实关、证据关、法律关，防止因互相司法理念不同导致案件流失，从而影响群众对司法机关形象。

（二）整合部门力量，形成扫黑除恶专案组，集中办理黑恶势力案件

黑恶势力案件涉案人员多、作案地域广、时间长、罪名多、违法事实多，公安机关及检察机关单靠一个办案人员力量远远不够，要集中精英力量成立专案组，形成联动有效打击恶势力犯罪。同时严格执行黑恶势力案件上报制度，把每个阶段办理情况及时上报，对办案遇到的困难及时上报，争取上级院支持，增强底气信心。

（三）落实基层调查走访

扫黑除恶线索离不开人民群众的力量和智慧。除常规设立扫黑除恶专项斗争举报信箱、电话和网站外，更应实地走访调查，检察机关把扫黑除恶专项斗争与保护企业家合法权益专项工作、检察机关宣传工作、社区矫正工作、立案监督工作结合起来，定期深入走访群众，切实把涉黑涉恶违法犯罪突出的重点区域、重点部位、重点场所、重点行业、重点人员摸排清，让黑恶势力无处可逃，同时实地走访进行宣传，加强公民法治教育，尤其是青少年法治教育，自觉抵制落后腐朽文化侵蚀，形成对黑恶势力人人喊打的局面，使黑恶势力无处藏身。

（四）提高奖励标准，建立保护机制

贵州省扫黑除恶专项斗争领导小组办公室公布举报方式，向全省公开征集涉黑涉恶违法犯罪线索，但个人认为各基层检察机关可根据实际情况应建立线索奖励机制，提高奖励标准，以物质激励行动，同时必须建立举报人保护制度，消除举报人的后顾之忧，鼓励积极提供线索。

（五）注重庭审实效

黑恶势力犯罪严重影响到人民群众对司法机关、党政机关的信任，要提高人民群众对国家机关的信任，宣传尤为重要，打击黑恶势力犯罪必须注重宣传实效，把好宣传的"点"、"度"和"时机"，不能走形式、走过场，也不能盲目、夸大宣传，要合理展现坚决打击黑恶势力的信心，黑恶势力犯罪开庭审理时应设在黑恶势力犯罪主要犯罪地，司法机关与当地党委政府要做好信息沟通工作，由当地党委政府提前在各村组发布开庭公告，检察机关与法院要做好庭前沟通工作，避免庭审过程中出现预料不及的情况，影响庭审实效。

（六）注重监督督查

要注意防止黑恶势力被扫除后又死灰复燃，造成群众对司法机关打击不力的误解。中共中央、国务院发布了《关于开展扫黑除恶专项斗争的通知》强调形成对黑恶势力犯罪的压倒性态势，打早打小，除恶务尽，检察机关办理黑恶势力案件充分发挥追捕、追诉职能，让遗漏的犯罪嫌疑人得到追究，绝不姑息任何一名犯罪分子，同时防止公安机关对涉黑涉恶人员滥用取保候审措施，防止出现取保候审期间涉案人员相互串供、干扰证人，影响案件处理效果。批准逮捕或者退回补充侦查后应随时与公安机关保持沟通联系，随时督促公安机关补查证据。

（七）树立正确理念

一是依法办案，扫黑除恶必须遵循的原则，注意防止只重案件数量、不重案件质量。防止只重片面打击犯罪，忽视程序公正和保障人权，追求办案质量与办案效率的统一。二是要正确理解扫黑除恶并不只是三年的专项工作，是经过三年专项斗争所形成长效机制、经验做法要坚持并创新下去，要保持长期打击黑恶势力的决心不松懈、不动摇。

（八）积极投身于社会治安综合治理

中共中央、国务院发布了《关于开展扫黑除恶专项斗争的通知》明确要求扫黑除恶要在各级党委领导下，发挥社会治安综合治理优势，推动各部门各司其职、齐抓共管，综合运用各种手段预防和解决黑恶势力违法犯罪突出问题。检察机关不能够就案办案、单独办案，需与各单位建立紧密协作关系，确保打击黑恶势力的成效，在办案中发现基层组织或者职能单位存在管理的漏洞，要及时发出检察建议帮助整改，防止黑恶势力渗透党政政权。

（九）加大培训力度，强化干警素质

2018年5月15日，傅信平检察长在贵阳铁路运输检察院调研强调："只有不断努力学习，工作才能发展进步；也只有检察人员的自身素质能力强起来，我们的法律监督才更有底气。"打击黑恶势力犯罪，干警素质不提高，思想认识不提升，所有的机制均是空谈，所有的措施均是笑话。

五、结语

扫黑除恶专项斗争是一项艰巨的工程，是党和人民交给检察机关的重大政治任务，检察机关充分发挥检察职能，主动出击，不畏艰难，做到有黑恶必扫除、扫除必尽，为试验区全面建成小康社会、决胜脱贫攻坚贡献出自己的一份力量。

农村黑恶势力探究

张廷波[*]

恶势力又被称之为恶势力团伙,指经常纠集在一起,以暴力、威胁或者其他手段,在一定区域或行业内多次实施违法犯罪活动,为非作歹,扰乱经济、社会生活秩序,造成较为恶劣的社会影响,尚未形成黑社会性质组织的犯罪团伙。随着我国依法治国进程的推进,国家也对恶势力的打击提出新的目标"扫黑除恶"。在大多数农村,黑势力没有生存的土壤,而恶势力却较为普遍。

一、农村黑恶势力的危害

(一)扰乱农村治安秩序

随着社会的进步、经济水平的发展,我国城镇化不断推进,大批的青壮年向城市的涌入,留在农村的主要以老人、妇女、儿童为主,黑恶势力正是瞄准这一群体,开始着手通过各种手段向空巢老人、留守妇女及儿童下手。例如,笔者所在的村,就常有盗窃、诈骗等情况发生,不法分子针对老年人的身体状况,打着国家正式医疗机构的名义,到处诈骗年老体弱的老年人,在报案后又逃之夭夭,导致很多群众受到较大的损失。这样有组织的黑恶势力犯罪情况通过向农村侵入,严重扰乱了农村的经济生活秩序。很多无预谋的黑恶势力,因口角纠纷或蝇头小利就对其他人大打出手,给农村的社会治安带来了很不好的影响。

(二)破坏民主选举

现阶段,国家政策大力扶持农村,农村蕴藏着巨大的经济利益也逐渐被挖掘出来,恶势力将苗头转向村委会的选举,他们不择手段拉票贿选,承诺给予村民好处来操纵选举,严重违背组织程序选举提拔。有的甚至是在现场给予选民财物、烟酒利诱选民选他。这些恶势力的破坏使村民选举流于形式,严重阻碍了农村的民主、法治进程。

---

[*] 作者单位:贵州省六盘水市六枝特区人民检察院。

（三）影响法制建设

在公安抓捕逃犯过程中，犯罪嫌疑人家属不理解、不支持，公然对抗公安的执法行为，影响极为恶劣。如，在高某涉嫌故意杀人案中，由于公安机关出动两辆司法专车和八名警员，在公安机关将犯罪嫌疑人高某抓捕时，犯罪嫌疑人家属几十人围堵公安机关执法公务车辆，要求公安机关释放犯罪嫌疑人，全寨数百名群众围观，公安机关派出数十名武警才将高某抓获归案。

（四）腐蚀基层干部

恶势力对基层干部的腐蚀也是不可小觑的，他们一方面通过向基层干部施压，另一方面通过小恩小惠腐蚀基层干部，部分政治信仰缺失、立场不坚定的干部由于经受不住糖衣炮弹的侵蚀，最后与农村恶势力相勾结，落得身败名裂的下场，给国家干部队伍的形象造成不良影响。如某村陈某，依仗权势，通过选举担任村主任一职，在其任职期间，在其家修房子时，在未经邻居允许情况下将邻居的房子延伸出来的部分给拆除，邻居找其理论时将邻居打伤住院，经乡政府调解时还认定其拆除行为是合理的，负担邻居的医药费即了事。

（五）带坏社会风气

恶势力团体往往通过在光天化日之下行凶，故意伤害、寻衅滋事、聚众斗殴等暴力犯罪以此手段来震慑群众，以此来告诫群众我们有强大的人员力量来打击任何触动利益的事情。笔者于2012年在某地亲眼目睹了一起恶势力当众行凶的情况，数百名群众围观，影响极坏。

二、黑恶势力在农村蔓延的原因

（一）巨大的经济利益驱使

随着国家政策向农村倾斜和农村经济的发展，农村巨大的经济发展前景被发掘出来，恶势力也看中的农村经济的发展前景，迅速参与到农村经济利益的分享中来，有的不遗余力的参选村长，通过与基层政府官员勾结，打压敢于说话的群众，把持基层选举，控制村委行使权力，从而为其牟利提供便利。如某村主任袁某任职以来，重用一群有过吸毒、盗窃、抢劫前科的人员参与到村合作社的管理，事实上成了其个人的打手，用来压制有不同意见者。

（二）青壮人员往城市流动

随着改革开放的推进，大量农民工涌入城市，剩下留在农村的老年人和妇女儿童，留下来的这部分人相对外出务工者，他们在文化素养、体质体力、保护自己权益的方式等方面都存在着欠缺和不足，这给恶势力的侵入带来了可乘之机。

(三) 农村社会管理的薄弱

农村地区经济发展迅速,但在管理方面却存在着不足,相对之前的人民公社的管理,现在国家对农村基层的管控过松,人员流动管控少,如盘县 2008 年打掉的犯罪团伙"淤泥帮",就是长期在盘县羊场乡大梨树、火铺镇、柏果镇、盘江镇等地的山上开设赌场,疯狂敛财,这些地区的山上人员流动少,管理出现空白,为这些黑恶势力团伙事实犯罪活动提供了有利条件。

(四) 农村人口欠缺法治意识

在广大农村地区,由于人们文化水平低,接受的法学教育不足,大部分人都属于都是法盲,依法维护自身合法权益的思维欠缺,人们在解决问题时,政府部门依照法定程序解决时间较长,黑恶势力也借机向农村地区延伸。

三、检察机关治理农村黑恶势力的几点建议

(一) 发挥检察职能,加大打击力度

1. 转换办案模式,组建专业团队。传统办案模式势必难以满足打击黑恶势力的需求,应组建专业的办案团队,形成扫黑除恶专业办案组来契合于我国现阶段的扫黑除恶工作,以实现"有恶必除,除恶务尽",消除黑恶势力可生存的土壤和环节,同时结合党中央"打早打小"方针,露头就打、抬头就打,做到针对涉黑恶势力案件精准打击。

2. 坚持依法办案,做好提前介入。检察机关要加强与公安机关的沟通,做好提前介入,引导好公安机关侦查取证,在收集证据时,坚持全面收集原则,既对有罪证据进行收集,又要对无罪证据进行收集;在证据审查时,坚持全面审查,对非法证据进行排除,确保收集的证据能够全面客观反映事实情况。

3. 坚持宽严相济,突出打击重点。坚持同标准、同要求,做到诉讼权利平等、法律适用平等、法律保护平等和法律责任平等;突出打击重点,侧重打击面,要充分考虑犯罪事实、情节、危害后果、主观恶性等要件,准确量刑建议的界限,防止出现"钱权交易""以钱赎刑"等问题出现;坚持宽严并重,对在涉黑涉恶犯罪中的从犯、胁从犯依法从轻处理,对于主犯、累犯等要依法严肃打击。

(二) 坚决查处黑恶势力"保护伞",突破黑恶势力关系网

黑恶势力都是有稳定组织的、有一定经济实力、手段具有非法性、破坏性,对于黑恶势力的恶"政治保护伞",必须坚决查处。铲除黑恶势力滋生的土壤,坚持问题导向,采取典型案例剖析、精品案件点评等形式,举一反三,

正面树标,负面立靶,总结经验教训,在突破黑恶势力关系网方面做好研判,分析走势,却对打击力度快准狠。

(三)发挥驻村人员和派驻乡镇检察室作用,摸排黑恶势力情况

1. 积极开展预防教育工作。将黑恶势力的预防教育同现阶段的扶贫结合起来,深入基层群众之中,向群众做好宣传,群众身边发生事情引导提起合法诉求,畅通向政府相关部门寻求解决的渠道。

2. 排查农村黑恶势力情况。派驻乡镇检察室一项重要任务就是摸排清楚本地区的黑恶势力情况,作出分析研判,与本乡镇的公安派出所等部门加强联动,对于接到的线索是否涉及黑恶势力案件进行排查,制作黑恶势力摸排情况调查表,对本乡镇的黑恶势力情况进行研判。

(四)建立打击长效机制,与各部门进行联动出击

主动加强与纪检监察、公安、法院、等部门的联系协作,建立和完善工作衔接机制和信息共享平台,加强沟通联系,形成工作合力,联合相关部门建立涉黑涉恶记录和档案,积极配合开展扫黑除恶专项斗争,营造风清气正的社会发展环境。

(五)帮助构建农村管理机制,坚持对黑恶势力零容忍的态度

1. 健全农村治安管理。结合村委会直接选举工作,积极引导群众选举那些办事公道、有实干精神、在群众中威信高的人到村委领导班子中来,同时加强对基层干部的培训,尤其注重对村两委成员的培训,提升法律意识和法律水平,及时、公正、妥善地处理纠纷,发现并化解纠纷隐患,避免矛盾激化。

2. 完善村规民约构建。帮助完善村规民约的构建,重视村规民约对村民的治理作用,依靠基层干部群众做好涉黑涉恶势力的管控,扎扎实实地抓好农村地区的管控化解,督促村规民约的落实生效,把基层涉恶势力做好引导分散,合理增加就业,促进经济社会的发展。

3. 增强农村治理能力。加强农村治保组织和群防群治组织建设,充分发挥村民组长在涉恶事件的调解作用,认真解决落实治保、调解人员、村民组长的待遇报酬问题;强化农村涉黑涉恶势力和治安防控建设,在村里重点区域安装远程红外线安全监控系统,使违法犯罪分子从心理上产生畏惧。

4. 畅通村民诉求保护渠道。构建起以乡镇和村两委为主体的矛盾纠纷化解体系,扩大重大事项的公开,保障群众的知情权,多征求群众的意见的建议。搭建各种表达平台,扩大群众的表达渠道,构建群众监督制度,落实群众有话能说,说话管用的制度。

黑恶势力犯罪相关问题研究

吴登凤 杨 芳[*]

黑恶势力即带有黑社会性质的恶势力总称,通常是以组织形式出现,并且是相对稳定的犯罪组织,拥有较为庞大的组织人员,会利用组织方式通过违法的途径获取一些经济利益,抑或利用威胁、恐吓等手段进行多次违法犯罪活动。可见,黑恶势力的存在严重威胁着社会群众的健康生活,会使社会群众处于被压迫状态。而且,在一定区域范围内,黑恶势力利用国家相关工作人员的包庇与纵容,甚至会称霸一方,这对社会经济的发展和企业经济秩序的维护都具有十分严重的负面作用。因此,对黑恶势力犯罪相关问题的研究具有一定实践价值。

一、黑恶势力犯罪的界定

(一) 恶势力犯罪团伙界定标准

恶势力是指在社会上利用暴力手段或威胁的方式,在一定区域空间内,或企业行业范围内为所欲为、横行霸道,做出不利于社会生活稳定发展的不良行为,对公共秩序产生扰乱,无故欺压百姓,并且实施多样化犯罪活动共同构成的犯罪团体。

恶势力存在的主要类型包括,村镇的地痞流氓,即专门打压村民百姓的街霸、村霸等,或垄断某一行业服务市场的行业霸主等。

(二) 黑恶势力犯罪的特征

黑恶势力属于黑社会性质的组织,通常具有以下几点特征:首先,组织十分严密,并且组织人数众多,各组织都会有明确的管理人员划分,包括组织领导者、骨干成员等,而且组织纪律相对明确;其次,均是通过采用违法的手段获取经济效益,满足组织生存需求,并具有较强的经济实力;再次,利用贿赂、威胁的方式威逼利诱国家相关工作人员,使其共同参与到带有黑社会性质

---

[*] 作者单位:贵州省安顺市西秀区人民检察院。

的组织当中，进而为其不法行为提供相应保护工作；最后，在一定区域范围内，通过暴力和滋扰等不道德手段，对区域范围内的民众进行勒索敲诈，严重者甚至会出现故意伤害民众的恶劣情况，对社会经济和生活的健康稳定发展造成较为严重的影响。

二、黑恶势力犯罪的成因分析

黑恶势力犯罪对社会生活和发展均造成较大程度的不良影响，因此研究学者和官方都对其进行深入研究和讨论，并对其成因进行具体分析，提出各种不同观点。经过总结分析得出黑恶势力犯罪的主要原因如下：

（一）犯罪发展规划的必然

人类社会在社会经济的不断发展下逐渐走向高级发展阶段，而犯罪则是在发展过程中存在的必然现象，它与低级社会发展到高级社会的发展规律息息相关。即犯罪从简单的个人犯罪，逐渐发展成为一般性质的团伙作案犯罪，再到带有恶势力性质的团伙性犯罪，转变为黑社会犯罪，最终变成黑恶势力犯罪。在发展当中，个人犯罪具有较大危险性，并且缺少一定成功概率，即便成功，所获取的经济利润往往较低，这推进了联合性犯罪。而一般的联合星团伙犯罪很难满足犯罪分子的根本目的，便逐渐扩大犯罪组织，最后形成犯罪集团。黑恶势力犯罪是犯罪阶层中的最高形式，其性质也是中国法律法规当中的特殊时期。

（二）不健康思想道德观念的影响

虽然在市场经济体制的发展下，民众逐渐受到一些良好观念的影响，包括"平等观念""等价交换"观念等，但仍存在一些贪图享乐和不劳而获的不健康思想观念，这些观念的存在使得部分民众受到社会生活中的各种诱惑，为追求不切实际的奢华生活而形成犯罪团伙或不利于社会发展的犯罪组织，并采用犯罪的手段来轻易获取经济效益，甚至存在一夜致富的现象。

三、打击防范黑恶势力犯罪的有效对策

面对各种黑恶势力层出不穷，黑恶犯罪对民众生活造成较大负面影响，各级相关管理人员开始重视黑恶势力打击和管理工作，同时在司法机关的专项管理中也开展了针对性的打击黑恶势力斗争。与此同时，考虑到黑恶势力会顺应社会经济的发展而不断繁衍，并在较长一段时间内都会持续生存，以及犯罪领域也会不断扩大，政治与黑恶势力之间的关系也将更为密切，甚至会出现跨省和跨国性质的黑恶势力犯罪。因此，在打击黑恶势力方面，我们应当积极坚持

长期作战思想，并制定专门针对阻止黑恶势力滋生的相应手段，根据其发展规律及成因特点等做到有的放矢的科学化管理，并坚决采用有效措施实现对黑恶势力的打击。

（一）加强反黑反恶宣传，充分利用舆论力量

在当下社会发展中，大部分群众对黑恶势力的认知程度较浅，一方面认为黑恶势力是无法防范的，另一方面则是害怕和担心黑恶势力的打击报复，所以在面对黑恶势力的同时不会做出相应反抗，因此相关部门应当加强从以下几点做起：

首先，要通过举例的方式，加强对黑恶势力的宣传教育，让民众更加清楚地了解黑恶势力。例如，通过典型案例的宣传，利用案例讲解其中存在的犯罪违法行为，切实具体地向群众宣传教育，让群众能够进一步了解黑恶势力对社会发展及民众生活带来的严重危害，使之提高警觉性，坚决抵制黑恶势力，促进全民反黑反恶形式的构建。

其次，要积极传授群众具有实践性的斗争方式和手段，避免群众提及黑恶势力就会产生恐惧心理。与此同时，帮助群众积极了解黑恶势力的发展规律，积极掌握犯罪分子会产生的犯罪心里特点与活动规律。

最后，要加强对青少年的反黑教育工作。进一步完善对青少年的思想教育，使之树立正确的思想观和价值观，避免不良思想的出现。

（二）构建健康法治环境

法律法规制度是规范和抵制黑恶势力犯罪的重要依据，因此要加强对健康法治环境的构建，避免黑恶势力有机可乘。虽然当前的立法也均有针对黑恶势力作出的相应规定，但其法律条款中的款项极少，无法充分满足现实社会生活发展中的基本需求。因此，相关立法部门要确保法律法规的进一步完善，将打击黑恶势力的相关法律具体化。例如，具体规定黑恶势力活动犯罪形式要件；加强对包庇黑恶势力犯罪的惩治；完善立法，规定情节严重的黑恶势力犯罪应当判处十年甚至以上的有期徒刑或无期徒刑，造成严重后果的黑恶势力犯罪可判处死刑，并需要缴纳一定惩罚金额。

（三）切实增强政治责任感

警务人员的素质教育是提高其政治责任感的必要方式，通过加强其素质教育，完善相关专业教育，有效提升警务人员对黑恶势力的侦破能力，与此同时，还要不断完善公安机关设施设备，消除或减少设备制约问题。一方面，要在现代经济水平迅速发展的背景下，不断更新和优化公安机关设备，跟进黑恶势力犯罪设备更新速度，尤其是在一线工作的机关设备必须要改变现有的落后

水平，以及在财力方面的被动状态，同时加强对打击黑恶势力的专项资金投入，加强对打击黑恶势力工作所需设备的完善；另一方面，要做到干警素质教育的完善，提高其在思想责任上的深刻觉悟，进而将打击黑恶势力和保护民众基本生活安全作为其工作基本职责，提高干警对黑恶势力的严厉打击水平。

（四）规范市场经济管理秩序

加强对市场经济管理秩序的规范，保证市场经济的良性发展与合法竞争。对当前市场上存在的，容易被垄断的高利润行业要作为管理重点进行规范化管理。积极配合组织和纪检等相关部门，针对拥有垄断性管理权利的商户及个人等加强监督检查，并积极引导市场竞争向良性竞争方向发展。另外，务必要及时发现和查处违背正当市场经营秩序的非法垄断行为，避免在过程中存在的非法高额利润获取行为，在最大限度上制约黑恶势力犯罪的滋生。

（五）充分发挥检察职能作用

要想在真正意义上对黑恶势力进行严厉打击，就必须要加强廉政建设，充分发挥检察职能在打击黑恶势力当中的重要作用，坚决抵制司法腐败行为。与此同时，还要落实相关领导部门的廉政建设，尤其是要避免党政领导要员与黑恶势力之间的勾结，避免其滥用职权，为黑恶势力犯罪分子提供相应作案帮助，消除黑恶势力成为党政或国家机关成员的机会，这就要求监察部门要严格加强对政治领域的检验和充分发挥其重要的检察作用，加强廉政建设。另外，各部门经济之间也应当实现廉政建设，加大对贪污腐败的打击工作，包括工商、金融部门等，避免黑恶势力从经济领域着手逐步渗透。简而言之，即从根本上垄断黑恶势力经济来源，使之无法拓宽犯罪范围和壮大犯罪组织。

与此同时，不断加大检察机关服务功能的优化，进而为企业家创造更为优质的营商环境，为企业家合法权益的保护作出积极贡献。例如，积极开展社会矛盾纠纷专项打击和解决行动，加强对社会治安的综合管理，积极主动为企业家合法权益的保护做出相应科学服务，及时纠正错误机制，帮助企业家构建优良的法治环境。

（六）强化措施，加大打击力度

打击黑恶势力应当具备稳定的运作机制，在打击过程中，一方面要积极与当地政府和相关部门进行沟通协调，并且将相关案件细则分析上报，经由组织审核之后上报到有关公安部门。同时，上级公安机关也要加强督办制度。另一方面，要适当灵活运用各种法律法规等进行严格办案。尤其是公安机关要以主办单位的角色出现，保证对法律法规的灵活运用，组建严密的打击黑恶势力工作队伍，加强对黑恶势力的责任追究制度管理。除此之外，还要保证有关部门之间能够得到良好的协同配合，保证责任追求能够落实到实处上去，并定期召开相关工作会议，得到纪检、检察等相关部门的积极配合，进而确保打击黑恶势力犯罪的有效合力。

综上所述，打击黑恶势力不是一朝一夕能够轻易实现的，而是需要在未来发展中较长的一段时间之内存在的重要而艰巨的任务。黑恶势力不仅会对民众基本生活造成影响，同时也不利于社会经济的完善健康发展，会对社会经济进步产生不利负面影响。因此，相关管理部门已经开始加强对黑恶势力的严厉打击工作，并通过制定针对性黑恶势力专项斗争的方式，促进反黑恶势力犯罪工作的长期稳定发展。总之，加强对黑恶势力的严厉打击，依法严惩黑恶势力主要成员的同时，还应当贯彻落实相应法律法规政策，对犯罪后果严重的犯罪分子要加大打击力度。

图书在版编目（CIP）数据

检察调研指导.2018年.第2辑/贵州省人民检察院编.—北京：中国检察出版社，2019.3
ISBN 978-7-5102-2263-4

Ⅰ.①检… Ⅱ.①贵… Ⅲ.①检察机关-工作-中国-文集 Ⅳ.①D926.304-53

中国版本图书馆CIP数据核字(2019)第034599号

检察调研指导（2018年第2辑）
贵州省人民检察院　编

出版发行：	中国检察出版社
社　　址：	北京市石景山区香山南路109号（100144）
网　　址：	中国检察出版社（www.zgjccbs.com）
编辑电话：	(010)86423703
发行电话：	(010)86423726　86423727　86423728
经　　销：	新华书店
印　　刷：	保定市中画美凯印刷有限公司
开　　本：	710 mm×960 mm　16开
印　　张：	14.25
字　　数：	258千字
版　　次：	2019年3月第一版　2019年3月第一次印刷
书　　号：	ISBN 978-7-5102-2263-4
定　　价：	44.00元

检察版图书，版权所有，侵权必究
如遇图书印装质量问题本社负责调换